COMUNIDAD

COMUNIDAD

Un viaje al corazón de la comunidad espiritual

ELIZABETH CLARE PROPHET

SUMMIT UNIVERSITY PRESS ESPAÑOL®

Gardiner, Montana

Hoy contemplaba el misterio de la comunidad y supe en mi interior que, junto a la enseñanza de la Virgen María sobre el Nacimiento del Hijo Varón, el siguiente paso más importante es formar la cuna para el Hijo Varón.

Sin duda daría mi vida mil veces para que la comunidad perdure; y la única manera es a través de gente que haya llegado a ser la esencia del maestro.

Si no dejamos para quienes nos siguen la continuidad del nombre de la Gran Hermandad Blanca, su organización y su enseñanza en el planeta, no habremos mantenido una puerta abierta para el viajero.

Elizabeth Clare Prophet

Índice

Reconocimiento

Deseamos expresar nuestro agradecimiento a Daniel Entin de la Sociedad Agni Yoga por habernos concedido permiso amablemente para citar de manera exhaustiva la obra eterna, *Comunidad de la nueva era [New Age Community]*, un libro dictado por el Maestro Ascendido El Morya a sus mensajeros Nicholas y Helena Roerich a principios del siglo veinte.

Nos sentimos profundamente agradecidos por la espiritualidad vanguardista de los Roerich y tenemos la esperanza de que la publicación de estas conferencias de Elizabeth Clare Prophet, asimismo Mensajera de El Morya y la Gran Hermandad Blanca, proporcione una mayor apreciación y comprensión de la obra y misión de los Roerich.

Introducción

«¿Qué vida tenéis si no tenéis una vida juntos? No hay vida que no sea en comunidad».

T. S. ELIOT

Uno solo tiene que considerar los sueños, las esperanzas y los anhelos más grandes del hombre para darse cuenta de que el alma guarda el recuerdo de un hogar y una vida, una vida compartida que una vez tuvimos y a la que aspiramos en nuestra estancia terrenal, en la que buscamos regresar a esa existencia dorada y ensoñada.

De los tiempos más antiguos del mundo surgen imágenes del paraíso del Edén: Dios y el hombre caminando juntos y conversando en entornos de impresionante perfección que manifestaban los ideales de belleza de la mente divina. «La Tierra es santa y pertenece por completo a Dios»,[1] como se nos ha dicho; y no hay ilustración más magnífica que esta.

El Jardín del Edén, lejos de ser un mito o un simple símbolo de cosas mejores, fue la primera escuela de misterios; una comunidad para que las almas de luz adoraran a Dios, se presentaran ante Dios aprobadas y regresaran a su Origen. Aunque este foco en efecto se perdió, la humanidad ha anhelado a lo largo de los tiempos volver a esa existencia pura, a ese sagrado y prístino receptáculo de la luz de Dios.

En *Comunidad de la nueva era* el Maestro Ascendido El Morya pregunta: «¿Es que las mejores personas no han comprendido la comunidad?».[2] Históricamente, sí, las mejores personas han comprendido. Los pioneros espirituales del pasado y el presente han querido ofrecer un cáliz en el que Dios pudiera verter su luz para un mundo necesitado, para discípulos comprometidos en busca de su rostro. Tales personas han percibido la comunidad como una «cuna cósmica para todas las metas de la civilización».[3]

Los grandes instructores espirituales del pasado establecieron comunidades para quienes deseaban practicar sus enseñanzas. Jesús tuvo un círculo de apóstoles y mujeres santas. El Buda Gautama tuvo una *sangha* o comunidad de discípulos. Pitágoras estableció su ciudad de los escogidos en Crotona. Hipatia tuvo un círculo interior de estudiantes e iniciados. San Francisco de Asís reunió a su grupo de hermanos y Santa Clara a sus Hermanas Pobres.

Cámelot, el reino místico que no mítico, fue una comunidad del pasado y del futuro formada por iniciados «en una búsqueda en el mundo y en el mundo del Espíritu"[4] del Santo Grial, símbolo de la conciencia Crística. La comunidad fundada por los Maestros Ascendidos a través de Mark y Elizabeth Clare Prophet, sus Mensajeros ungidos de esta época, es el regreso de Cámelot.

En 1978, este Cámelot contemporáneo se estableció en la montañas californianas de Santa Mónica. Cámelot fue el hogar de Summit University y de Montessori International, un experimento singular de vida comunitaria donde padres, niños y gente de todas las edades pudieron unirse para compartir las alegrías y los desafíos del sendero espiritual. Surgió la necesidad de tener un recipiente más grande enclavado en la paz y majestuosidad de la naturaleza para mantener la llama. En 1986, la comunidad completó su mudanza a su actual hogar en el Rancho Royal Teton, en la frontera norte del Parque Nacional Yellowstone. Se trata de un retiro en las montañas que elevan sus cumbres nevadas desde el valle del río Yellowstone. Allá hay bosques de abetos, praderas de flores silvestres y lagos. Y el fuego del corazón de la montaña habla de otras dimensiones, apenas más allá de la percepción exterior. Los Maestros Ascendidos dedicaron formalmente este foco físico como una moderna escuela de misterios.

Allí los buscadores espirituales pueden volver a conectarse con la primera escuela de misterios edénica y descubrir y definir el Cámelot interior en el altar de su corazón a través de las Enseñanzas de los

Maestros Ascendidos, especialmente en el ámbito de los senderos místicos de las religiones del mundo, el único sendero en realidad que ha aparecido con distintas formas externas. Los maestros vienen según la tradición de los santos de Occidente y los sabios de Oriente, buscando discípulos (o chelas) dedicados a guardar la llama de la vida en la Tierra.

Comunidad es un legado de la búsqueda espiritual en el foco californiano de Cámelot. El libro contiene una serie de conferencias de Elizabeth Clare Prophet durante Summit University, un retiro en el que los buscadores estudian la sabiduría de los Maestros Ascendidos y se bañan en la llama de la comunidad. Los estudiantes que escucharon estas conferencias acudieron para sentarse a los pies de los maestros y estar con la Mensajera, que representa al gurú en su sangha.

Sus charlas, basadas en *Comunidad de la nueva era,* libro compuesto por dictados de El Morya entregados a principios del siglo xx a través de sus mensajeros Nicholas y Helena Roerich, presentan enseñanzas nuevas de los maestros sobre la comunidad y nos ofrecen los comentarios de Elizabeth Clare Prophet sobre las enseñanzas originales y su perspectiva como líder espiritual sobre la alquimia de la comunidad espiritual.

Ofrecemos estas conferencias a una audiencia más amplia con la esperanza de que muchas más personas capten la llama y la visión y se inspiren para buscar una relación gurú-chela con los Maestros Ascendidos.

Los Editores

CAPÍTULO 1

El sueño de una comunidad

En el nombre del Cristo, en el nombre del Espíritu Santo, invoco la luz de amado El Morya, el amado Saint Germain, el amado Lanello y todos los que han servido a las grandes comunidades del Espíritu Santo en todas las épocas. Invoco la luz de nuestra Virgen María, que es el corazón de nuestra comunidad.

Invoco la luz de Helios y Vesta y del Gran Sol Central. Pido la intensificación de la llama del amor dentro de nosotros. Pido la intensificación de la luz de la verdad. Pido que la joya diamantina del corazón de El Morya concentre la acción del Espíritu Santo para precipitar nuestra comunidad.

Que por consiguiente este sea el núcleo de la luz de Dios que nunca falla que manifieste dentro de nosotros a nuestro hogar de luz, nuestra actividad para la Hermandad. Que sea el cumplimiento de nuestra alquimia y del fuego sagrado en el corazón de Saint Germain. En el nombre del Padre, la Madre, el Hijo y el Espíritu Santo, amén.

Hoy vamos a hablar de la llama sagrada de la comunidad y la llama del Espíritu Santo. La llama de la comunidad es algo que Mark y yo hemos guardado en nuestro corazón muy atentamente, como han hecho los miembros de nuestra familia y los del consejo de administración. Esto ha sido un sueño de nuestras almas y de la Gran Hermandad Blanca durante siglos. A través de sus mensajeros Nicholas y Helena Roerich, el maestro El Morya escribió un libro llamado *Comunidad de la nueva era*. Nicholas ascendido, Helena reencarnada, mantienen el equilibrio de sus llamas gemelas en el cosmos Espíritu-Materia.

La importancia de la comunidad

Este libro sobre la comunidad ofrece la enseñanza fundamental que nos hace comprender que debemos dar nuestra vida por la continuidad de la comunidad. A través de las diversas tribulaciones y los problemas que ha sufrido nuestra organización, la experiencia me ha enseñado que la comunidad es lo más importante en mi vida. Sin The Summit Lighthouse en este planeta, la vida no merecería la pena aquí.

Por consiguiente, durante las crisis, los pleitos y las arremetidas he acudido sin reservas al Señor del Mundo para ofrecerle a Dios mi vida y el karma que he saldado a fin de que se utilice para la victoria sobre la crisis temporal. He visto que esto ha sido aceptado y he visto que la Hermandad utiliza la luz para sustentar la actividad.

Quizá he necesitado una crisis como esa para comprender que la comunidad es más importante que la Mensajera. Lo creo de verdad. Siento que el mundo podría sobrevivir mejor sin mí que sin la comunidad. Por tanto, sentí que mi vida no merece la pena si la comunidad se pierde y la Mensajera sobrevive.

El amor de ustedes por Dios finalmente se manifestará con una amor parecido y el mismo sentimiento de sacrificio. Porque la comunidad, que es la oportunidad de que todos los chelas estén juntos, estén unidos al gurú y reciban las enseñanzas, es más importante que la supervivencia de cualquiera de sus miembros.

La comunidad de la que habla Morya es en realidad el núcleo de fuego blanco de la nación israelita. Nosotros somos ese núcleo de fuego blanco, por lo que nuestra comunidad interior es una relación gurú-chela disciplinada. Somos el núcleo de fuego blanco de los Estados Unidos.

La comunidad total de los Estados Unidos de América posee una versión más reducida de esa relación. Hay leyes que la gente debe obedecer, porque el pueblo estadounidense aún es responsable de mantener unos estándares y cuando alguien desobedece, recibe el castigo de la ley. Por consiguiente, le ley funciona, aunque no es una acción intensa como lo es en el núcleo de fuego blanco. Me gustaría que estudiásemos este libro. Para mí tiene mucho valor porque considero la comunidad como lo más valioso en el mundo. Se podría pensar que ser una Mensajera es lo más valioso, o que lo sea el tener chelas, pero un pájaro necesita un nido para sus polluelos. Una madre se preocupa por la seguridad y el bienestar de sus pequeños. Sin un nido en el que poner huevos, estos no se abrirán y los pajaritos no saldrán.

No puede existir una relación gurú-chela sin la comunidad y, por consiguiente, la enseñanza, la Palabra, el Mensajero y los estudiantes no sobreviven. Cuanto más conocemos sobre la comunidad como el cubo blanco que está en el corazón y después como su ramificación en lo exterior, más estabilizamos un campo energético externo de la Gran Hermandad Blanca.

La Hermandad necesita un hogar en la Tierra y un campo energético permanente. Una propiedad no es un campo energético. Los corazones forman un campo energético. Pero sin una propiedad, ¿cómo los corazones pueden unirse?

Un antahkarana mundial

La comunidad nos pone el desafío de dominar la interacción de las energías espirituales-materiales. La idea de una comunidad que se extiende por todo el mundo es el *antahkarana* o la red de la vida. Allá donde haya chelas, la comunidad existe, pero a menos que los chelas y el gurú estén juntos en un lugar, no existe un duplicado del Imán del Gran Sol Central para mantener el equilibrio de la Tierra.

Un foco exterior de la Gran Hermandad Blanca con un mensajero vivo y unos chelas vivos es algo que no ha tenido éxito en mucho tiempo. Hoy contemplaba el misterio de la comunidad y supe en mi interior que, junto a la enseñanza de la Virgen María sobre el Nacimiento del Hijo Varón, el siguiente paso más importante es formar la cuna para el Hijo Varón.

Sin duda daría mi vida mil veces para que la comunidad perdure;

y la única manera en que lo hará es a través de gente que ha llegado a ser la esencia del maestro. Cada uno de nosotros debe sentir un amor tan sumamente profundo por El Morya o por cualquiera de los hermanos de luz, que nos demos cuenta de que nuestra razón de ser consiste en transferir esa antorcha de la comunidad.

Si no dejamos a quienes nos siguen la continuidad del nombre de la Gran Hermandad Blanca, su organización y su enseñanza en el planeta, no habremos mantenido una puerta abierta para el viajero; el viajero que necesita un hostal cuando está cansado. Y en la primera página del libro, *Comunidad de la nueva era*, se habla del viajero.

Establecimiento del diseño de la comunidad

Abramos el libro por la página que viene siguiente al título. Aquí, en una página no numerada, El Morya establece el diseño de la comunidad:

> Caminante, amigo, viajemos juntos. Pronto será de noche, hay animales salvajes y nuestra hoguera podría apagarse. Pero si acordamos vigilar por turnos, podremos conservar fuerzas.
>
> Mañana el camino será largo y puede que nos agotemos. Caminemos juntos. Estaremos alegres y festejaremos. Yo te cantaré la canción que cantaban tu madre, tu mujer y tu hermana. Tú me contarás la historia de tu padre sobre un héroe y sus logros. Que nuestros caminos se unan.
>
> Ten cuidado de no pisar un escorpión; y adviérteme de las víboras. Recuerda, debemos llegar a cierta aldea en las montañas.
>
> Viajero, sé mi amigo.

Veamos lo que nos está diciendo El Morya con esto. Quisiera que comprendan que se trata de un jeroglífico. Es como si tomáramos una red de la mente del maestro. Él ha decidido transmitir ciertas energías que son claves situadas en los puntos de una red, donde la vertical se encuentra con la horizontal, donde Alfa se encuentra con Omega, en el punto en el que se cruzan esas líneas. El Morya ha escogido ciertos puntos clave de la red y quiere ponerlos sobre nuestra conciencia.

Estos primeros cuatro párrafos del libro contienen toda la matriz de la comunidad. En primer lugar, la comunidad está basada en la amistad divina. En segundo lugar, está basada en un viaje en común. Por tanto, el maestro Zen El Morya dice: «Caminante, amigo, viajemos juntos».

El propósito de la amistad es para el viaje, para el movimiento en el Sendero. El Morya menciona en este libro movimientos desde el principio. A la quinta palabra del libro uno ya sabe que se está moviendo con el maestro mercurial. Después nos da las razones para movernos juntos: «Pronto será de noche, hay animales salvajes y nuestra hoguera podría apagarse».

Está estableciendo el propósito de la amistad y la comunidad. «Si acordamos vigilar por turnos, podremos conservar fuerzas». El propósito de la comunidad es la conservación de fuerzas cósmicas. Podremos hacerlo mejor juntos que solos porque tendremos un enemigo común y recursos limitados. Si juntamos nuestros recursos podremos llegar a la aldea en las montañas.

La imagen de esta aldea en la montaña nos toca en el alma. El patrón arquetípico, los lugares remotos de los Himalayas, un sitio en alguna parte en el inmenso más allá donde uno llega finalmente a la aldea. En el corazón de la aldea hay una casita tipo rústica, y en esa casa está el maestro.

Sentimos la rudeza del entorno, lo cual denota que el valor de este maestro se encuentra en los planos interiores. Ello no quiere decir que el maestro no pudiera encontrarse en un palacio, pero estos son patrones arquetípicos, como encontrarse con Babaji y sus discípulos de repente como salidos de la nada o encontrar a Kuthumi y El Morya subiendo por un camino de montaña.

El patrón arquetípico es el alma sumida en una búsqueda. Esto forma parte de todas las historias espirituales. Es este patrón arquetípico lo que hace que jóvenes estadounidenses viajen a la India y, por supuesto, sabemos que todos podríamos ir a la India, pero no necesariamente estar allá presentes en conciencia.

El primer párrafo es clave del cuerpo etérico y establece el diseño de la comunidad. El segundo párrafo expresa el cuerpo mental;

y observamos que es más largo que el primero: «Mañana el camino
será largo y puede que nos agotemos». Esta es la mente razonadora,
el cuerpo mental.

«Caminemos juntos. Estaremos alegres y festejaremos». Aquí
entra el cuerpo emocional, en este párrafo. Por ello comprendemos
que la comunidad está basada en las relaciones humanas, que a su
vez son puntos focales de las relaciones divinas. Por tanto, el cuerpo
emocional comienza con alegría y festividad. Observen que el cuerpo
mental debe planificar la alegría y la festividad. Debe permitir que
el cuerpo emocional se exprese.

«Yo te cantaré la canción que cantaban tu madre, tu mujer y
tu hermana». Esta es la canción del rayo femenino, la canción de
la cultura de la Madre. Es una canción folclórica, una canción
nacional. Es una canción alegre. Puede ser una canción de amor,
romántica o un poema que ensalce la gallardía, a los caballeros y
los héroes del país.

«Tú me contarás la historia de tu padre». En la comunidad
debemos incluir toda la ternura y la interacción con la vida que
sintamos al nivel del cuerpo de los deseos. De hecho, la comunidad
se convierte en el campo energético para la expresión del alma a
través de los cuatro cuerpos inferiores. La comunidad se convierte
en la matriz mayor de los cuatro cuerpos inferiores y la extensión
de nuestra maestría sobre el yo.

«Que nuestros caminos se unan»

«Que nuestros caminos se unan». Aquí observarán que el estilo de El Morya no consta de frases largas y complejas, algo que a
veces vemos en los maestros del rayo amarillo. Él lo reduce todo a
la sencillez y el denominador común de la percepción del alma.

Nuestra alma es muy directa, pero el sendero que conduce al
corazón del alma a menudo es tortuoso y sinuoso. Es una senda si-
nuosa que serpentea por el conocimiento del cuerpo mental, el cuerpo
etérico, etc. En el nivel físico llega el aviso de peligro: «Ten cuidado
para que no pises un escorpión». Los viajeros necesitan avisarse
mutuamente, por tanto, «avísame tú de las víboras». El escorpión

representa el mal uso de Escorpión en la línea de las diez. Las víboras llegan con la venganza, la línea de las once. Por eso, para poder llegar a la aldea, debemos pasar por las peligrosas trampas y tribulaciones que nos pone delante la jerarquía falsa.

«Recuerda, debemos llegar a cierta aldea en las montañas. Viajero, sé mi amigo». Cuando lean historias sobre duros viajes y experiencias que tienen algunas personas en la jungla o en las montañas, verán que muchos exploradores viajan juntos y que se forma una comunidad cuando la necesidad es de sobrevivir. Si la necesidad de supervivencia y la supervivencia de la misión no estuvieran presentes, la gente no tendría motivos para renunciar a su egoísmo.

Quizá hace cien años no habríamos visto la necesidad de la comunidad. Pero uno de los motivos por los que queremos tenerla es que, a un nivel muy básico, en lo profundo del plexo solar, tenemos la necesidad de sobrevivir, una supervivencia espiritual y material. Ante la amenaza de confusión a nivel mundial, una economía que se desmorona, un modo de vida inestable, nos unimos en comunidad.

Nuestro conocimiento común de la adversidad que afrontamos es probablemente aquello que la Gran Hermandad Blanca concibió como la tierra más fértil en la que plantar la semilla de la comunidad. Si todas nuestras necesidades fueran satisfechas ahora, espiritual y materialmente, dudo muchísimo que nos hubiésemos encontrado unos a otros o que hubiésemos sentido la urgencia de esta causa, una causa que nos haría vivir por ella día y noche.

Por tanto, reflexionen en lo que acabo de decirles sobre qué motiva a la gente a unirse y formar una comunidad. Y después repasen lo que El Morya ha dicho en esta primera página del libro.

El propósito para la comunidad es del rayo amarillo

Disipamos la superstición, la ignorancia y el temor. Fraguamos valor, voluntad y conocimiento.

Cada esfuerzo hacia la iluminación es bien recibido.

Cada prejuicio, causado por ignorancia, es desenmascarado.

Tú que te afanas, ¿no están vivas en tu conciencia las raíces de cooperación y comunidad? Si esta llama ya te ha iluminado el cerebro, adopta los signos de la Enseñanza de Nuestras montañas. Tú que trabajas, no te canses al confundirte por ciertas expresiones. Cada línea es la medida más grande de sencillez. ¡Saludos a trabajadores y buscadores!

La primera página tiene un impulso de rayo azul, un impulso muy Zen. Esta otra establece concisamente que el propósito para la comunidad es del rayo amarillo: disipar la superstición. Saint Germain nos dijo una vez que la superstición es el mayor enemigo de la conciencia de la humanidad y que desea liberar la energía contenida en los focos de superstición en la conciencia de las masas y utilizarla para liberar a los niños del mundo.

Si la gente pudiera dirigir la misma cantidad de energía que pone en supersticiones en decretar por los niños, podríamos cambiar la faz de la Tierra, tanta es la energía que la humanidad ha invertido en la superstición. Por tanto, disipamos todas las formas de superstición, incluyendo la magia negra, la brujería, el vudú, el psiquismo. Todo, desde el uso del péndulo hasta el miedo al número trece. Cualquier creencia que no esté basada y fundamentada en la ley cósmica o la conciencia Crística se convierte en superstición. Aunque los científicos creen en sus teorías, muchas de sus hipótesis actualmente son simple superstición.

Disipamos los tres grandes enemigos del hombre: la superstición, la ignorancia y el temor. Para recordarlo, piensen en *s, i, t*: superstición, ignorancia y temor. En su lugar, «forjamos valor, voluntad y conocimiento»: *v, v, c*, las llamas que disipan las tres primeras. El valor sustituye a la superstición, la voluntad sustituye a la ignorancia y el conocimiento sustituye al temor. El conocimiento también sustituye a la ignorancia y la voluntad al temor.

«Cada esfuerzo hacia la iluminación es bien recibido». El propósito de la comunidad es la iluminación. «Cada prejuicio, causado por ignorancia, es desenmascarado». Los prejuicios y la ignorancia son aquello de lo que debemos protegernos.

Nuestra labor sagrada

«Tú que te afanas, ¿no están vivas en tu conciencia las raíces de cooperación y comunidad?» El Morya aquí se refiere a los trabajadores que entienden la idea de la labor sagrada. Jesús entendía la llama del trabajo así: «Mi Padre hasta ahora trabaja, y yo trabajo».[1] Las personas en las que Morya está pensado son las que poseen una comprensión y una llama parecidas. A ellas les podemos decir: «¿No están vivas en tu conciencia las raíces de cooperación y comunidad?». Quienes trabajan sin ese sentimiento interior, no tienen al Espíritu Santo. Su trabajo estará basado en el orgullo y la ambición, la ganancia y el amasar cosas de este mundo.

Hay dos tipos distintos de trabajadores en la viña del mundo. Uno amasa su riqueza particular y otro trabaja para el bien común. Esto es un aspecto sobre el que el miembro de la comunidad debe reflexionar. Si ustedes son trabajadores, ¿su trabajo está dedicado a la cooperación y la comunidad?

«Si esta llama ya te ha iluminado el cerebro, adopta los signos de la Enseñanza de Nuestras montañas». «De Nuestras montañas» significa de nuestra conciencia superior.

«Tú que trabajas, no te canses al confundirte por ciertas expresiones. Cada línea es la medida más grande de sencillez». Si tienen la virtud de ser trabajadores, que el trabajo sea el movimiento y la rueda que sigue girando. No dejen que este movimiento de su trabajo sea detenido por una falta de comprensión de la enseñanza, porque llegarán a conocer las líneas de la sencillez.

«¡Saludos a trabajadores y buscadores!» No hay lugar para otro tipo de personas en la comunidad. Al leer *Comunidad de la nueva era* se asombrarán de cuántas veces se hace hincapié en esto. Me alegro de haber confirmado este aspecto porque Mark y yo, así como El Morya, siempre hemos hecho hincapié en el trabajo.

Algunas personas se han quejado de tener que trabajar día y noche. Han dicho que lo hacemos mal o que este tipo de disciplina no funciona. No obstante, la esencia de este libro sobre la comunidad dice que si una persona no está dispuesta a trabajar, no forma parte de la comunidad. El amor al trabajo es la señal de la persona que forma parte de un mandala.

Ahora llegamos al primer párrafo numerado.

1. Familia, clan, país, unión de países; cada unidad se esfuerza por la paz, por mejorar la vida. Cada unidad de cooperación y vida comunitaria necesita perfeccionarse. Nadie puede fijar los límites de la evolución. Según este razonamiento, un trabajador se convierte en un creador.

Un trabajador se convierte en un creador; y después en un co-creador junto a Dios.

Que no nos asusten los problemas de la creatividad. Hallemos caminos despejados para la ciencia. Por tanto, el pensamiento sobre el perfeccionamiento será una señal de alegría.

Esto es como saborear bocados muy sustanciosos, ¿verdad? No voy a comentar cada línea porque el significado está ahí. Es algo intrínseco, aunque hay partes que deben comentarse. Necesitamos momentos para pensar en el perfeccionamiento, pero más importante es la necesidad de tener momentos para el logro de la perfección en una obra. Por eso el trabajo es el elemento necesario de la comunidad.

Depresión

2. La depresión es el enemigo de cada mejora.

La depresión hace que los chakras se vuelvan cóncavos y después se hundan. Se hunden debido a la presión de la conciencia de las masas y el plano astral. La depresión de los chakras hace que la personas se vuelvan débiles y que su cerebro se nuble y se confunda; permite que cualifiquen mal el chakra del corazón y de ponerse a sí mismos completamente fuera de sintonía.

Por tanto, la depresión ha de afrontarse con un impulso de energía para obligar a que salga de los chakras la sustancia que los deprime. Si ustedes ven que tiene depresión en su conciencia, deben comprender que se necesita un enorme esfuerzo para expulsarla. Deben dejar de hacer todo lo que estén haciendo para deshacerse de ella.

La depresión puede estar causada por un desequilibrio bioquímico en el cuerpo físico, el equilibrio ácido-alcalino y el equilibrio de los minerales. Esto puede provocar una incapacidad de afrontar las energías astrales que hacen que los chakras se depriman. Debemos tratar la depresión desde el nivel físico, así como del astral. Cuando eliminamos la depresión a ese nivel, por lo general podremos provocar que las condiciones mentales y etéricas se normalicen también.

Temor y duda

No puede haber ningún desarrollo constructivo cuando hay duda. No habrá aprendizaje bajo el temor. La observación es un paso hacia la justicia. El egoísmo es una traición a la renuncia de uno mismo. Sin logro, no hay sendero.

Las personas que tenemos entre nosotros y que tienen temor y duda pueden llegar a traicionar a la comunidad, especialmente cuando dejan que su temor y su duda se conviertan en un sentimiento de injusticia en el lado opuesto del reloj, la línea de las ocho.[2] Cuando estas personas albergan un sentimiento de injusticia respecto a la vida comunitaria, oscilan desde la línea de las ocho del signo de tierra, Virgo, hacia la crítica, la condenación y el juicio en la línea de las doce en base a su sentimiento de injusticia; y finalmente acaban en la rebelión de la línea de las cuatro.

Las semillas de la duda y el temor son enemigos de la comunidad. En los escritos de Kuthumi que recibió Blavatsky,[3] tenemos la enseñanza de que siempre llegará el momento en el que el chela debe afrontar la gran prueba de la duda sobre el instructor. Si el chela puede superar la prueba de la duda sobre el instructor, así como el temor al instructor, podrá permanecer en el sendero del discipulado.

Desarrollen un sistema de estudio

3. Los monasterios a menudo se llamaban comunidades. La vida en comunidad ha sido desde hace mucho una señal de cooperación y respeto mutuo. Por tanto, cada taller también puede ser una célula de una comunidad en la que todo el

mundo contribuya con su destreza. El altruismo es un requisito si uno ha de dedicar su talento al trabajo en común.

Al estudiar el material de los Roerich me he dado cuenta de que, a no ser que se desarrolle un sistema para estudiar estos libros, no se retiene lo que se lee. Estos libros contienen dosis concentradas de enseñanza que son matrices de luz, claves foháticas. Esos libritos son como Biblias. Una vez leídos hay que volver a leerlos subrayando, hay que tenerlos a mano. Después, al volver a leerlos, se recordará lo que se leyó con anterioridad y se reforzará la matriz subconsciente.

En cada una de estas secciones numeradas hay una clave para ustedes. También puede que en una sección haya un tema obvio que se deba subrayar. Se pueden hacer estas preguntas: ¿Qué sentido quiere darle el autor a cada párrafo? ¿Qué quiere comunicar? Y, en segundo lugar, ¿qué les parece a ustedes que sobresale por su importancia?

Subrayen este último punto; no solo porque suena bien, sino porque es algo importante que penetrará en su ser. Después, cuando retomen el libro para que su alma se recupere, ahí estará eso. Ya habrán atravesado el proceso de destilación, por lo cual tomarán el libro y verán los pasajes que tuvieron muchísimo significado para ustedes.

Una comunidad de amigos

El número 4 trata de la unidad y del hecho de que la comunidad puede estar compuesta solo de amigos.

4. La unidad se señala en todas las creencias como el único baluarte para el éxito. Mejores logros pueden afirmarse si la unidad de los compañeros de trabajo está asegurada. Se puede citar un gran número de ejemplos donde la confianza mutua entre compañeros de trabajo ayudó a alcanzar grandes soluciones. Que la gente, desde los hogares hasta las predestinaciones espaciales, recuerden el valor de la cooperación. La semilla del trabajo se marchita sin la humedad de la reciprocidad.

Reciprocidad, el dar y tomar, es la idea de unidad y amistad en la comunidad.

No miremos atrás demasiado.

Mirar atrás es dirigir la mirada a los viejos lazos humanos, que no pueden perdurar en la comunidad. Creo que esta es una de las partes más difíciles del Sendero para mucha gente. Afortunados son ustedes si ese no es su caso. Muchas personas tienen que tomar decisiones difíciles sobre el valor de las asociaciones que no pueden sobrevivir en una circunstancia comunitaria.

Tales asociaciones no están basadas en los principios de comunidad, pero muchas veces forman parte de nuestro subconsciente y nuestras espirales de energía. Para eliminarlas a fin de estar en comunidad debemos sufrir la agonía de una cirugía para extirpar un cáncer, digamos, que tiene el yo.

Por eso El Morya dice: «No miremos atrás demasiado». Mirar atrás a los viejos disfrutes, las viejas relaciones, los viejos lazos, puede separarnos por completo de la comunidad.

El significado de la amistad

Nosotros, compañeros de viaje con prisa, nos fatigaremos si nos damos empujones unos a otros. Comprenderemos un significado hermoso si podemos introducir este gran concepto: amigo. La comunidad puede consistir solo de amigos.

5. El sendero de la vida es de ayuda mutua.

Para mí, el verdadero significado de la amistad solo se comprende en el contexto de la mutualidad del discipulado en el Sendero. Las demás clases de amistad parecen estar motivadas por estándares inferiores, pues la gente tiene sus motivos para la amistad; digamos que no todo el mundo, pero es algo que hay que vigilar en el mundo. Creo que todos nos hemos decepcionado con amistades así al ver que hemos sido utilizados en vez de ser amados profundamente.

Creo que el amor más grande lo sentimos por almas compañeras que están pasando por el mismo proceso de superación que nosotros, porque entonces puede haber comprensión y ayuda mutua. En la relación entre Jesús y sus discípulos se dio un cambio cuando Jesús dijo: «Ya no os llamaré siervos, pero os he llamado amigos».[4] Al declarar que eran sus amigos, los hizo iguales a sí mismo.

Cuando hemos servido a la Hermandad siglo tras siglo, llega un punto en nuestra vida en el que en nuestro interior sabemos, como lo supo Abraham, que no éramos solamente siervos de Dios. No somos solo niños y no somos solos siervos. Hemos alcanzado la condición de amigo y confiamos en ese sentimiento de amistad.

Por ejemplo, mi madre me preguntó está mañana: «¿Qué vas a hacer para establecer tu sede central?». Y yo contesté: «No sé, pero Dios lo sabe. Dios nunca me ha defraudado. Yo nunca le he decepcionado y confío, por su gracia, en no hacerlo nunca». Eso es amistad, saber que tu amigo no te decepcionará.

Considero mi relación con Dios como una relación con alguien a quien adoro y venero, alguien a quien conozco en las distintas personas de Padre, Madre, Hijo y Espíritu Santo; y, sobre todo, como amigo. Dios es mi amigo, por eso me dará un hogar para mis hijos. Por supuesto, Dios es todo aquello que podamos concebir de una relación.

La amistad está basada en la confianza, por lo cual «la comunidad puede consistir solo de amigos». Si no somos amigos, no podemos estar juntos en comunidad.

«¿Cuándo se rompe la verdadera amistad?». Para mí, se rompe cuando una persona traiciona al maestro. No puedo soportar estar con nadie que traicione al maestro. Toda mi vida está dedicada a servir a mi Rey, a mi Señor, a los chohanes. Si veo que alguien traiciona sus propósitos, debo expulsarlo de la comunidad de inmediato. La amistad se ha roto, la confianza se ha roto y la persona ya no es un recipiente de la Hermandad.

«El sendero es de ayuda mutua.» Este es un aspecto importante, porque tan pronto como se comprended la importancia de la ayuda mutua, se comprende que, si yo no le doy mi ayuda a usted o si usted no me la da a mí, uno de los dos debe ser un parásito.

O bien yo soy un parásito de usted, o bien usted lo es de mí. La ayuda mutua elimina al parásito. La enseñanza dice que no podemos tener parásitos en la comunidad. No obstante, los hay. Hacen el trabajo que les dan, pero en realidad están porque reciben su pan de cada día, un lugar donde dormir, amistad y luz de la que vivir. Pero en lo profundo de esa persona no hay ningún compromiso ni sinceridad. Por lo general este tipo de personas es gente callada que pasa desapercibida y puede quedarse mucho tiempo. No te das cuenta de que hay parásitos excepto por cierto sentimiento de agotamiento en el cuerpo y la mente. Uno siente esta falta de energía porque alguien de la comunidad ha detenido el flujo.

La regla de Mark

Quisiera hablarles de una de las reglas que tenía Mark. Cuando una persona traicionaba al maestro o a los mensajeros y rompía la confianza de la comunidad hasta el punto de no ser un amigo, sino un rebelde entre nosotros, Mark se aseguraba de que esa persona abandonara la comunidad antes de que finalizara el día. Mark no permitía un período de transición ni daba tiempo a que la persona se marchara cómodamente.

Mark no dormía en la misma casa en la que hubiera alguien con la conciencia vinculada a la falsa jerarquía. Tal persona debía marcharse, y hasta que no lo hacía había discordia y había una apertura hacia el plano astral y una rasgadura en la vestidura y el campo energético de la comunidad.

Lo mismo debemos hacer en nuestro hogar, en nuestra familia. No hace mucho hablé con un importante abogado que tuvo que expulsar de su casa a su hija porque esta se volvió cruel y violenta en el hogar. Esta persona me dijo que lo quiso hacer hacía mucho tiempo, pero la madre no podía tomar esta decisión. Pero hubo que hacerlo por el bien de los demás hijos y la familia, lo cual se convirtió en una gran crisis.*

---

*Por supuesto, antes de tomar una decisión así se debe intentar buscar remedio por todas las vías posibles de asesoramiento y ayuda profesional.

Lo mismo debemos hacer los miembros de nuestra familia. Debemos hacerlo incluso con nuestro propio templo corporal y nuestra conciencia o de lo contrario esto destruirá la comunidad que forma nuestra alma con Dios. Nuestra alma con Dios es una comunidad que se destruirá si albergamos energías en nuestro cuerpo emocional y mental incompatibles con nuestra armonía absoluta con Dios.

Esta es la causa de las enfermedades, la locura, el desequilibrio mental y emocional, la neurosis y la psicosis. Si una persona no exorciza de su conciencia los elementos extraños, los parásitos, los elementos que han roto la confianza con la totalidad, tampoco lo hará con su familia. Las familias a veces mantienen durante años un estado de discordia porque uno de sus elementos tiene permitido permanecer y arrastrar consigo a la totalidad. Desde la familia, esto se extiende después al vecindario y a la comunidad.

En un dictado de hace muchos años, el Arcángel Uriel dijo que una sola persona alineada con el mal podía contaminar una ciudad y causar su destrucción.[5] Aunque una persona de la oscuridad en una ciudad parezca muy poco, Uriel explicaba que cuando nuestra cultura en un principio se apartó de la luz, tan solo se necesitó un alma oscura en una comunidad para hacerlo.

Mark protegía a la comunidad con mucho fervor, y yo he llegado a comprender que también debo tener fervor. Debo descartar a todas las personas que no tengan un compromiso al cien por cien con el Sendero (a excepción de los estudiantes, que van y vienen, por supuesto). Pero los miembros de la comunidad permanente deben ser considerados bajo esta luz.

Por consiguiente, la comunidad puede consistir solo de viejos amigos. Y la definición de amigo nos dice quién puede y quién no puede vivir dentro de la comunidad.

Los que odian a la humanidad

Los participantes en la gran tarea no pueden odiar a la humanidad. Este término, que denota un odio vergonzoso, es largo. Pero quizá la gente lo recordará más y se avergonzará.

Puede que esto les sorprenda, pero existe una gran cantidad de gente que odia a la humanidad. Algunas de estas personas llegan al Sendero porque han rechazado a la gente normal y corriente y quieren estar entre la élite. Intentan formar parte de la comunidad, pero no quieren tener nada que ver con la gente. No quieren ayudar a los demás. Solo quieren retirarse y ascender.

Podemos tomar el término «el que odia a la humanidad» y traducirlo como odio a la Madre* y sus hijos; y sabemos que este odio es el más testarudo que existe en la Tierra. Es un cáncer en el cuerpo de la Tierra. El odio a la Madre y sus hijos puede manifestarse como una locura intensa durante muchas encarnaciones. Su consecuencia es la locura y esta locura se desenmascarará cuando se intente hacer una comunidad. Para eliminar esta sustancia indeseada se necesita pasar por un proceso doloroso de cirugía para separar esta sustancia no deseada pero muy entretejida con el yo, lo cual hace que no produzca más que una enorme confusión emocional al eliminarse.

Jesús exorcizó y sanó a muchas personas poseídas y dementes. Jesús tuvo a su alrededor, y se lo quiero decir no a partir de lo que está escrito sino por lo que yo sé, que Jesús atraía a gente demente.

Los demonios comprendían la presencia de la luz; y el núcleo del demonio es Dios, y ese núcleo quiere liberarse. Por tanto, los demonios persiguen a los representantes de la Hermandad a través de la gente que poseen. Los demonios de la gente de hecho reconocen al maestro antes que la propia gente. «Te conocemos, santo de Dios. No nos atormentes»,[6] decían.

La defensa de la comunidad y la de la Madre con sus hijos crean la necesidad de estar en el centro del círculo y la espada de Astrea para la constante eliminación de los que odian a la humanidad. ¿Quiénes son ellos? Son los demonios y desencarnados que se pegan a los niños de Dios.

Encuentro con los que odian a la humanidad

He aquí un ejemplo de un encuentro con los que odian a la humanidad. En *La historia de mi vida*, de Aimee Semple McPherson,

---

*La Madre del Mundo.

se cuenta un incidente ocurrido durante una reunión. Habían levantado la tienda de Aimee cerca de un campo de fútbol americano. Algunos jóvenes universitarios, que también eran jugadores, se pusieron a hostigarla de una forma cruel y malintencionada, tanto que a ella no le fue posible ni cantar ni dirigir el servicio.

Siguiendo las instrucciones de su Ser Crístico, Aimee empezó a alabar al Señor. Y cuando las alabanzas surgieron de la congregación, ella vio con su ojo interior cómo unos demonios con alas entrelazadas como de murciélago habían rodeado a los jugadores de fútbol. Al continuar alabando a Dios, los demonios empezaron a retroceder y en su lugar aparecieron ángeles con las alas entrelazadas.

Al cabo del incidente se produjo algo de suma importancia: durante el silencio posterior a las alabanzas, los jugadores se unieron a la reunión. Acudieron al altar, fueron convertidos y se unieron a los demás para llevar a los enfermos al altar.[7]

Esto nos demuestra que la oposición más cruel al Sendero y los maestros se manifiesta a través de los que odian a la humanidad. Sin una comprensión clara, llamaríamos a estos universitarios los que odian a la humanidad. Pero debido a la vista interior que recibió Aimee, la cual le enseñó que los muchachos solo eran víctimas de los que odian a la humanidad y que ellos mismos no lo eran, se nos ofrece una idea sobre cómo liberar a los niños de Dios.

Cuando veamos que se produce un ataque intenso a nuestra persona y a nuestro movimiento, es el momento de hacer intensos decretos para que la gente implicada sea despojada de los que odian a la humanidad. Lo que los demonios quieren es que nos rindamos, que nos demos la vuelta y digamos: «Bueno, de todas formas, esta gente no es para el Sendero. Vámonos a otra parte». En cambio, debemos ir y exorcizar a esos demonios y liberar a la gente.

La corriente interior de la comunidad

Nuestra Comunidad del Espíritu Santo es el depósito de todos los esfuerzos comunitarios que han realizado todos los grupos de almas por doquier sobre la faz de la Tierra. Es la depositaria de las doce tribus de Israel, de Cámelot, del pueblo del Tíbet, del pueblo de China, de la escuela de misterios de Pitágoras.

Todo esfuerzo para construir una comunidad jamás realizado que después ha sido atacado y destruido, ha sufrido la destrucción de su estructura exterior. Pero la corriente interior, la confluencia de esa corriente, está aquí y ahora en este campo energético. Esa corriente es el gran Río de la Vida y todos los riachuelos han encarnado juntos en este punto de concentración. Estas son las palabras que nos dice El Morya. Esta es la esencia del mensaje sobre la comunidad.

Tengo la buena fortuna de decirles que en los últimos días me han llegado valiosos tesoros de otras actividades, como pinturas y fotografías nunca vistas o publicadas. Estos tesoros me los han dado a mí, personalmente, para que los utilice. Entre ellos hay ejemplares de libros autografiados y otros objetos que formaron parte del establecimiento del anterior movimiento de Saint Germain en este continente.

Para mí, son símbolos de la intención de los Maestros Ascendidos de utilizarnos para la resurrección y la vida del esfuerzo de la comunidad que una vez fue Estados Unidos y que nos proponemos volver a crear. En este sentido, *Comunidad de la nueva era* es un libro de patriotismo que quiere consagrar a los pueblos de la Tierra en sus respectivas comunidades.

El decreto del Arcángel Miguel (véase pág. 274) nos da la capacidad de pedir protección para todas las comunidades del Espíritu Santo que estén surgiendo en toda la tierra para la era de Acuario. Queremos que estas comunidades se den una y otra vez hasta que las islas de portadores de luz finalmente se unan y creen un inmenso continente de portadores de luz.

Cuando asimilamos las joyas contenidas en este libro y cuando entreguemos nuestra vida para convertirnos en la matriz que Morya ha establecido, no seremos simplemente una comunidad experimental. Seremos la plenitud de la alquimia de la victoria, la comunidad viva.

La palabra que utilizó Jesús para referirse a su comunidad, la palabra griega *ekklēsía*, se tradujo como «iglesia», pero literalmente significa «asamblea de los llamados». Y el verdadero significado de lo que le dijo a Pedro es: «Sobre esta roca edificaré mi comunidad de los llamados».[8] Jesús no fundó un edificio y no fundó una jerarquía doctrinaria y dogmática. Fundó una comunidad de llamados, aquellos que se separarían de la conciencia de las masas. Este es un concepto revolucionario de iglesia que ha permanecido oculto debido a la traducción errónea del griego. El término *ecclesiastico*, que viene de la misma raíz, en inglés hoy no significa lo mismo que la raíz. Quiero que, allá donde vayan, puedan decir que *ekklēsía* en realidad significa comunidad o asamblea de los llamados. Esto es lo que estamos restaurando. Somos los restauradores de la catedral. Somos los artesanos del templo. Este es el propósito al que hemos sido llamados.

El problema de la maldad

6. Tampoco olvidemos que la realización se simplifica con una conciencia clara. Pero no perdamos el Sendero más corto. El tiempo es valiosísimo. No debemos privar a nadie por nuestra lentitud. La pereza y la ignorancia duermen en la misma cuna.

7. La maldad admite la lepra y la pestilencia. La maldad puede transformar una hoguera de paz en un nido de serpientes. Las cualidades de la maldad no se corresponden con la comunidad. La tarea común es el Bienestar General.

8. La cooperación debe estar basada en reglas sensatas.

La maldad, o el magnetismo animal malicioso,[9] puede erosionar el diseño original etérico de la comunidad. Las personas con maldad entre nosotros aparentan una conformidad exterior, pero bajo ese semblante hay una crueldad y un odio ardiente que puede tornarse en un acto final de traición o un estallido de energía repentino. De repente, el aura se voltea por completo y el «nido de serpientes» a nivel subconsciente se revela y desenmascara.

El único que puede obligar a salir a esas serpientes es el gurú: El gurú en la comunidad le pide al chela que haga algo totalmente absurdo. El chela, con su orgullo, considera que la petición no es digna de él y, de repente, se volverá contra el gurú porque este le ha dado en su punto débil.

Esto ocurre porque los Maestros Ascendidos utilizan a los Mensajeros para este fin. Los propios Mensajeros no suelen molestar a la gente ni atacarla en sus puntos débiles, ya que sus puntos débiles están ocultos para nosotros. Es cuando los maestros piden algo o dan una tarea que se produce la explosión y el desenmascaramiento consiguiente.

Confío en que cuando vean la palabra *maldad* la asocien con el magnetismo animal malicioso.

Trabajo continuo

8. La cooperación debe estar basada en reglas sensatas. Esto enseña orden; es decir, ello ayuda a adquirir un ritmo. Por tanto, incluso en el trabajo diario se expresan las grandes leyes del Universo. Esto es especialmente necesario a fin de acostumbrarse desde la niñez al trabajo continuo. Que la mejor evolución esté construida sobre el trabajo como medida de la valía.

Las reglas equivalen al orden. El orden equivale al ritmo. El ritmo es un reflejo de las grandes leyes que gobiernan el universo. Desde la niñez deberíamos seguir los patrones del orden. Deberíamos dejar que los niños se acostumbren a esto como una expresión continua de la labor sagrada. No podemos tener niños en nuestra comunidad criándose según los caminos del mundo, en la ociosidad y con la necesidad de que los diviertan constantemente.

La destrucción más grande del potencial del alma es permitir que los niños pasen su tiempo libre buscando entretenerse desde fuera sin hacerlo, en cambio, desde dentro. Es como las arenas movedizas, porque los niños se sienten atraídos hacia la diversión como hormigas hacia la miel. No como abejas, porque las abejas son de la miel, sino como hormigas, que persiguen la miel igual que los niños buscan divertirse. Si no se anima al niño a ser creativo, esto puede considerarse como algo que amenaza al alma de muerte.

«Que la mejor evolución esté construida sobre el trabajo como medida de la valía». Por gracia de Dios, yo tuve unos padres que consideraban el trabajo como medida de la virtud. No sé qué habría hecho sin esa base para la comunidad. Siempre tuve que ser laboriosa, activa con las manos, activa con la mente. No creíamos en la diversión continua.

El trabajo debe ser voluntario

9. Y otra condición absoluta debe cumplirse. El trabajo debe ser voluntario. La cooperación debe ser voluntaria. La comunidad debe ser voluntaria. El trabajo no debe forzarse como algo obligatorio. La condición de acuerdo voluntario debe echarse en el cimiento del avance. Nadie puede llevar la disolución a la nueva casa. Los trabajadores, los constructores, los creadores pueden compararse con águilas de alto vuelo. El polvo y los desechos del deterioro solo se desprenden con el vuelo de gran alcance.

Esta sección, la número nueve, invalida por completo el comunismo y el estado subsidiario. El comunismo, en las teorías que enseñan Marx y Engels, es la falsificación diabólica de la Comunidad del Espíritu Santo. Estados Unidos hace mucho que debería haber sido una Comunidad del Espíritu Santo, pero la bestia del egoísmo y la sensualidad le ha arrancado al país la esencia de la comunidad.

Hoy día tenemos más parásitos en esta tierra que nunca, y un problema es la motivación. La motivación de la llama trina en el corazón falta en Estados Unidos. Contamos con nuestros estudiantes, con las niños exploradores y los milicianos de Saint Germain para que salgan y motiven a la comunidad, para que motiven a que la gente vuelva a ofrecer los servicios voluntarios que les encanta realizar. En especial, necesitamos que apliquen la ética laboral.

Este país se construyó en base a una ética laboral y el deseo de lograr la excelencia y la eliminación de la mediocridad. Cuando se tolera la mediocridad, ello enferma al alma de tal manera que destruye incluso el deseo de trabajar o de tener una labor sagrada. La mediocridad se entromete como un veneno en el agua; y es agua con hedor. Empieza a oler como una cloaca y después nadie quiere formar parte del gran Río de la Vida.

Trabajadores, constructores, águilas de alto vuelo; las imágenes de un vuelo y de pájaros guardan relación con la mente y la conciencia. Cuando se encuentren con imágenes como estas, relaciónenlas con la conciencia. Esto significa que mientras los otros cuerpos están realizando la labor sagrada, nuestra conciencia debe volar alto.

10. A través del amor a un oficio preferido una calidad noble ingresará en el trabajo puro. Una calidad hermosa se afirmará en toda la vida. Nada permanecerá en la oscuridad. La ignorancia será una vergonzosa ofensa. La oscuridad es contagiosa, pero la Luz es atractiva.

Este es un uso curioso de las dos palabras: la oscuridad contagiosa y la luz atractiva.

Por tanto, afirmemos el amor a un oficio preferido, que eleve la vida.

Todos necesitamos realizar proyectos, incluso nuestros hijos, que necesitan algo a lo que dirigirse, algo en lo que poner sus energías, pasar las horas y los días.

La ciencia debería indicar la mejor calidad. La ciencia debería atraer las energías más fuertes. Que el conocimiento del espíritu brille sobre todos los bancos de trabajo.

¿No es hermoso? ¡Es como todos los focos de los Maestros Ascendidos de nuestros despachos!

11. Muchas falsedades se han acumulado en torno a la idea del trabajo. No hace mucho el trabajo era objeto de mofa y se consideraba dañino para la salud. ¡Qué barbaridad esto de considerar el trabajo como algo dañino! Ningún trabajo es injurioso, sino las ignorantes condiciones que lo rodean.

El magnetismo animal ignorante destruye la integración de la mente de Dios con el cuerpo físico, el patrón en forma de ocho entre el cuerpo mental y el físico. Cuando hay ignorancia en el cuerpo mental, hay pereza en el cuerpo físico. Cuando hay pereza en el cuerpo físico, esta se convierte en ignorancia en la mente, porque no existe ningún flujo. Las personas que no hacen ejercicio o que no trabajan con el cuerpo se apelmazan mentalmente.

Cooperación consciente

Solo la cooperación consciente puede hacer que la labor sagrada sea algo sano.

«Cooperación consciente». Cuando Saint Germain introduce su obra sobre alquimia dice que el motivo para realizar alquimia debe ser el servicio a la humanidad. De otro modo, la alquimia no funciona.

No solo debe ser grande la calidad del trabajo, sino que debe fortalecerse el deseo mutuo de hacer que las condiciones del trabajo sean entendidas con claridad. No se debe maldecir el trabajo; se debería hacer avanzar al mejor trabajador.

Maldecir el trabajo es maldecir al Espíritu Santo. Esta es la crisis que tenemos en Estados Unidos. La labor sagrada, la virtud del trabajo, está en la línea de las nueve. Esto no debe convertirse en un fin en sí mismo o en una fuerza sin el Espíritu que hace que la persona no se conecte con Dios o dedique su labor sagrada a la gloria de Dios. Debemos tener un ritmo de trabajo, una espiral de trabajo de veinticuatro horas, pero debemos insertar e infundir intervalos de conciencia cósmica en él que restablezcan un punto de conexión, un propósito común para el trabajo.

Estados Unidos está pasando su iniciación del Espíritu Santo.[10] Debemos recuperar ese deseo individual de lograr la excelencia y eliminar el estado subsidiario tanto como sea posible. Tenemos que inspirar a la gente a que contribuya al bienestar común.

12. Debería inculcarse el respeto por la destreza en el trabajo a fin de que se entienda como un mérito superior. Los antiguos gremios comunitarios dejaron testimonio de su vitalidad. Uno puede ver cómo la gente cultivaba sus habilidades

hacia la perfección. Sabían cómo escudarse mutuamente y cómo proteger la dignidad de su comunidad. Siempre que las personas no aprendan a defender el mérito de sus compañeros de trabajo, no alcanzarán la felicidad del Bien Común.

El Morya dice que los gremios son la base de la verdadera unión, pero los sindicatos, en su mayoría, se han convertido en su perversión. La verdadera unión es la defensa mutua de los trabajadores, que se establece primero al defender la integridad de uno mismo y de la comunidad interior.

Deben defender la relación de su alma con su Presencia YO SOY para mantener esa identidad comunitaria establecida. Y a veces deben defenderla contra los que parecen ser sus mejores amigos, partes de su conciencia a las que están acostumbrados pero que son relaciones, condicionamientos y costumbres humanas.

Tendrán que enseñar a sus hijos lealtad dentro de la familia. Hermanos y hermanas pueden meterse el uno con el otro en público o traicionar las debilidades del otro ante sus amigos como medio de control mutuo. Por tanto, deben acostumbrar a los niños a que respeten la familia. La familia debe permanecer unida.

Contrariamente, no obstante, verán que existe una tendencia a dividir y derrotar a la familia, como ocurrió en la Unión Soviética. Se enseñó a los niños a traicionar a los padres y reportarlos al Estado. La familia debe poseer una integridad interna, tal como el alma dentro de los cuatro cuerpos inferiores debe poseer su integridad en relación con el espíritu. Una vez establecida esa integridad, se puede extender a la comunidad.

Este principio en particular del Espíritu Santo ha mantenido unida a la comunidad judía a lo largo de los tiempos. Los judíos se apoyan unos a otros, se ayudan mutuamente, se prestan dinero y procuran que cada familia judía tenga lo que necesita. Se aseguran de que ningún judío sea víctima de los que ellos consideran como la hostilidad del mundo gentil.

¿Los cristianos hacen esto? No. Los cristianos no se apoyan mutuamente. No poseen un sentimiento de comunidad igual de grande porque la palabra *comunidad* ha sido sustituida por *iglesia*.

Los cristianos se reúnen los domingos por la mañana porque así es como entienden la iglesia. Si hubieran entendido la iglesia como una comunidad, hace mucho que se habrían unido por la victoria. No saben que son hermanos. Por eso Micah, Ángel de la Unidad, vino a Estados Unidos y en medio de la facciones en guerra dijo: «Recordad que sois hermanos».[11] Somos hermanos en el verdadero sentido de la palabra porque todos pertenecemos a las tribus de la casa de Israel.[12]

Es importante que unos y otros hagan una defensa mutua de sus méritos, sin criticarse unos a otros, sino aconsejándose en los ámbitos que puedan mejorarse.

«Produzcamos el calor del corazón»

13. La idea de justicia se demuestra sobre la base del trabajo. Asimismo, el valor crece con facilidad cuando unos responden por otros. En efecto, todos como uno solo, pero cada cual contribuyendo con su mejor aptitud. No destruyamos, mas produzcamos el calor del corazón.

¿Qué es el calor del corazón y cómo lo producimos? Amándonos dulcemente unos a otros. Desde el patio de la escuela se nos condiciona a sentir que estamos en un mundo hostil donde debemos defendernos constantemente, y ya no permitimos que la naturalidad y el calor del corazón salgan libremente de nosotros. Sin embargo, en la comunidad, donde la cooperación básica es una ley y un modo de vida, el calor del corazón fluye porque existe una confianza mutua de amistad y porque el temor a los daños, a la persecución o a los ataques se ha transmutado.

Morya dice ahora mismo que esa comunidad es un campo energético para la protección de los fuegos sagrados del corazón. Es donde los corazones pueden florecer, las flores abrirse y los pájaros cantar, porque todos comprendemos lo que estamos haciendo y lo que hemos acordado. «El Hijo del hombre no vino al mundo para condenar al mundo, sino para que el mundo pueda tener vida eterna»[13]. No destruyamos. Produzcamos el calor del corazón.

Los peligros de la especialización

14. Nuestro sentimiento nos acerca a la ausencia de la especialidad, porque Nosotros vivimos para la totalidad del complejo de la vida. Cada especialista que se acerca a Nosotros pierde inevitablemente sus anteojos monocromáticos. Por consiguiente, realizad todos los esfuerzos para que la especialidad no se convierta en nada más que uno de los platos sobre vuestra mesa. Como pájaros sobre la Tierra, como Abejas sobre todas las flores, podemos abarcar todo el universo.

La especialización interrumpe el equilibrio completo de la llama trina. La especialización es una forma muy sutil de interrumpir el sendero de iniciación en la comunidad mundial. Debemos especializarnos en un área para ganarnos el pan de cada día, pero que eso sea solo uno de los platos que tenemos en nuestra mesa. Que nuestra profesión y nuestra vocación sean una cosa, pero que las demás horas del día sean para redondear nuestra experiencia con la llama trina y nuestro conocimiento del universo.

Cuando estaba en la universidad, observé este problema al hablar con los estudiantes de ingeniería. Tenía cerca toda una residencia de estudiantes de ingeniería y todos eran idénticos en el sentido de que no tenían la capacidad de entender nada que no fuera su programa de ingeniería. Esto me pareció desastroso, pero cierto en muchas profesiones.

En consecuencia, la realización mecánica de su especialización conduce a unos anteojos monocromáticos, que solo ven un camino. Es como mirar la televisión y al ver la pantalla plana pensar que eso es la vida. Es muy, muy peligroso. En la comunidad tenemos opciones que nos dan la capacidad de tener una visión esférica y de abarcar todo el universo.

Sin una especialidad, resulta más fácil prepararse para la tarea actual de evolución, la interacción con mundos lejanos y la transformación del Mundo Astral, el mundo de oscuras supervivencias terrenales. La adopción del concepto de Comunidad abrirá las puertas para logros posteriores y sus fechas dependen de la propia gente. Por consiguiente, emprendamos con amplitud la búsqueda de la Comunidad.

Las fechas dependen de la gente. El tiempo es muy importante. Las fechas son importantes; sin embargo, con todos los calendarios que Morya tiene en su corazón, el cumplimiento de esas fechas depende de ustedes y de mí, de nuestra sintonización con su calendario cósmico.

15. A partir de una jungla salvaje puedo cultivar un huerto, pero una piedra pulida por frentes veneradoras no produce semilla.

La jungla representa la energía virgen, inmaculada, sin programar. Es un recurso creativo. La piedra pulida por frentes veneradoras es un símbolo de la formación mecánica.

Responsabilidad espiritual

16. Entre los logros mecánicos de la civilización moderna, el medio de transporte merece especial atención. Esta devoración de espacio ya es, hasta cierto punto, una victoria sobre las esferas supramundanas. Pero un círculo de materialismo bajo mantiene estas conquistas dentro de los límites de la materia baja y el resultado es más mal que bien. El principal peligro en esta prisa con la locomoción yace en un elevado sentimiento de irresponsabilidad. Al sobrepasar los límites de lo ordinario, el hombre se hace ligero, pero debido a la ordinariez de los sentimientos, pierde la conciencia de responsabilidad.

Nuestra civilización se está elevando a grandes alturas antes de poseer el logro producido por la disciplina. Está desprendiéndose de las disciplinas impuestas de forma natural por el tiempo y el espacio antes de haber alcanzado el logro para hacerlo. Un ejemplo sencillo se da cuando viajamos grandes distancias en avión, puesto que se produce un sentimiento de irresponsabilidad con respecto a lo que dejamos atrás, ya que uno se encuentra muy lejos de ello en el tiempo. En realidad, deberíamos haber dominado el arte de la levitación antes de intentar dominar el arte del vuelo, especialmente el vuelo interplanetario. Obtener el poder de la mecanización antes del logro espiritual solo puede dar como resultado una pérdida de responsabilidad. Esto es algo que nos debe hacer pensar, aunque el Consejo Kármico debe haber determinado que es hora de que tengamos estas mejoras. Lo que debemos hacer ahora es incorporar nuestra conciencia del alma. Si seguimos adelante así, sin conciencia cósmica, tendremos naves espaciales viajando por todo el universo físico igual que han viajado aquí de otros planetas, explorándolo todo, entreteniéndose durante decenas de miles de años sin jamás evolucionar hacia el centro de Dios. La mitad de esas naves espaciales están dirigidas por autómatas, porque los individuos que viajaban en ellas se aburrieron de hacerlo, crearon robots y los pusieron en naves espaciales para hacer el trabajo, sea cual sea, que estén haciendo contra la gente de Dios.

El que pueda volar a una velocidad de 400 millas por hora o el que pueda volar más alto que otros, adquiere la psicología de un campeón de boxeo y la comprensión de responsabilidad espiritual le abandona.

Es posible ennoblecer la conquista, desnudándola de todo significado deportivo y dirigiéndola al trabajo. ¡Apresuraos a salvar a los desafortunados, volad para unificar a la humanidad! Entonces entrarán estas conquistas en evolución, porque la gente debe hacer un uso normal y corriente de los esfuerzos superiores a lo mundano, sin olvidar la responsabilidad. Hasta el momento estas conquistas siguen en un estado como feos centauros. Cuando las personas comprendan a dónde y por qué razón deben volar, será posible mejorar el aparato volador diez veces más.

Es posible susurrar un gran número de experimentos útiles en los estratos del espacio. La energía atómica, la condensación de prana, los rayos de colores en el espacio, extraídos a raíz de repetidas explosiones, y muchos otros, se han destinado para la humanidad.

Aprender el sentido de la medida

17. Muchas veces habéis oído hablar acerca de seguir Nuestras indicaciones y podríais convenceros de que la realización precisa de la indicación es algo práctico y beneficioso. Este es el primer paso. Después, la acción propia debe comenzar. Tras conocer la base de Nuestra Enseñanza, es necesario demostrar ser discípulos creando con un sentido pleno de la medida y con inmutabilidad.

Considero que nuestra comunidad y Summit University son nuestro campo de pruebas para adquirir un sentido de la medida, donde todos actúan en una relación recíproca con los Maestros Ascendidos y donde el maestro que es el gurú es el punto de enfoque. Si él se mueve, nosotros nos movemos. Si él tiene un pensamiento cósmico, nosotros tenemos un pensamiento cósmico.

De este modo estamos alineados con las coordenadas interiores de nuestro ser; primero con nuestra Presencia YO SOY, después con el gurú que está unido a esa Presencia. Después la comunidad exterior reflejará la comunidad interior, que es la Gran Hermandad Blanca de Maestros Ascendidos. A medida que más santos encarnados se conviertan en coordenadas exteriores de la actividad interior, descubriremos que seremos un cáliz digno.

El sentido de la medida es como dos puntos que siempre se mueven en proporción mutua. El punto más grande es la Presencia YO SOY o el maestro y el más pequeño es nuestra alma. Si ustedes pueden ver esos dos puntos moviéndose en correlación directa, podrán tener la comunidad exterior o iglesia exterior en relación con la iglesia interior.

La inmutabilidad es el resultado del sentido de la medida. Nuestra inmutabilidad, nuestra invulnerabilidad, nuestra invencibilidad se debe a nuestro alineamiento. Cuando estamos alineados con Dios, somos inmutables; nos convertimos en el ser inmutable. Por tanto, la formación de la comunidad es la demostración de los discípulos, del sentido de la medida y la inmutabilidad. La comunidad que se forma es el resultado de esa demostración.

Un parche para una bota

Cuando el Instructor dice: «Ahora demostrad vosotros el efecto de Mis indicaciones», ello no significa evocar las viejas costumbres, reñir unos con otros, ofenderse y herir a los demás. Eso se lo podemos dejar a los arrieros. Pero vosotros deberíais recordar Nuestra Comunidad y emularla con trabajo armonioso. Cuando llegue la hora de cambiar el rumbo del barco, la indicación llegará. Pero no esperéis una indicación sobre un parche para una bota. De otro modo, pronto nos felicitaremos en nuestros cumpleaños.

Agradezco esa frase porque siempre me ha disgustado el hecho de que las ruedas del trabajo deban detenerse para celebrar los cumpleaños. Dar una muestra de amabilidad está bien, pero parece que a la gente le sobreviene cierta vibración cuando se centra en el cumpleaños de alguien. Lo que Morya quiere decir es que el nivel en el que se espera una indicación sobre un parche para una bota es el mismo que el nivel para involucrarse en cumpleaños y celebraciones. Esto es darse palmadas en la espalda mutuamente por el logro personal.

Algunas personas forman grupos sintonizados psíquicamente con comunicaciones de los maestros que son de lo más mundano y mezquino. Sin embargo, estas comunicaciones en realidad provienen de espíritus desencarnados, porque los maestros no quieren tener nada que ver con eso. Esa es una frase típica de El Morya, la del parche para una bota.

«Deseo veros dar el siguiente paso»

Es necesario asimilar de manera permanente la dignidad y la valía del verdadero trabajo y relegar las costumbres infantiles a los archivos. Sin traicionar los principios propios es posible hallar cientos de soluciones dignas. Deseo veros dar el siguiente paso.

¿No desea siempre el gurú vernos dar el siguiente paso? Todo lo demás se vuelve prescindible. No importa que haya que hacer que el chela llore, que sufra dolor o que pase por un período de depresión o sentirse de mal humor. Si el resultado es hacer que el chela y toda la comunidad den el siguiente paso, así sea.

18. Algunos sueñan con echarse a los pies de los Instructores, pero no se atreven a seguirles a la batalla. Pero precisamente ahora es el momento de la batalla, y Nosotros solo podemos dar la llamada para entrar en batalla. Con todo el conocimiento de la verdad del Bien y sobre la responsabilidad personal, afirmamos que la batalla no es más que una batalla legítima.

19. Dominad del problema de mantener la serenidad durante toda la Batalla. La Batalla de la Luz apenas ha comenzado; millones de personas están en ella sin conocer el resultado final. Pero vosotros sabéis, y este conocimiento debería haceros comprender y dar pie a una decisión digna. Vuestro espíritu debe alzar el vuelo en el nombre de la Verdad. ¿Cómo es posible que nos estimule el logro de la evolución del Mundo? Mi Rayo lleva Mi petición de que no se haga nada para impedir su luz. En vez de alas de logro, es fácil que a uno le crezcan cuernos negros; alas de razonamiento falso. Los espíritus oscuros tienen emanaciones negras que parecen cuernos.

Satanás, de Gustav Doré

«Alas de razonamiento falso». Gustav Doré realizó un grabado de Satanás. Y si consideran que este grabado se realizó aproximadamente en 1850, antes de los aviones o la mecanización, observarán en las alas una forma simplificada de estilo mecanizado que al instante nos dice que el ángel es un ángel de las tinieblas. Es un grabado muy interesante y espero que lo vean. Es parte de una colección de sus obras.

Como artista, Doré sabía algo que su alma le transfirió desde antiguas civilizaciones, a partir de la caída de la Atlántida: que la mecanización destruye el alma. Y esa misma mecanización es el resultado de la mente carnal y su razonamiento, cuernos negros en vez de alas angélicas.

Conciencia esférica

20. Es necesario esforzarse hacia lo máximo, lo absoluto. La gravitación máxima absoluta será hacia mundos lejanos. La belleza terrestre se pierde con la gloria de los rayos superestelares. La ciencia terrestre, que con dificultad recuerda el ayer y desconoce el mañana, es insignificante y no contribuye nada al conocimiento sobre el rumbo de las luminarias que inician su existencia.

¿Cómo puede uno acercase al anteriormente mencionado Absoluto? No puede hacerse a través de medios técnicos o de la ciencia terrestre, ni con el arte descriptivo. Solo es posible por medio de la expansión de la conciencia, cuando el ser terrestre es envuelto por las emanaciones de las esferas lejanas. Por tanto, los que se están acercando a Nosotros, o más bien a las fronteras de la órbita de la Tierra, pierden su especialidad. Solo comprendiendo la inclusión total puede uno soportar el Brillo de las luminarias.

La inclusión total es la conciencia esférica, la percepción del Yo como un punto en el centro de una esfera que es una coordenada del infinito. La esfera también es infinitud, pero nuestro punto del centro es el punto de enfoque de la Presencia YO SOY, el Centro

Solar. Vemos todas las cosas dentro de ese cosmos en relación con el Yo como la coordenada. Todo lo demás asume una posición relativa dentro de esa esfera del Yo. No puede ser de otro modo, o el Yo, incluso el Yo Divino, dejaría de existir como una realidad. Todos los puntos de cada individuo dentro de nuestra esfera de conciencia se convierten centros de otra esfera a través de esa autopercepción del Yo. Allá donde Dios esté manifestado en nosotros, él será el centro de un cosmos. El Centro Solar, que es el YO SOY EL QUE YO SOY de cada cual, tiene unas coordenadas que están relacionadas entre sí. Por eso ponemos al padre, la madre, el marido, la esposa, los hijos más cercanamente en nuestro sentido de las otras coordenadas que hay dentro de nuestra esfera. Después, los amigos, los parientes, los vecinos, los miembros de la comunidad y, finalmente, las masas desconocidas, asumen posiciones lejanas. Estas se convierten en estrellas de menor magnitud dentro de este cosmos, hasta que algunas de ellas se vuelven simplemente partículas de polvo por tener una menor importancia relativa a nuestro centro solar.

La inclusión total se da cuando nosotros, en el centro del sol dentro de esta esfera, podemos apreciar de igual manera el centro solar de las demás estrellas de nuestro cosmos. Entonces entramos en esa inclusión total que se convierte en un sentido de la medida con respecto a la vida y, finalmente, en una capacidad de soportar el brillo de las luminarias.

Los científicos nos dicen que toda la Vía Láctea, relativa al cosmos, ocupa la posición de un plano que es como una hoja de papel. Esto me resulta muy interesante porque es como la línea del tiempo y el espacio en la que vivimos. Primero, debemos acostumbrarnos a estos campos energéticos o centros solares dentro de un plano. Nuestra percepción del brillo de las luminarias —los Maestros Ascendidos— debe comenzar a estirarnos en ambas direcciones, por encima y por debajo de la línea, hasta tener un sentido esférico del ser. Si quieren saber qué es lo que diferencia a un chela de los Maestros Ascendidos de una persona normal y corriente, es la diferencia entre el pensar y sentir linear y esta conciencia esférica.

Las coordenadas de estos cuerpos estelares en la persona normal de la Tierra aún son ese plano. Por supuesto, cuando uno se integra por completo con la conciencia esférica, se convierte en un Maestro Ascendido y entonces ya no puede permanecer mucho tiempo en este plano. Si toda la Vía Láctea es un plano, para salir de ella evidentemente uno no puede dirigirse a otro punto del tiempo y el espacio. Uno debe ascender hacia el gran cuerpo esférico. Por tanto, hasta que no tengan una conciencia esférica y la inclusión total, no apreciarán a las luminarias que entren en su campo energético.

Pero a fin de contener este centelleo, uno debe encender sus fuegos interiores.

Los fuegos interiores de uno mismos, los fuegos sagrados del corazón, deben arder. Y al hacerlo, a través de nuestra meditación y nuestra ciencia de la Palabra hablada, alcanzamos ese punto de aceleración en el que nos desprendemos de la atracción gravitacional del plano lineal y, de repente, nos encontramos en órbita.

El elemento de fuego es de lo más impresionante, trascendente, y si deseáis clasificar a Nuestra Comunidad según los elementos, referíos al gran fuego que lo da todo, lo purifica todo y no necesita nada.

El plano astral y sus habitantes

21. No somos amantes del mundo de supervivencias corporales, el Mundo Sutil inferior —el Mundo Astral—, sino que, como todo lo demás que existe, no puede evitarse en el desarrollo espiritual. El mundo de supervivencias corporales contiene ciertos elementos necesarios para la interacción entre los mundos. Por ejemplo, los medios de transporte son muy poco comprendidos por los moradores del Mundo Sutil. Aunque tienen la posibilidad de esforzarse hacia arriba, se ocupan en construir casas oscuras, imitando a las terrestres. Si, no obstante, durante su vida hubieran ampliado su conciencia, habrían sido capaces de medir el borde de la vestidura de la Madre del Mundo.

Morya nos está enseñando cosas del plano astral y sus habitantes. Sabemos que la gente puede vivir en el plano astral durante toda una encarnación. Uno no tiene que estar desencarnado para vivir en el plano astral. Hoy día mucha gente vive ahí. ¿Por qué? Porque la iniciación de la Madre del Mundo hoy día está con sus hijos en el plano astral. La Tierra está pasando por el ciclo oscuro debido al regreso del karma.[14] Esto crea una conciencia astral y muchas personas se sienten atraídas hacia el plano astral porque no están en el mandala de la Madre; no han escogido estar en ese mandala donde afrontan el plano astral como un desafío, como una prueba para su alma.

Por consiguiente, o bien estamos en el plano astral como siervos y chelas, o bien estamos en el plano astral construyendo casas oscuras. Y si estamos construyendo casas oscuras imitando al cuadrante físico, no podemos equipararnos en nuestro ser al borde de la vestidura de la Madre del Mundo.

Las mejores posibilidades pueden ser despertadas por quienes pueden percibir con una conciencia espiritual. Pero para la preservación de la conciencia, es necesario que uno perciba esto durante su vida. Entonces, el estado del mundo contemporáneo de supervivencias físicas será casi borrado. La oración «descanse en paz» no, sino «aprenda en el espacio de la Luz».

El espacio es Buda. «Aprenda en el Buda de la luz». Cuando tenemos una clave como esta vemos que tal clave nos da un significado en cualquier momento y en cualquier caso en que la apliquemos.

Con toda vuestra conciencia recordad los problemas de la evolución. Cuando el esfuerzo por reposar desaparece, entonces se acercan las Puertas.

22. Alguien puede llegar hasta Nosotros solo con un acuerdo armonioso. No necesitamos ninguna deificación, sino cierta cualidad de espíritu, como una lámpara de tensión concordante.

Los maestros necesitan chelas que sean lámparas en el plano astral (el mundo sutil) y que sean de tensión concordante o armoniosa. La tensión no es inarmónica; es como la tirantez de las cuerdas del violín, para que suenen en armonía.

La disciplina en la preparación para alcanzar la meta

Una lámpara parpadeante es insoportable durante el trabajo prolongado. Las mismas leyes se aplican a todo y según la ley de la justicia, una lámpara parpadeante se hiere a sí misma. Yo aconsejo a Mis lámparas que no parpadeen. La dínamo no se daña debido a la calidad de las lámparas, pero el voltaje descoordinado a menudo provoca un grave zumbido. Y el metal básico debe reponerse. Las leyes son idénticas en todo.

23. No existe la justicia desalmada, sino solo la brillante preparación para alcanzar la meta. En efecto, la gloriosa preparación para alcanzar la meta no puede tiranizar, sino que revela las puertas de la belleza.

La preparación para alcanzar la meta es la mayor disciplina de la que somos capaces. Nunca es una imposición tiránica, porque nuestro libre albedrío está implicado, dando libremente más y más energía a medida que nuestro dar cotidiano aumenta nuestra capacidad de recibir. La preparación para alcanzar la meta no puede tiranizar.

Y el llamado a la preparación para alcanzar la meta llena el espacio con el arrebato de la victoria. Los eventos y las creaciones que constituyen la preparación para alcanzar la meta no son pequeños fragmentos gastados, sino partes valiosas del Cosmos.

Solo una comprensión de la individualidad cósmica puede iluminar los pasos de la evolución.

¿Ustedes se conocen a sí mismos como un individuo cósmico? Deberían. Deberían visualizarse a sí mismos como el sol en el centro de un cosmos. Deberían visualizarse a sí mismos como si fueran Helios y Vesta,[15] con mundos y soles y millones y miles de millones de oleadas de vida dependientes de la luz que ustedes dan. Si no tienen la idea de la individualidad cósmica, no actuarán en consecuencia; no actuarán con responsabilidad.

¿Por qué han de ser responsables si son una hormiga en un hormiguero? Sin embargo, incluso una hormiga en un hormiguero tiene la idea de la individualidad cósmica y nunca abandona su responsabilidad. A fin de que nuestra evolución del alma esté iluminada para ver la luz en el Sendero, debemos tener la idea de la individualidad cósmica. Podemos impartir esa idea como una chispa eléctrica a todas las personas de este país durante nuestra vida.

De otro modo, en la comprensión terrestre la evolución permanecerá solo como una inversión rentable de capital. Vosotros ya sabéis que el capital desprovisto de una preparación para alcanzar la meta es únicamente una piedra de molino alrededor del cuello. Y, tal como una manifestación de una infección forma úlceras espirituales y corporales, una manifestación de la locura de la codicia hace daño al espíritu y al cuerpo.

En la Tierra estamos muy preocupados por el cuerpo; por tanto, es necesario penetrar en los orígenes de la enfermedad. Un médico podría decirle al paciente: «Tienes un ataque de avaricia», o «la anemia del autoengaño», o «piedras de traición», o «un ataque de odio».

En los cementerios nos encanta recordar los méritos del difunto; no estaría mal establecer las verdaderas causas de las enfermedades; el espectáculo sería instructivo.

Amigos, repito: mantened puros vuestros pensamientos, ese es el mejor desinfectante y el principal tónico oportuno.

Una definición de profecía

24. ¿Qué es la profecía? Es la predicción del destino de una combinación definida de partículas de materia.

Espero que memoricen esta definición de profecía, «predecir el destino de una combinación definida de partículas de materia». Esa definición convierte al científico en profeta, porque el científico predice lo que ocurrirá cuando se combinen ciertos elementos.

Convierte a los Maestros Ascendidos tanto en científicos como en profetas, porque ellos nos juntan y nosotros somos partículas de Materia —somos partículas de la Madre— y los Maestros Ascendidos conocen precisamente la alquimia que resulta de esta combinación nuestra.

Cuando una partícula interrumpe el flujo de la armonía de los átomos y las moléculas, los Maestros Ascendidos retiran a esa partícula. Con frecuencia las razones para retirar a una partícula no nos resultan evidentes porque nosotros no vemos los elementos perturbadores en la superficie.

Por tanto, las profecías pueden cumplirse, pero también pueden estropearse por una actitud impropia exactamente igual que puede estropearse una reacción química. En realidad, la gente no puede comprender esto, aunque sí puede entender el significado de un barómetro.

Innumerables profecías siguen sin cumplirse debido a actitudes impropias de las gente. Es como tomar arena y desparramarla sobre una fórmula delicada: la borra, la borra de la pantalla de la conciencia. Ese es el efecto de una mala actitud.

Obsérvense las fechas

La profecías pueden dividirse en las fechadas y las no fechadas. Cuando manejamos una profecía fechada, ello significa que debemos comprender todas las condiciones intermedias. Una gran fecha se compone de fechas menores. Por tanto, es bueno observar la fecha menor.

Esta es una conciencia para un plan de diez años. Morya siempre ha sido partidario de establecer fechas y después trabajar con esas fechas en mente como metas para todo lo que se realiza. Las fechas se pueden escribir y para ello me gusta utilizar papel de cuatro por seis pulgadas. En ese papel deben escribir las peticiones que tengan para la Hermandad sobre cosas que quieren realizar, un tema por cada hoja. Después las deben poner en uno de los libros del maestro o en la Biblia.

Deben tener un ejemplar sobre su altar de *Escala la montaña más alta*. No es para leer; es un campo energético sobre su altar personal. De hecho, pueden poner el cáliz sobre el libro, el cáliz de cristal que tengan para la precipitación. Incluso pueden poner una tela verde sobre el libro para que parezca una elevación tan solo. Y pongan estas seis hojas en las que han escrito de su puño y letra su meta, lo que quieren llevar a cabo y las fechas.

Pongan fechas para resolver problemas en su vida y se sorprenderán. Años después, al abrir el libro y leer lo que escribieron en las hojas, verán que todo se cumplió. ¡Y ni siquiera se dieron cuenta de los milagros tan grandes que se produjeron ante ustedes!

Esta es una experiencia asombrosa. Yo retomé mi libro y leí lo que escribí hacía cuatro años, cuando Mark ascendió, y cada una de las cosas que escribí se ha dado. Cuando las cosas se dan ya no soy consciente de la necesidad que tenía porque se ha cristalizado y se ha convertido en partículas atómicas. De este modo, ustedes se convertirán en profetas y científicos.

Por tanto, ¿qué es un profeta? Alguien que predice «el destino de una combinación definida de partículas de materia». Por consiguiente, debemos tomar las partículas de materia, que son todas nuestras vidas, y escribir lo que deseamos llevar a cabo. Rezamos por ello y se lo damos todo a Dios. Por supuesto, siempre dirigimos lo escrito en el papel a nuestra Presencia YO SOY y a los miembros de la jerarquía.

Estarán escribiéndole a la jerarquía y pidiéndole que ocurra cierta acción; y cuando más cerca estemos de una sintonización con la voluntad de Dios, mejor será nuestra alquimia. Pero es muy importante que pidamos la voluntad de Dios en vez de sueños dorados. Hay una gran diferencia entre los sueños dorados y la planificación realista. Hay que estar un paso por delante de lo que es la precipitación práctica en el *ahora*, comprendiendo lo que se necesita ahora y multiplicando esa necesidad hacia el futuro, diciendo: «Pues si necesitamos esto hoy, vamos a necesitar esto en el futuro, por tanto, voy a escribir esto para mi alquimia, el cumplimiento de la necesita actual más la necesidad futura». Entonces, cuando llegamos al futuro, la necesidad habrá sido satisfecha y estaremos preparados para actuar en el futuro como el nuevo *ahora*.

Repito, no se permitan los sueños dorados y no pidan el sol, la luna y las estrellas. Miren cuál es el siguiente paso lógico para la organización y su vida en ella y escríbanlo. En cuestión de semanas, meses o medio año, eso se producirá. Si se han sintonizado de verdad con la voluntad de Dios y son chelas devotos de El Morya, estarán muy sintonizados con cuál es el siguiente ciclo. Si están desfasados y metidos en proyectos y esquemas fantásticos, verán que las peticiones no estarán en lo que el Maestro Ascendido está concentrado principalmente con su conciencia. Un alquimista con éxito es un alquimista práctico.

Hay que recordar que los seres oscuros trabajan con las fechas menores, intentando complicar la mayor.

Yo he observado esto porque tengo cosas que hacer todos los días y todas las semanas, y si me salto los pasos y no las logro llevar a cabo, la fecha principal al final de la semana no puede cumplirse. Nuestras conferencias son las fechas principales, junto a todo lo que conlleva llevar a cabo una conferencia. Y si se omiten cualquiera de sus componentes, la alquimia no tiene éxito.

25. ¿Las profecías pueden permanecer sin cumplirse? Así es, en efecto. Tenemos todo un almacén de tales profecías perdidas. Una profecía de verdad prevé la mejor combinación de posibilidades, pero es posible permitir que escapen.

El tema del cumplimiento de las profecías es muy profundo; en él se combinan la cooperación y el conocimiento superior del espíritu. Los desatinados dicen: «¡Qué cocina!». Pero una cocina fácilmente se transforma en un laboratorio.

Desde tiempos inmemoriales Nuestra Comunidad ha emitido profecías como signos benevolentes para la humanidad. Los senderos de las profecías son diversos: o bien se sugieren a gente en particular, o bien pueden ser inscripciones dejadas por alguna mano desconocida. Las profecías en su mejor aspecto informan a la humanidad. Sí, los símbolos con frecuencia se ocultan, pero el significado interior crea una vibración. Ciertamente una profecía necesita vigilancia y aspiración.

«Vibraciones de luz captadas»

26. Si la materia está en todas partes, incluso la luz deja tras de sí protoplasma. Todas las manifestaciones de la luz no pueden considerarse accidentales. Ciertos ojos son capaces de captar la red de luz. Debido a la nobleza de la energía de la luz, todas esas formaciones son muy hermosas. La disonancia del sonido es mucho más frecuente. El protoplasma de la luz no es algo abstracto; sus sedimentos adornan el reino vegetal. El ritmo de las olas, las arenas y la corteza del planeta se estabiliza notablemente por los nódulos de luz. Lo que tiene importancia no son tanto las imágenes impresas en el lienzo, sino las vibraciones de luz captadas.

Observen lo ausentes que están estas «vibraciones de luz captadas» en el arte moderno. Uno de nuestros estudiantes asistió hace poco a la graduación de su hija en una universidad de arte de San Francisco. Esta persona dijo que los estudiantes y profesores de esta universidad se drogaban, con marihuana entre otras drogas, y realizaban su trabajo desde la experiencia con las drogas. La hija era una de las pocas personas en toda la universidad que no realizaba obras de arte mediante el consumo de drogas. Evidentemente la forma de arte astral que vemos por todo el país se produce así.

Es evidente que necesitamos devotos de Pablo el Veneciano.[16] Lo que tiene importancia son las vibraciones de luz captadas y para ello se necesita la forma, la simetría, las combinaciones correctas de los colores y una gran sintonización con la conciencia Crística.

La cualidad de la mirada está completamente subestimada. Es como un rayo para la película fotográfica. Debe tenerse presente que a través de la mirada espiritual establecemos la imagen de los espíritus elementales. De forma parecida, la mirada física detiene en el espacio la red de luz.

Miren los rostros de los maestros. Miren los cuadros que tenemos. Su mirada física detiene en el espacio una red de luz. Existe una red de luz en estas imágenes y la mirada del maestro es lo que la ha detenido. Y así, ello se convierte en un campo energético para nuestra meditación.

La importancia de esta cooperación debería conocerse. Cada movimiento del hombre está atado a la naturaleza esencial de los elementos. También destaco la importancia de la música de los pitagóricos al amanecer. La luz es el mejor filtro purificador para el sonido. Solo el salvajismo de la humanidad podía encerrar el sonido en el polvo de la oscuridad.

Esto nos da un vislumbre de la comunidad pitagórica: el amanecer y tocar música. El amanecer es un momento muy importante.

27. El pensamiento puro saturado de belleza señala el sendero de la verdad. Las interdicciones y normas de renuncia en las Enseñanzas se dieron para transigir con una conciencia limitada. Pero una conciencia ampliada libera al hombre de muchas cadenas y afirma el progreso. Las vidas adornadas permiten marchar con libertad y generosidad a fin de regresar como triunfadores. El que avanza con una conciencia de belleza no puede confundirse. Solo la confusión puede bloquear el camino.

Las normas de la religión ortodoxa son para la conciencia limitada que no tiene la capacidad de gobernarse a sí misma en libertad. La conciencia ampliada libera al hombre de las cadenas y afirma el progreso. La salida y entrada del alma, el alma cuya vida es un adorno, puede realizarse por la ley de la libertad sin todas esas normas.

La confusión, por supuesto, se opone a la Madre. La confusión es oposición a la belleza. La Madre y la belleza son una sola cosa. La confusión es una energía mortífera.

No es del todo correcto decir que la belleza salvará al mundo. Es más preciso decir que la realización de la belleza salvará al mundo.

Uno puede caminar atravesando obstáculos de fealdad hacia un rayo de belleza, diseminando innumerables semillas. Cuando uno puede crear un jardín de belleza, no hay nada que temer. No hay fatiga cuando el jardín del espíritu admite a los recién llegados.

Lo mismo es cierto si intentan mantener el equilibrio sobre una pierna o hacer varios ejercicios o posturas. Al mantener los ojos en un punto, se puede mantener el equilibrio como el que camina por la cuerda floja. Hay que fijar la mirada en un punto, aunque sea un punto en el espacio; y si se deja de mirar a ese punto, se pierde el equilibrio. Es algo parecido cuando se deja de mirar la belleza, uno ya no puede atravesar las emanaciones dispersas de fealdad.

No obstante, se puede caminar por el plano astral como emisarios de la Madre. Se puede liberar a sus hijos del plano astral si se mantiene la atención en la meta. La meta es la salvación de las almas. La meta es la comunidad. La meta es la Iglesia.

El escudo de la comunidad

28. La manifestación de la petrificación de la Tierra ha alcanzado los límites máximos. Consideramos que se necesitan medidas extremas para que el espíritu vuelva a despertarse. La Enseñanza no se alcanza solo con sonrisas. La aparición de desiertos ha denotado desde hace mucho tiempo el principio del salvajismo. Hace mucho tiempo se dieron señales y por tanto se concedió tiempo para la reflexión. Las indicaciones se han manifestado, pero nadie escuchó.

29. La enseñanza del Nuevo Mundo resolverá todas las incomodidades. En verdad, solo el escudo de la Comunidad puede dar significado a la estancia en la Tierra.

«Solo el escudo de la Comunidad puede dar significado a la estancia en la Tierra.» Una vez que se tiene la conciencia de la comunidad, todo lo demás es caos, confusión, una noche oscura.

Qué indescriptiblemente hermoso es pensar en la cooperación con los mundos lejanos. Esta cooperación, iniciada de manera consciente, atraerá a la órbita de la comunicación nuevos mundos. Y esta cooperativa celestial ampliará sus propias posibilidades infinitamente. Si todas las posibilidades son estipuladas por una comunidad, la manifestación de aquellas tendrá lugar a través del canal del espíritu. Se ha dicho que el sonido será lo primero en llegar. Que estos fragmentos sean rudimentarios, como los cantos dentados de un eolito. Que pasen años enteros antes de que se logre comprender la complejidad de un significado. Pero es incuestionable que esta conquista no comenzará ni en los laboratorios, ni en la tienda del óptico. Escuchar al espíritu traerá las primeras nuevas; no para grados de maestría, sino para la vida que forja la evolución. La Enseñanza puede señalarle a los sensibles: al despertar, recuerda los mundos lejanos; al dormirte, recuerda los mundos lejanos.

Sintonícense en ese momento, cuando se duerman. Recordar los mundos lejanos los llevará allá al instante, a los retiros de la Hermandad, a los planos superiores.

Al escuchar cualquier fragmento de sonido, no lo rechacéis, porque cada fragmento puede aumentar las posibilidades de la humanidad. De forma gradual, mundos desconocidos pueden llegar. Uno no debería sorprenderse de esto, recordando que cuando se acercaron fechas en tiempos pasados, la conciencia asimismo se expandió.

Vosotros comprendéis que la Tierra no puede vivir sin la comunidad. Comprendéis que sin la ampliación de los caminos celestiales, la existencia se vuelve nula. El Nuevo Mundo tiene necesidad de nuevas fronteras. Los buscadores deben tener un sendero. ¿Este es estrecho a lo largo de todo el horizonte? Afortunadamente los buscadores no tienen que poner oído en tierra, sino que pueden volver la mirada hacia arriba a las alturas celestiales. Es más fácil para el rayo buscar las cabezas levantadas. Y cada movimiento del mundo está condicionado por la comunidad.

30. La ampliación de la conciencia es una ocasión para congratularse. Ningún laboratorio puede dar esta percepción de continuidad de posibilidades infinitas. Solo de manera personal, consciente y libre es posible adaptar a partir del espacio pasos ininterrumpidos. La Enseñanza puede abrir la puerta, pero uno puede entrar solo por sí mismo. No hay recompensa, no hay justicia, mas la ley incontestable lleva hacia arriba al espíritu encarnado en una espiral ascendente, siempre que este haya realizado el movimiento necesario.

Comprendan la necesidad de que haya movimiento. Hagan lo que hagan, manténganse en movimiento. Muévanse por Dios. Sigan moviéndose y su alquimia llegará.

El Instructor no puede de ningún modo hacer avanzar esta conciencia, porque cualquier sugerencia quebrantaría el logro personal.

Una cosa es hablar de forma abstracta de mundos lejanos; otra es comprenderse a uno mismo como participante en ellos. Solo quien no ha cerrado el sendero a la belleza para sí mismo puede comprender qué cerca tiene la manifestación de los mundos lejanos.

El oído puede captar fragmentos del Gran Aliento, pero el conocimiento del espíritu le da al hombre un sitio en el Infinito.

Es útil volver la mirada a épocas remotas, cuando esta conciencia estaba despierta. Vemos que la conciencia cósmica se despertó no en un día en el que floreció la ciencia, sino durante la proclamación de la religión; porque lo que conduce a los senderos estelares no es la hipótesis, sino solo el conocimiento del espíritu. Lamento que ningún cálculo astronómico pudiera hacer avanzar el momento de la comunicación, por el mismo motivo por el que la hormiga no dispara con un cañón gigantesco. De hecho, es esencial que un logro tal se manifieste por medio del espíritu. Aquí hablamos de lo material, como si dijéramos, pero sin el espíritu es imposible aplicar esta energía. En efecto, el espíritu da a la materia una cualidad determinada. El estado de la Tierra exige un médico extraordinario. El planeta está enfermo y si los esfuerzos para impulsarlo hacia adelante no tienen éxito, puede que sea mejor separarlo temporalmente de la cadena; puede que se vuelva como la luna. Los semilleros de los estratos inferiores del Mundo Sutil se han vuelto peligrosamente intolerables. Además, es imposible olvidar cómo la humanidad ha caído bajo la influencia de los niveles inferiores del Mundo Sutil. La comunidad ayudará a todos, pero la ampliación de la conciencia ayudará a la comunidad.

31. El Instructor valora el deseo de lavar el polvo de las grandes Imágenes. El Instructor valora el deseo de afirmar la sencilla expresión de grandes palabras. El Instructor valora el deseo de eliminar la verbosidad. A fin de aislar la esencia, es necesario enfocar desde lo fundamental.

Uno debería saber que no nos han dejado ni un solo monumento sin mutilar. Es posible moldear como a partir de la arcilla las improntas de una comunidad de cooperación y esfuerzo racional más allá de los límites de lo visible. La Enseñanza puede expresarse con el eslogan: «Que aquel que discrepe demuestre lo contrario». Es mejor medir hacia atrás que estar cubierto del polvo indeleble. En efecto, el conocimiento del principio rector ilumina los símbolos mutilados.

Ya sabéis cómo la gente habla de uno durante su vida. ¿Qué será pues dentro de unos siglos? Pero el principio crece inevitablemente y los impulsos de su crecimiento hacen que el firmamento terrenal se estremezca.

Las naciones difuntas han dejado una pátina sobre la libertad del espíritu. Puede que preguntéis: «¿Dónde pues están los perseguidos? Seguid adelante según estas señales. Percibiréis como los primeros cristianos y los budistas perseguidos, pero cuando los templos se apartaron de Cristo y Buda, cesaron las persecuciones.

Os indico que mantengáis sencilla la Enseñanza; no son necesarias las expresiones complicadas, pues la vida es hermosa en sencillez. A menudo uno se ve obligado a cavar alrededor de una planta, por lo cual las repeticiones son inevitables.

32. La evolución que importa no es la de la humanidad terrestre, sino la de la humanidad del Universo. Si esta sencilla fórmula pudiera ser adoptada por los corazones humanos, toda la bóveda estrellada se haría tangible. En verdad, sería más fácil que los seres de otros mundos atravesaran la sofocante atmósfera de la Tierra si hacia ellos llegaran llamadas de los encarnados terrestres.

¿Dónde pues están los mundos más cercanos a los que dirigir nuestra conciencia? Júpiter y Venus.

Ponderad profundamente la palabra «tchlovek» (hombre); esta alude al pensador que existe a lo largo de los tiempos. Todos los cambios de encarnaciones, el total del valor de la conciencia, está expresado con una palabra. ¿Podéis decir otro idioma en el que el habitante encarnado sea nombrado de forma tan espiritual? Otros idiomas expresan mal la idea de acción. El Instructor puede decir cien palabras que se refieran a «hombre», pero estas serán o bien presuntuosas o inexpresivas.

33. ¿De qué sirven los milagros, que son contrarios a la naturaleza? He aquí un milagro: cuando puedas montar tu corcel y con la espada manifestada defender a la Comunidad del Mundo. Con la misma sencillez comenzará el Nuevo Mundo. Como una fruta madura se reunirán los datos. La Enseñanza de los imanes en efecto no es de milagros, sino de una manifestación de la ley de la gravedad. No escondas la revelación del espíritu y la espada servirá para el ascenso de la evolución.

Solo puedo dar alegría al que ha adoptado la comunidad no con conjuros, no con incienso ardiendo, sino en la vida diaria. El Instructor puede enviar un rayo que ayude, pero no entrará en combate si la espada dada se dirige contra los amigos de la comunidad. La espada entonces se convertirá en un azote de relámpago.

34. ¿Cómo es posible mover a los corazones? No perdiendo la sencillez. El éxito llegará no con magia, sino con la palabra de vida. Podemos llevar a cabo nuestra lección sabiendo cómo acercarnos a lo más sencillo. Estoy pensando en

cómo dar a los trabajadores la radiación de los mundos lejanos. Cuando el más humillado mire a los cielos, entonces es posible esperar la cinta arco iris de los mundos lejanos.

35. Paracelso solía decir: «per aspera, ad astra»*. Más tarde esta máxima extraordinaria se convirtió en una frase sobre escudos y blasones, perdiendo todo el significado. Cierto es que al entender su significado es difícil vincularse solo a la Tierra. Como humo saliendo de una chimenea, el espíritu alcanzado se apresura hacia el espacio manifestado. ¿Qué clase de dimensiones pueden ofrecerle las vestiduras terrestres? ¿Qué clase de movilidad puede manifestar el espíritu sobre la superficie de la Tierra? ¿Qué pensamientos puede compartir con la esfera terrestre y sobre ella?

Se pregunta por qué Nosotros gastamos tanta energía en la Tierra. No es por la Tierra, sino para rectificar el sendero. Cuando un criminal destroza las vías, a menudo el ingeniero tarda mucho tiempo en arreglarlas. Si Nosotros pudiéramos transferir de inmediato desde la Tierra a quienes tienen la conciencia del Cosmos, ¿podría haber algún impedimento para que lleváramos a cabo Nuestro deseo? Nuestros esfuerzos son para apresurar este proceso. Siento que quizá pronto las condiciones cósmicas permitirán el principio de estos trabajos para la comunicación con los mundos lejanos. En esto se necesitan todas las consideraciones sobre la belleza y la impetuosidad en el envío personal. Es cierto que por encima de la llamada belleza hay un concepto generalizado sobre la mejoría del Cosmos. El rayo iridiscente puede sobrepasar la imaginación. Una luz plateada marca el comienzo del arco iris. El arco iris, visto bajo las condiciones terrestres, parece irreal de cerca. Pocos pueden tener la premonición del arco iris supramundano.

36. Siento cómo la estratificación de los acontecimientos trae ondas de aceleración. Estas ondas sirven a la estructura cósmica.

---

* "A través de la adversidad de las estrellas".

Escribo Mis notas sobre las posibilidades y llego a la conclusión de que todo es posible ahora. Es poco común que la fe superior viaje por la misma senda que la incredulidad superior; que la blasfemia y la glorificación puedan estar en el mismo coro; que la furia y la tranquilidad produzcan alegría. Cuando la desgracia se manifiesta como una señal de éxito y cuando el retraimiento sirve como señal de cercanía, entonces las corrientes de las emanaciones de las luminarias se mezclan con los fuegos interiores. Un momento así denota un nuevo ciclo y la Comunidad misma, ni siquiera adoptada aún, sirve de puente.

Terminemos con un tono más liviano. ¿Es posible hablar de especulaciones bursátiles en Júpiter o sobre prostíbulos en Venus? La idea es simplemente impensable. Incluso un deshollinador que va de visita se lava la cara. ¿Cómo podría ser peor la gente? Ha llegado la hora de poner a la Tierra en un nuevo rumbo.

Lo que Morya nos propone es: ¡Sí! Ha llegado la hora de poner a la Tierra en un nuevo rumbo, pero ¿quién lo hará? Los chelas encarnados de los Maestros Ascendidos. Existe un almacén de profecías incumplidas. Debemos ir a ese almacén, tomar la profecía y decidir que se cumplirá en nuestra vida. Sí, ha llegado el momento y nosotros somos aquellos a quienes Dios ha levantado para poner a la Tierra en un nuevo rumbo.

La alquimia del envío

37. Las capacidades para un envío lejano son muy poco comunes. Como siempre, es necesario distinguir la calidad del resultado. Los envíos pueden ser inquietos, y serán apartados como moscas; pueden ser opresivos, como la tapa de un ataúd, e inspirar terror; pueden ser como el silbido de flechas, que traen nerviosismo sin ninguna comprensión. Es poco común que los envíos sean claros; es poco común que pidan cooperación de los centros correspondientes. Esto puede depender en parte de las auras, pero el factor principal es la calidad del envío. Esta calidad se llama utilidad de la voluntad, que significa comprender el voltaje de la tensión del interlocutor. Para que

una lámpara eléctrica se encienda, es necesario cierto voltaje. No solo es importante el contenido del envío, sino también su calidad. El conocimiento del espíritu da utilidad al envío. Un efecto de la utilidad del envío será la alegría al recibirlo, porque todo lo adecuadamente proporcionado será una alegría.

Morya quiere decir que, si hay que lograr cierta meta, esa meta puede ser la focalización de una imagen que hay sobre la pantalla que hay en esa pared. Si queremos una imagen nítida de una diapositiva o de nuestra conciencia, debemos saber cuánta energía hay que emitir desde el chakra del corazón, la garganta, el tercer ojo, la coronilla, todos nuestros chakras.

Debemos saber cuánta luz se necesita, cuánta intensidad, cómo enfocar esa luz para que se registre en la pantalla a cierta distancia de nosotros, la focalización de la imagen.

Cuando se toma una fotografía con una cámara, hay que ajustar la lente para enfocar al sujeto. Si este se mueve un milímetro, aparecerá borroso por no haberse calculado correctamente la energía del envío. También hay que hacer un ajuste para que el sujeto esté iluminado adecuadamente. Si el sujeto aparece demasiado oscuro, es que no se calculó bien la energía del envío.

El envío es la cantidad de energía que hay que aplicar a una alquimia dada para que se manifieste. ¿Cuántos decretos tenemos que hacer? ¿Qué debemos escribir? ¿Cómo debemos ordenar nuestra conciencia para que cuando nos devuelvan la película revelada, tengamos la alquimia deseada? Todo lo que hagamos en la Materia apunta al hecho de que uno no se pone a emitir energía en todas direcciones, como un caos. Hay que concentrase en un plan. Se determinan los recursos y cuánta debe ser la aplicación de cada faceta del plan para posicionarlo.

Al considerar la organización en tu totalidad, esto es una cuestión de cuánto dinero hay que dedicar a un proyecto en concreto. Y puesto que hay que dedicar grandes cantidades de dinero, debemos estar seguros de que el proyecto a realizar nos proporcione una ganancia diez veces mayor.

No obstante, esta es una ciencia nebulosa. Conseguir lo que se quiere con un anuncio, con la publicación de un libro, saber qué se debe publicar después; la semilla adecuada para la estación adecuada para plantar adecuadamente durante el período lunar correcto con el sol adecuado y la cantidad de lluvia necesaria, todo esto significa lograr la cosecha de la conciencia Crística en toda la Tierra. Solo tenemos esta vida para establecer este cimiento. Y si realizamos muchos cálculos y movimientos erróneos, nos quedaremos sin energía y sin tiempo y espacio. La antorcha se la entregarán a otro. Por eso es importante planificar, así como tener conocimiento de las fechas. Primero Morya habla de fechas, ahora habla del envío.

¿Cuánta energía estamos dirigiendo con esta flecha para dar en la diana? Si queremos dar a Robert, que está ahí, voy a determinar el impulso de mi flecha. Si quiero dar en una diana al otro lado de las instalaciones y dispararle a un elefante, tendré que utilizar otra clase de arma, un tipo de energía distinto. Estas ecuaciones son enormemente importantes. No podemos ir por ahí con una conciencia nebulosa.

Debemos ser muy concretos en nuestra planificación. Estamos revolucionando el mundo. Estamos poniendo a la Tierra en un nuevo rumbo y nuestros recursos de tiempo y espacio son limitados. El día de la graduación se acerca para cada uno de nosotros y en nuestro libro de la vida hay una fecha que está marcada. Esa gran fecha va precedida de muchas fecha menores y si no cumplimos las fechas menores, no cumpliremos la mayor. Por consiguiente, todos debemos planificar de acuerdo con la voluntad de Dios.

Hacer lo que más convenga

¿Cómo se planifica? Quiero darles una clave muy importante. Hay que hacer lo que más convenga en el momento y hay que medir esos momentos, como se haría con esferas de luz. Se juntan diez o veinte momentos y se descubre que lo que hay que hacer es lo que más convenga en ese instante, y en cien minutos y en mil minutos; lo que más convenga en el momento. Pero, a fin de cuentas, las arenas del reloj están cayendo ahora y esas arenas se pierden para no volver jamás. Por eso, si actúan constantemente como si

fueran a precipitar algo el año que viene, viven en el futuro en vez
de en el presente. No están haciendo lo que más conviene ahora.

Cuando debo planificar qué álbum de cintas publicar, qué libro
publicar, necesito planificar en el sentido de lo que vaya a llegar a
nuestro público y atraerlo a nuestro movimiento en junio, en julio, en
agosto. Y esas son las personas más importantes a las que me pueda
dedicar con respecto a lo que tenga lugar en septiembre, octubre y
noviembre. Y las cosas que quiero hacer en septiembre, en octubre
y en noviembre son grandes claves para lo que quiero que tenga
lugar en la primera mitad de 1978 y la segunda mitad de 1978.

Podría hacer que se traduzca la serie *Escala la montaña más
alta* al chino, un proyecto muy valioso, pero no lo más conveniente en este momento. Cuando estén decidiendo qué hacer con su
tiempo y su espacio, hagan lo que aseste un golpe triunfador para
el Señor ahora, junto a las metas que ustedes tengan para el futuro.
Y que ese golpe del momento sea el golpe más importante, aquello
que abra más puertas para la cantidad más grande de energías, para
el flujo más grande, para la salvación de almas más grande, ahora,
en la planificación de eventos futuros y las fechas más importantes.

No podemos evitar que nos absorban proyectos, planificaciones y fechas menores de todo tipo. Es como meterse en calles sin
salida o dar un gran rodeo para llegar a algún sitio. Cuanto más
hagan la cuenta atrás para cumplir una meta inmediata, más verán
que el Espíritu Santo dentro de ustedes, todas sus fuerzas y todas
sus energías, se reunirán para lograrlo. Sea cual sea la prioridad,
háganlo ahora, no mañana. Háganlo ahora mismo. Háganlo. Y
esta es la llama de la acción.

La fuerza oscura les engañará para que planifiquen, planifiquen y planifiquen, preparándose constantemente para algo. Todos
esos pequeños proyectos que supuestamente los llevarán a la meta
final, pero la meta final retrocede sin cesar. Y nunca llegan a la
meta porque siempre están involucrados en algún proyectito provisional que no sirve para llegar a la meta final. Este es un fenómeno asombroso, pero lo he observado. Me he visto a mí misma caer
en esto, involucrarme mucho en publicar algo o trabajar en algo

que no va a salir el mes o el año siguientes. Entonces Mark venía y me decía: «Esto hay que hacerlo ahora, esta es la fecha y lo quiero para esta fecha». Ponía a todo el mundo en movimiento, y yo no podía extender mi espacio. Me veía obligada a conservar mi espacio y mi tiempo. El trabajo debía realizarse ahora mismo. Yo trabajo bien bajo una tensión y una presión así, y doy a estas dos palabras un carácter positivo. Para mí la tensión y la presión son ingredientes constructivos en el proceso creativo. Sin una fecha establecida, uno no exige de Dios las energías máximas y, por consiguiente, el trabajo no poseerá toda la reunión de fuerzas para encender la creatividad.

Por tanto, hay que trabajar bajo tensión y bajo presión. Esto hace que reunamos recursos; hace que desarrollemos la mente; hace que desarrollemos la energía y nos mantiene implicados completamente en el proceso creativo. Si se tiene una eternidad para hacer algo, no se hace nunca. Si se cree que un proyecto puede esperar cinco años, esos cinco años nunca se reducen.

Por favor, recuerden esto. Dondequiera que vayan, la postergación es una gran tentación, aunque sea una postergación en nombre del servicio.

«Mi rayo sabe dónde está el mal»

El conocimiento del espíritu da utilidad al envío. Un efecto de la utilidad del envío será la alegría al recibirlo, porque todo lo adecuadamente proporcionado será una alegría.

38. La manifestación de la Enseñanza pura debe vincularse con la confianza. Después será necesario desarrollar una confianza tal que la evidencia más aparente no la afecte. Mi Rayo sabe dónde está el mal.

Esta es una frase muy importante. Esta mañana me sentí bien al levantarme, pero sentí cierta nube oscura, como un pequeño foco de materia gris húmeda, en un rincón de mi conciencia. Lo identifiqué. Lo marqué con el dedo y dije: «Ajá, esto es sintomático». ¿Y qué vi? Vi una gran pantalla de humo donde las energías de la oposición a mi vida, a la Madre y a nuestra sede central se mantenían en el trasfondo y en suspenso para crear en maya la ilusión de un día hermoso, un día soleado en el que todo es felicidad y luz, los pájaros cantan, etc. Pero sentí ese campo energético de oscuridad gris y dije: «Las fuerzas se esconden. Juegan al escondite conmigo y hoy hay un ataque intenso a la comunidad».

Así es que llamé a algunos chelas y los puse a hacer el decreto a Ciclopea (véase pág. 278), desenmascaramientos, revierte la marea, exigiendo la destrucción de esta pantalla de humo. De repente, se rompió y fue como descubrir un nido de víboras, desencarnados y demonios. Atrás, muy atrás, detrás de los velos de maya, detrás de los velos del plano psíquico y astral, estas fuerzas se esconden en cuanto vas y te pones a hacer llamados y en cuanto percibes de las energías del día.

Ellos no quieren que los veas durante la sesión de decretos, para que uno no se sintonice con los llamados que debe hacer. En cuanto terminas la sesión de decretos y empiezas a trabajar, llega la fuerza oscura con todos sus demonios dando saltos y causando problemas. Pero Morya dice en medio de esto: «Mi Rayo sabe dónde está el mal».

¿Por qué ha querido decir eso en este libro? Lo ha tenido que decir porque el mal se esconde. Es una serpiente debajo de una piedra, debajo de los matorrales, siempre escondida. Por consiguiente, Morya lo dice para beneficio del chela, que no sabe dónde está el mal y debería saberlo. Y para determinar dónde está, el chela se sintoniza con el maestro.

Hemos tenido estudiantes que han abandonado las enseñanzas diciendo que nos concentrábamos demasiado en el mal. Pero ya ven que la percepción de Dios exige que seamos conscientes del mal para defender a Dios. El bien más grande tiene su equivalente en las grandes profundidades de la oscuridad. Mientras que los niños inocentes, los que son como niños en el sendero de la religión, saltan felices en ese sendero y no tienen preocupaciones en su disfrute de la luz del sol y las flores, los hijos y las hijas de Dios deben decir con Morya: «Mi Rayo sabe dónde está el mal». Y debemos anticiparnos por los niños pequeños y exigir que el mal sea atado y eliminado.

La batalla para mantener la identidad

39. Cread una atmósfera de buena disposición para la acción. Cuando se asesta un golpe, muchas viejas obstrucciones caen de manera inesperada. Muchas batallas quedan atrás, aún más esperan. Cada átomo del Cosmos está combatiendo.

¿Se imaginan una frase así? La batalla es para mantener la identidad. Así se entiende la batalla de un electrón o de un átomo. Se necesita la fuerza de todo un cosmos para sustentar la autopercepción, para sustentar la existencia, para sustentar el YO SOY EL QUE YO SOY. Si se cede y afloja la resistencia, se pierde la identidad.

Tan pronto como uno se vuelve perezoso, se aburre o deja que la energía decaiga, ¿qué habrá perdido? Habrá perdido autopercepción. Por eso la batalla que estamos librando es la de mantener nuestra identidad y la de todas las almas vivas de la Tierra.

La calma de la Muerte no Nos es conocida.

40. La Nueva Enseñanza respeta a los Portadores de los Pactos anteriores, pero avanza sin el bagaje de épocas que ya han finalizado. De lo contrario, la carga de libros de texto asumiría dimensiones difíciles de manejar. Lo más práctico sería destruir todos los comentarios realizados después de tres siglos tras la marcha de un Instructor. Llega un punto en el que es necesario limpiar las estanterías. A partir de esta limpieza aumentarán su grandeza las Imágenes de los Instructores de Luz.

41. Expulsamos todo temor. Echamos al viento todas las plumas multicolor de temor: plumas azules de terror congelado, plumas verdes de traición temblorosa, plumas amarillas de arrastrarse para huir en secreto, plumas rojas de un latido del corazón frenético, plumas blancas de reticencia, plumas negras de caer en el abismo. Es necesario repetir acerca de la variedad de formas que tiene el temor, de lo contrario quedará en alguna parte una pequeña pluma gris de balbuceo complaciente o incluso alguna pelusa de ajetreo apresurado; pero

detrás de ello estará el mismo ídolo del temor. Cada ala de temor le empuja a uno hacia abajo.

Los colores a los que se refiere son las perversiones de los verdaderos colores de los rayos.

El Bendito «León», vestido de intrepidez, ordenó enseñar la manifestación del valor.

Nadadores: si hacéis todo lo que vuestra fortaleza os permita, ¿a dónde os puede llevar la ola más destructiva? Solo puede llevaros hacia arriba. Y tú, sembrador, allá donde distribuyas las semillas, puedes esperar una cosecha.

Pueden esperar una cosecha solo cuando siembran. Recuérdenlo. Cuando Jesús me habló de esta alquimia, dijo: «Si quieres multiplicar los panes y los peces, dame algo que multiplicar. Dame el campo energético de tu mente. Dame un foco. Dame dinero semilla. Pon algo en los cofres de la iglesia y yo iré a multiplicarlo».

Jesús fue el gran maestro de la precipitación. Como los grandes magos que imitaron a Moisés y Aarón, podría haber hecho grandes gestos con las manos. Después, de repente, de una mano habrían aparecido dos peces y de la otra, cinco panes. Y podría haberlo hecho de nuevo y multiplicarlos para alimentar a los cinco mil.

Sin embargo, eso no habría demostrado lo que él quería. Era necesario que la humanidad diera una muestra. Las personas debían tener algo preparado para la alquimia. Lo único que Dios quiere de nosotros en realidad es una muestra; y si entregamos una muestra de equilibrio de energía, él nos exonera de lo que la Ley exige en su totalidad. Es decir, al utilizar la llama violeta nos permite saldar nuestro karma cuando estamos en el Sendero. Y así, a menudo nos debemos someter a una agonía mucho menor.

Por ejemplo, si nos tocara sufrir un cáncer, él podría reducirlo a un tumor benigno de fácil eliminación por haberle dado una muestra. Habríamos demostrado en nuestra vida o con nuestras acciones tener una buena disposición, cumpliendo energía de amor. Si decidimos ser ese amor, él aceptará la muestra, la multiplicará y hará que sea la levadura para toda la hogaza de la conciencia.

El pastor y sus ovejas

Y tú, pastor, cuando cuentes tus ovejas encenderás una luz manifiesta.

Una frase muy mística: «Y tú, pastor, cuando cuentes tus ovejas encenderás una luz manifiesta». Esto es de verdad el sentimiento del pastor y del instructor. Al contar las ovejas, al contar los chelas, encendemos una luz manifiesta. Cuando tenemos el ojo y el interés puesto en contar las ovejas, en cuidar de ellas, en su protección, esta es nuestra cosecha. Es la mayor cosecha de todas, la cosecha de almas. No debemos recaudar dinero, debemos recaudar almas.

42. El Cosmos está atravesando un proceso de creación a través de pulsaciones, es decir, explosiones. El ritmo de las explosiones armoniza la creación. En efecto, el conocimiento del espíritu lleva consigo el hilo del Cosmos hacia la vida manifestada. Con una brillante espada debería liberarse el siguiente paso. Es necesario reconocer cuándo retener las flores de luz para que no vuelvan a disolverse entre los elementos.

El jardinero sabe cuándo es el momento de reunir las flores, porque ha plantado las semillas, ahora ocultas. No el que compró las semillas en el bazar, no el que ordenó ociosamente que las semillas se plantasen, sino el jardinero del espíritu que al principio del mal tiempo enterró las semillas en la primavera de la tierra.

Sí, sí, él, el jardinero del espíritu, él conocerá el momento del brote; distinguirá los jóvenes tallos de las malas hierbas, porque ha realizado la labor más oculta y a él pertenece la mejor flor.

La semilla es el alma que el maestro planta en el suelo en el barbecho de la conciencia. Y el maestro sabe cuándo esa alma está preparada para salir, cuándo está preparada para que la arranquen, entre en acción y cumpla la meta.

En verdad, gran cosa es enseñar la espada en el momento adecuado, y en el momento de la explosión levantar el brazo. En verdad, aquí de nuevo las corrientes del Cosmos descienden a la Tierra preparada; por esto el conocimiento del espíritu es valiosísimo. Este arco iris celestial se refleja en las gotas de rocío terrestre. ¿No discierne la luz el conocimiento del espíritu? La «Materia Lucida» para el espíritu salvaje es un caos disparatado, pero para el espíritu conocedor es el harpa de luz. Como cuerdas de un harpa perseguidas se abalanzan las ondas de materia luminosa, y en ellas el espíritu crea sinfonías de sonido misterioso. Entre los mundos, como hilos, se extiende la «Materia Lucida». Solo la enorme distancia mezcla las ondas de hilos en una vibración de arco iris celestial.

Uno puede empezar a esforzarse hacia los mundos lejanos siguiendo un hilo de Luz realizado por el espíritu; este es un experimento muy científico. Como ya se ha dicho, pequeñas acciones necesitan ayuda y aparatos, pero para una gran acción no se necesita nada externo.

⁂

En el nombre del Cristo, en el nombre del Espíritu Santo, invoco ahora la acción del Gran Sol Central para sellar la energía y el día. Invoco el rayo azul del corazón de El Morya sobre estas almas y todas las almas de luz de toda la Tierra.

Amado El Morya, pedimos la precipitación de la Comunidad del Espíritu Santo. Pedimos la precipitación instantánea de nuestra sede central internacional y la Ciudad Cuadrangular. Pedimos la precipitación instantánea en nuestras manos y para nuestro uso, hoy, de todo lo necesario para el establecimiento de esta comunidad.

En el nombre del Padre, del Hijo, del Espíritu Santo y de la Madre Divina, amén.

Pasadena (California)
27 de mayo de 1977

El esfuerzo por llegar a los mundos lejanos

En el nombre del YO SOY EL QUE YO SOY, llamo al amado El Morya, al amado Kuthumi y al amado Djwal Kul. Invoco todo el poder del Señor Jesucristo. Invoco el anillo impenetrable. Amado El Morya, afianza dentro de nosotros tu voluntad. Invoco la voluntad de Dios. Invoco la voluntad de la relación gurú-chela. Llamo a esta voluntad cuyo fuego es amor, cuyo combustible es sabiduría. Invoco la intensidad de tu vida entre nosotros.

Oh amado El Morya, pon ahora tu poderosa Presencia Electrónica sobre cada uno de nosotros. Que tu corazón arda con el nuestro. Que tu mente entre en consonancia con la nuestra. Limpia y purifica, oh poderosa Presencia YO SOY. Que descienda la voluntad de Dios. Amado El Morya, ven y establece una presencia personal con estos corazones de devotos. Invoco la llama bendita. Invoco el círculo del uno.

Amado Lanello, sé con nosotros. Maestra Ascendida Kristine, K-17, Djwal Kul y Kuthumi, sellad ahora a estos corazones para la victoria.

En el nombre del Padre, de la Madre, del Hijo y del Espíritu Santo, amén.

Estoy segura de que ustedes comprenden que estas conferencias que estoy dando son dictados del amado El Morya. Creo que es una experiencia maravillosa recibirlos como luz y en un elevado estado de sintonización, para después tomar notas al volver a escucharlas.

Cuando nuestro cuerpo mental está activo, la vibración nos baja. A veces me duele tener que lidiar con problemas a nivel mental, en el sentido de tener que averiguar qué hay que hacer y cómo hay que hacerlo. Estos problemas hacen que me ponga en el nivel mental, mientras que el hábitat natural del gurú es el plano etérico y las octavas de los Maestros Ascendidos.

El intercambio con Dios siempre tiene lugar en las octavas de los Maestros Ascendidos y de ahí vienen las conferencias. Uno debe bajar de la montaña un poquito para dominar la tierra y estudiar. Siempre he agradecido el hecho de haber terminado los estudios universitarios antes de ser Mensajera. Aunque tengo grandes deseos de estudiar, parece que Dios solo permite que mi mente baje su frecuencia, o que el alma baje su frecuencia en mí, durante cierto período de tiempo. Después, para mantener el equilibrio, debo subir.

La comunidad es necesaria ahora mismo

Al escuchar a nuestros estudiantes describir cómo nos encontraron, es un poco distinto a cómo era hace cuatro o cinco años. Ahora nos encuentran a través de libros y centros de su zona local. Hace cuatro o cinco años lo hacían a través de un amigo o un póster, porque no teníamos tantos libros en las librerías como ahora. Esto me hace pensar en el hecho de que lo que hacemos cada uno de nosotros en lo individual marca una gran diferencia. El ingenio que extraemos de nuestra llama para comunicar el mensaje de una manera práctica marca la diferencia en cuanto a si el mensaje será aceptado ahora o de dentro de un siglo.

Algunas personas no tienen conciencia del tiempo. Actúan como si no importara que un chela surgiera hoy o dentro de dos siglos. Es como si los libros se hubieran colocado en mausoleos para el día en el que los muertos se despierten y quieran leerlos. Es casi como poner todo lo que las momias puedan necesitar en el futuro cerca de sus tumbas o dentro de ellas. La gente acumula las enseñanzas y se olvida de que la enseñanza es para practicarla ahora mismo, debido a la gran crisis que afrontamos.

Poco importa si nos tomamos las cosas con calma y decimos:

«Bueno, estamos creando las enseñanzas. Dentro de cien años la gente se dará cuenta de lo que hemos hecho y nos lo reconocerá. Entonces se leerán los libros y se sabrá que son ciertos». No tenemos ninguna garantía de eso. Si perdemos nuestro sistema de educación, si la gente pierde el contacto con su corazón, dentro de cien años tendrá menos y no más capacidad de apreciar lo que estamos haciendo. Si la gente no decreta y envía la llama violeta, esta no le eliminará el peso del ciclo oscuro que va en aumento.

Al contrario, dentro de cien años la gente podría haber descendido más y más a un estado primitivo, más y más hacia la superstición y los cultos a Satanás. Todo está en el crisol del ahora. La comunidad es necesaria ahora mismo.

La gente viene por la comunidad. Viene porque está la llama del hogar, porque es el único sitio en la Tierra donde puede duplicarse la llama de la Estrella Divina Sirio. Sirio es nuestro hogar natal en esta galaxia. Es un lugar tremendo, un lugar que existe de verdad, un lugar del que ustedes son conscientes. De hecho, cada día soy consciente de que regreso a la Tierra desde mi estrella divina como una peregrina.

Lo que hace que esta Tierra sea confortable, emocionante y alegre es el hecho de que hemos tenido éxito en transferir aquí la llama de nuestra Estrella Divina. Tanto si son de Venus, de Mercurio o de algún otro lugar, su origen está en Sirio. La oleada de vida salió de allí y allí regresará.

Por consiguiente, en este círculo unido tenemos algo valiosísimo. Debemos saber que se trata de una llama intangible, que se vuelve tangible solo a través de un instrumento vivo, a través de un latido vivo del corazón. De otro modo, es como un vapor que se eleva. Si todos los seres ascendidos ser marcharan, no habría ningún sostén físico en la Tierra. No estaríamos en el plano físico.

La comunidad proporciona la oportunidad de que la vida continúe; refuerza la sacralidad de la familia y traza un círculo a su alrededor; da protección a los avatares. El Morya dictó este librito a su amado chela para nosotros, sabiendo que vendríamos y seríamos los que percibiríamos el mensaje. Yo deseaba profundamente retomarlo y hoy he decidido darles enseñanza sobre lo que tengo más cerca de mi corazón. Retomemos la lectura en el punto donde la dejamos, el número 43.

Amor a los milagros

43. Siento que la Enseñanza puede ser un fuerte martillo para los tímidos. Incluso recientemente, el terror habría atravesado el corazón al mencionar la comunidad, pero ya se han superado varios obstáculos. Sin embargo, una difícil prueba más para la humanidad llega después del descarte de la gastada idea de propiedad. Al asimilar la importancia del espíritu, es especialmente difícil abstenerse de los milagros. Incluso los Arhats escogidos por Buda apartan esta posibilidad solo con dificultad.

Tres Arhats suplicaron insistentemente a Buda que les permitiera intentar un milagro. Buda los puso en una habitación oscura y los encerró. Tras mucho tiempo, el Bendito los llamó y les preguntó qué habían visto. Cada cual contó distintas visiones. Pero Buda dijo: «Ahora debéis coincidir en que los milagros no sirven, porque no percibisteis el milagro principal. Podríais haber percibido una existencia más allá de lo visible y esta sensación podría haberos dirigido más allá de los límites de la Tierra. Pero continuasteis conscientes de vosotros mismos sentados en la Tierra y vuestros pensamientos atrajeron a la Tierra ondas de los elementos. El aumento de los Elementos evocó agitaciones en varios países. Causasteis que cayeran rocas y destruisteis barcos con un huracán. Visteis una bestia roja con una corona flamígera, pero el fuego que atrajisteis del abismo quemó las casas de los indefensos; ¡id y llevad ayuda! Visteis un dragón con el rostro de una doncella, causando simultáneamente que las olas se llevaran los barcos pesqueros; ¡apresuraos a ayudar! Visteis un águila volar y un huracán destruyó la cosecha de los trabajadores; ¡id a enmendar las cosas! ¿Dónde, pues, está vuestra utilidad, oh Arhats? Un búho en el hueco de un árbol pasa el tiempo de manera más útil. Trabajad en la Tierra con el sudor de vuestra frente o, en un momento de soledad, elevaos por encima de la Tierra. Pero no dejéis que la inútil conmoción de los elementos sea la ocupación del sabio». En verdad, la caída de la pluma de un pajarito produce un trueno en los mundos lejanos. Al inhalar aire, nos sintonizamos con todos los mundos. El sabio sale de la Tierra hacia arriba, porque los mundos revelarán unos a otros su sabiduría. Repetid esta parábola a quienes exigen milagros.

Consideremos por qué el intento de los arhats para crear milagros hizo, en cambio, que produjeran discordia, que fueran una puerta abierta para la discordia. Esto se debe, como se nos enseña en la sección 43 sobre esta alquimia, a que no tenían un deseo puro. Es muy difícil tener un deseo puro cuando uno desea milagros. De inmediato, debido a la naturaleza de su yo no transmutado, uno considera lo noble que aparecerá ante el resto del mundo, qué admirado será, cómo dependerá de uno la gente para recibir milagros de curación, cómo acudirán en grandes cantidades y cómo se expandirá la actividad.

Por tanto, con un deseo impuro y sin un dominio de adepto en el manejo de los elementos, se convirtieron en una puerta abierta para la discordia. Lo que querían ver se convirtió en una matriz en su tercer ojo. Su visión, junto a su deseo impuro del plexo solar, dio a la discordia la capacidad de manifestarse en el mundo.

Tanto si causaron las calamidades buscando milagros como si no, el Buda les reveló que el sendero del bodhisatva consiste en ir a ayudar, ir a enmendar las cosas. El concepto de servicio es el camino de la Hermandad. Y cuando uno está dedicado al servicio, los milagros forman parte de la vida cotidiana. Vivimos con los ángeles, ellos nos prestan servicio y los milagros que tienen lugar a través de ellos se convierten en una parte natural de una vida llena de dicha, en la cual, aunque seamos físicos, en realidad somos etéricos. En realidad, vivimos en el plano etérico, pero estamos afianzados en el plano físico a través de nuestros tres cuerpos inferiores.

Pero un chela no está en el plano etérico en un sentido no práctico. El plano etérico es un sitio bien concreto. Es el lado real del universo físico irreal, que es el lado ilusorio. Vivimos la ilusión de que la Tierra física es real, pero la verdadera Tierra es la Tierra etérica. Cuando se tiene la longitud de onda o vibración del plano etérico, uno se vuelve eficaz en las otras tres octavas. El discipulado en realidad no empieza hasta que uno tiene una parte de su ser en el plano etérico. Por tanto, al vivir en el plano etérico y al moverse en el mundo, uno tiene la gracia del gurú. Y la gracia del gurú es esa cualidad de la vida que ya no alberga luchas. Cuando se necesita algo y se tiene una fe suprema en el gurú, eso se realiza. No hay el esfuerzo ni la tensión de este mundo, sino solo tensión creativa del Espíritu. A veces nosotros creamos la lucha al no sentir que tenemos una libertad que sí tenemos y al no sentir nuestra unión con el gurú.

En toda ocasión en que pierdan ese sentimiento de unión, deben buscarlo y recuperarlo. La vida no merece la pena a menos que se tenga esta relación muy, muy directa. Si pierden el sentimiento de estar unidos al El Morya íntimamente, deben dejar de hacer alguna actividad intensa o abandonar el sentimiento de rutina en la enseñanza y tomarse una hora o incluso un día para volver a comulgar con el gurú.

Pueden leer sus enseñanzas, alabar su nombre, hacer sus decretos, sentarse en silencio frente a la imagen de El Morya y meditar simplemente en su profunda presencia interior. Después vuelvan a hacer decretos y meditación con intensidad, dándole amor y gratitud a raudales mientras caminan y hablan con El Morya. Después de un paseo al sol, en la playa o en las montañas, hablen con el maestro durante una tarde. Y después volverán con ese sentimiento de calma, tranquilidad y confianza por haberle entregado ustedes su vida al gurú y él haberles prometido su vida a ustedes.

Él no les dejará con problemas; los problemas se resolverán. Pero ustedes deben estar preparados para afrontar su karma con valentía. Algunos de estos libros de El Morya hablan de la preparación del chela para el momento en que llegue un ciclo kármico muy oscuro. Esto debe afrontarse; hay que hacerle frente. Los maestros no pueden evitarlo. Ellos los han preparado a ustedes.

Podría tratarse de la clase de karma que hace que uno se sienta espiritualmente seco y falto de entusiasmo.

Me encanta esta historia sobre el Buda y la agradezco, porque creo que todos nos desviamos y pensamos que cuando tengamos esa clase de logro haremos milagros y todos nos reconocerán tal como somos en realidad; entonces todos aceptarán las Enseñanzas de los Maestros Ascendidos. Pero la gente en realidad acepta la enseñanza cuando uno tiene una vida de servicio abnegado y ese servicio produce el milagro de vidas transformadas. Esos son los milagros más grandes.

La idea de propiedad

Antes de la historia del Buda, la enseñanza comenzaba hoy con el comentario de El Morya de que hasta hace poco el terror habría atravesado el corazón al mencionar la comunidad. Después habló de la idea obsoleta de propiedad.

La propiedad es algo obsoleto llegados a cierto punto del discipulado. No es obsoleta cuando el individuo debe dominarse a sí mismo dentro del entorno. Pero a nivel de discipulado, hay muchas personas que no han considerado como algo normal que para formar parte de una comunidad uno deba estar dispuesto a dar todo lo que tiene.

La gente que no tiene nada lo encuentra fácil. La gente que tiene mucho lo encuentra difícil. Y yo siempre he observado que la gente que tiene millones no es capaz de identificarse con la comunidad. La gente que no tiene nada está muy dispuesta y esas personas son las que dicen: «Si tuviera un millón de dólares se los daría». Pero por lo general alguien con un millón de dólares no te los da.

El esfuerzo por llegar a los mundos lejanos

44. La esencia del esfuerzo por llegar a los mundos lejanos está contenida en la asimilación de una conciencia de nuestra vida en ellos. La posibilidad de la vida en ellos se convierte para nuestra conciencia, como si dijéramos, en un canal de acercamiento.

Tomemos a Sirio como ejemplo de mundos lejanos. Cuando hagan el decreto a Surya (véase pág. 277), deben albergar la conciencia de la posibilidad. Existe el esfuerzo por alcanzar otra octava. Existe una asimilación de lo que hay allá. Pueden meditar en Sirio como una esfera resplandeciente de energía, pulsante, igual que nuestro sol. Físicamente es una estrella binaria; y estas dos estrellas son gurú y chela, Surya y Cuzco. Se mueven por el cosmos juntas en su órbita. A nivel físico, su meditación debe realizarse sobre un sol flamígero. Después deben elevar su conciencia al nivel etérico y ver un orbe. Es una estrella, pero es como un cuerpo planetario infinitamente más inmenso que la Tierra. La Tierra sería tan solo una mota dentro de ese sol.

Cuando pensamos en toda la belleza que hay en el planeta Tierra, los lagos, los mares, las montañas y todo lo que nos gusta, y después pensamos en la Estrella Divina, pensamos en una esfera enorme en la que hay cabida infinita para que las evoluciones de luz evolucionen, tengan sus ciudadelas, sus retiros, sus campos energéticos. Y es una inmensidad y una libertad que cada vez es menos posible de comprender en este planeta, porque cuando visualizamos este planeta lo vemos muy poblado y contaminado.

El Morya dice que la esencia del esfuerzo por alcanzar los mundos lejanos se obtiene asimilando la conciencia de la vida en Sirio. Es un sol llameante que tiene un plano concreto, que es el plano etérico. En ese plano está su origen natal. Y pueden meditar en la imagen que vean al pensar en su hogar natal. ¿Es algo que tiene columnas griegas? ¿Es un lugar blanco? ¿Está rodeado de jardines y fuentes?

Imaginen el sitio que construirían si tuvieran una cantidad ilimitada de sustancia. Habitualmente lo primero que les llegue a la mente es probablemente el hogar que dejaron hace eones de tiempo cuando marcharon de Sirio. No se puede imaginar algo que nunca se ha visto. Al menos se deben tener los componentes para poder verlo de repente en la mente. Saint Germain dice que todo lo que puedan imaginarse existe en algún lugar. Esto es una verdad básica en un sentido.

Lo que me surge a mí es algo como el monumento a Jefferson,* una cúpula con columnas y agua, cielo azul, flores de color rosa y formas geométricas blancas brillantes. La ciudad de Washington es una ciudad que guarda una enorme correspondencia con una ciudad de alabastro en Sirio. Si quieren afianzar su conciencia Divina en ese punto, deben comenzar a pensar en ello y visualizarlo. Si se sientan y hacen cuarenta decretos al Dios Surya, no deben tener la mente ociosa. Deben tener la idea de una intensa penetración de una energía azul violeta o índigo; poderosa, como el mar en invierno, de un color tan intenso, una profunda energía muy intensa.

Cuando mediten en la Estrella Divina, deben penetrar en ella. Se darán cuenta de que inmensas oleadas de vida han salido de ahí y están dispersas, como nosotros, por toda la galaxia, en sus pequeños hogares planetarios, solventando el problema de la ciencia de la Palabra. Todas están destinadas a volver según los ciclos del ser. Por tanto, nuestro hogar es un estrella.

Tener una estrella como hogar nos da un gran sentimiento de seguridad. Cuando estamos de viaje o predicando la Palabra, siempre gusta tener un lugar al que regresar porque es tu hogar. Jesús dijo que no tenía ningún sitio donde recostar la cabeza.[1] Siempre estaba viajando y predicando; siempre estaba moviéndose. Hay que tener una maestría considerable para llevar una vida así, o tan poca maestría que a uno no le importa porque es un holgazán. Pero entre esos dos extremos siempre hay un anhelo por el Om, el Hogar.

Cuando tengan el corazón en paz después de meditar en la Estrella Divina y hacer llamados a Surya, por la mañana se despertarán y dirán: «Soy un peregrino. Estoy de viaje. Sé dónde está mi hogar. Sé de dónde vengo y sé a dónde voy. Estoy aquí para liberar a las almas de luz».

Su misión es clarísima. No deben apegarse mucho a las cosas de la Tierra y no deben sentirse demasiado molestos por las circunstancias. Pueden sacrificarse con facilidad porque les espera su castillo. Sin embargo, si no tienen la visión interior de su castillo, deberán hacer su nidito y su castillo aparte. Todos necesitamos

---

*Jefferson Memorial, en la ciudad de Washington. (N. del T.)

sentir que tenemos un lugar que nos pertenece al que podemos ir. Aunque no se den cuenta de ello, ese sentimiento de paz que da la visualización de ese hogar afecta a todo el ser, a su cuerpo emocional, sus chakras, su capacidad de crear y de servir. Es un sentimiento muy grande de paz interior.

Vivimos en una época en la que los gobiernos incautan las propiedades de las personas, una época en la que hay las guerras y cataclismos. Hay una incertidumbre en este planeta que afecta a la gente a niveles subconscientes. Con la posibilidad constante de inflación o depresión económica, es difícil estar seguros de poder mantener la casa. Por tanto, nos sentimos inquietos.

Creo que pocas personas en el planeta dadas a la meditación tienen algún sentimiento de permanencia en la Tierra en la actualidad. Esto produce cambios en nuestra moralidad, cambios en toda la perspectiva sobre la vida. Así es que la recomendación que recibimos («La esencia del esfuerzo por llegar a los mundos lejanos está contenida en la asimilación de una conciencia de nuestra vida en ellos») significa que esto se asimila directamente del cuerpo causal y de la voluntad propia.

Uno expresa su voluntad a través del tercer ojo y arroja literalmente una esfera de llama azul a la visualización interior de la Estrella Divina. También convendría salir por la noche y mirar la Estrella Divina para tener una clara visualización. Es una luz muy brillante, por supuesto, y es el sol más brillante después del nuestro. Tanto Sirio como Venus son fácilmente identificables en los cielos.

Por consiguiente, con esta visualización interior, habiendo visto a Sirio físicamente en los cielos, uno lo traslada a su mente. Cada vez que empiecen un decreto a Surya, tengan esta visualización fija de la energía pulsante y de la estrella menor que la acompaña, que no se ve a simple vista. Está tan cerca que ambas laten al mismo tiempo. Esta estrella se ve como un puntito de luz; y entonces hay que arrojarle una esfera de energía de llama azul con el corazón, con el tercer ojo, con la voluntad y con ese esfuerzo de alcanzar los mundos lejanos.

Esforzarse significa lanzar una parte de uno mismo; y cuando lo hacemos, nosotros también nos proyectamos. Y entonces nos encontramos sobrevolando una esfera inmensa, que se ve físicamente como se vería el sol, con toda la sustancia gaseosa. Después se la ve etéricamente como un lugar bien concreto, lleno de evoluciones y de una combinación hermosísima de montañas, lagos, ríos, océanos, ciudades y campos energéticos etéricos, con niños pasando en tropel y legiones de luz y oleadas de vida de todo tipo «haciendo lo suyo».

Hay muchos gurús con varios tipos de escuelas para la maestría sobre ámbitos de todo tipo. Es el mundo de ensueño que existe de verdad, *que existe de verdad*. Eso es Sirio. La enseñanza dice que el reconocimiento de la posibilidad de que haya vida en los mundos lejanos se convierte para nuestra conciencia en un canal de acercamiento.

Nuestra visión es la avenida por la que viajamos y sin ella no podemos llegar a esos lugares. Hay que utilizar el tercer ojo. Y si no han tenido la visión, deben escucharme a mí contarla porque yo sí la he tenido. Y se la transfiero a ustedes. Y ahora pueden empezar a verla. Esto es muy importante, porque esa visión es una verdadera llama de afianzamiento de nuestra comunidad.

Se necesita una visión práctica

En efecto, esta conciencia debe excavarse como un canal. La gente puede nadar, pero una parte considerable no lo hace. Un hecho tan evidente como los mundos lejanos no atrae en absoluto a la humanidad. Es hora de echar esta semilla en el cerebro humano.

Creo que la gente prefiere la visión miope. Son miopes porque todas sus metas tienen que ver con esta vida. Se necesita un visión de largo alcance y es necesario ejercitarla. El simple hecho de mirar las estrellas ejercita la visión de largo alcance.

Los desafortunados y sin parentesco pueden aceptar este pensamiento con más facilidad. Las cadenas terrenales para ellos no son tan duraderas. En la peor posición se encuentra toda la gente que tiene comodidades. Fácilmente puede el ciego aceptar este pensamiento, pero será sumamente difícil para el bizco, porque un cruce de corriente falso siempre distorsionará la distancia del esfuerzo. Intentad estriar el ánima de un cañón con distintas espirales, el resultado será pobre. Cierto es que lo que se ha dicho se refiere solo a un estado determinado de estrabismo que implica los centros nerviosos.

Quisiera advertirles sobre el estado de conciencia no transmutado que tienen las personas que constantemente tienen fantasías sobre otros mundos y lugares así, sin ninguna realidad práctica. Personas así no son chelas. Son psíquicos, son egoístas y escapistas. La visión que les estoy dando es una visión práctica de personas que están en el aquí y ahora, chelas prácticos, líderes prácticos que sirven con intensidad; y este es el punto en el que comulgan y meditan en medio de una vida fructífera.

No se trata de escapismo, no se trata de una indulgencia y no se pierden en fantasías sobre tales lugares. Se dirigen allí por un motivo: para acelerar la luz y volver a donde estamos para realizar un mejor servicio. Una de las razones más importantes de esta meditación es que uno se convierte en una gran esfera de energía azul, la misma esfera que se visualiza. La Presencia Electrónica de Surya estará sobre ustedes.

El ser de Surya incluye su esfera de la Materia, su cuenco material. Cuando llamamos a un maestro ascendido, su aura contiene en incluye la esfera planetaria o el cuerpo estelar que es una extensión de sí mismo. Los anillos sobre otros anillos de los cuerpos causales de estos seres contienen su manifestación. Cuando Surya dijo que pondría su Presencia Electrónica donde ustedes están, su Presencia incluye la Estrella Divina.

Surya puede contenerla. La cuestión es: ¿Pueden contenerla ustedes? ¿Pueden concentrarse en esto? ¿Se pueden comparar con ello? ¿Tienen el sentido de la medida del que habla El Morya para comprender que una penetración de tal intensidad da como resultado el que ustedes reciban de regreso una enorme cantidad de energía? Pronto el motivo de la meditación es que uno se convierte en una estrella Sirio en miniatura alrededor del planeta y la Tierra, de hecho, se estabiliza gracias a sus decretos y su meditación. Sirio es la sede central de la Gran Hermandad Blanca y la sede del gobierno de toda esta galaxia. En ningún otro lugar de esta galaxia la conciencia del gobierno Divino es tan intensa como lo es en la Estrella Divina. La comunión con ella produce estabilidad para los gobiernos y las economías de los países y también es un vínculo con la Poderosa Águila Azul, siendo el águila el símbolo de los Estados Unidos.

El águila en sí muestra la penetración de las legiones de Sirio y muestra cómo ustedes penetran en Sirio. Por tanto, esta águila y el tercer ojo forman parte de la maestría de este ejercicio.

Gente con comodidades

¿Saben por qué la gente que tiene comodidades se encuentra en una mala posición? No es porque las personas estén muy apegadas a sus comodidades, sino porque tienen las necesidades cubiertas. Todo les es fácil. Se han rodeado de una belleza tal que nada suscita el sentimiento de necesidad que hace que el alma salga a buscar. Una persona con comodidades no tiene la capacidad de identificarse con la necesidad del alma.

45. Señalo que es importante enviar flechas buenas de manera oportuna, y que el espíritu entonces se siente a gusto. Como una nube que infecta el aire, fragmentos de pensamientos extraños se abalanzan gradualmente y abruman el espacio. Entonces llega la flecha del espíritu, que es como el relámpago. No solo alcanza a la persona designada, sino que también purifica el espacio. Este purificar el espacio no es menos importante. Una flecha más pura, siendo un imán más fuerte, atrae hacia sí los fragmentos grises y los hace retroceder. De tal manera los pensamientos grises, con su peso, son devueltos al manantial, pero sin dañar a nadie. Estos pensamientos grises, como productos de combustión, se asientan sobre el aura; y el sembrador es quien cosecha. Es inteligente enviar la palabra: ¡no tocar! En efecto, esta es una antigua formula protectora. Resulta práctico enviar o bien un buen

llamado o bien una fórmula defensiva. Cualquier envío con malicia es poco práctico. Cierto es que es posible admitir la espada de la indignación del espíritu, pero solo en casos poco comunes, pues la indignación del espíritu desgasta la funda.

46. Nunca hablé de ninguna facilidad para dar vida a la nueva conciencia. Los destructores no son el enemigo, sino la enmohecida virtud convencional. Los destructores conocen la inestabilidad de lo que destruyen y el principio de remisión es más fácil para ellos. Pero a la virtud de mejillas rosadas le encanta su baúl de ahorros y siempre lo defenderá con elocuencia.

La «virtud de mejillas rosadas» es la virtud como fachada. «La enmohecida virtud convencional» es un enemigo que se expresa a través del deseo de tener facilidad para producir la comunidad de la Hermandad. Algunos piensan que, si no es fácil, este esfuerzo no debe ser el verdadero.

La mística de la comunidad es que hay que amar el esfuerzo, hay que amar el trabajo y amar una labor sagrada. Esa es la marca del que ama la comunidad. Los que gustan de la facilidad nunca encajan bien en la comunidad, porque ese amor a la facilidad es un mito. Es un demonio y una entidad como otro cualquiera al que hay que rodear con un círculo y destruir: el deseo de la facilidad, la separación, un anhelo por apartarse de la tensión creativa de producir la comunidad.

Vivan la verdad con el ejemplo

Tales personas recitan las palabras sagradas de las Escrituras, y encuentran sutiles argumentos sobre por qué en efecto están preparadas para entregarse no a este, sino a aquel hombre, que aún no existe.

La virtud convencional manifiesta una codicia superlativa y gusta sumamente de decir mentiras. ¡Y qué espléndidos instructores de virtud de mejillas y rosadas son estos, y qué empalagoso es su afecto! El logro, el logro humano, les es desconocido a estos instructores de virtud, ¡y sus resplandecientes vestiduras están almidonadas con esclavitud!

47. En las escuelas debe enseñarse un respeto por el pronunciamiento de un concepto. Claro está que los loros pueden proyectar sin sentido al espacio conceptos a menudo de gran importancia. Pero las personas deben comprender que la palabra es el pedal del pensamiento, que cada palabra es una flecha atronadora.

La pérdida de la verdadera importancia de los conceptos ha contribuido mucho al salvajismo contemporáneo. La gente esparce las perlas como arena. En verdad, es hora de sustituir muchas definiciones.

48. Con precisión, sin temor y haciendo las cosas uno mismo tanto como sea posible. Correcta es la manifestación de la responsabilidad personal. No los milagros ni las citas ni las acciones, sino la afirmación fortalecida por el ejemplo personal.

Afirmen la verdad. Vivan la verdad con el ejemplo y los estudiantes a su alrededor entenderán el mensaje. El estudiante no es capaz necesariamente de percibir el ejemplo sin la enseñanza. Yo puedo ponerme a manifestar la luz, pero si no les enseño cuál es la fuente de la luz, cómo extraerla, cómo manifestarla, ustedes quizá no capten toda la importancia del ejemplo. Jesús decía las parábolas y después vivía lo que enseñaba. Era tanto el instructor como el ejemplo, todo en uno.

A veces es bueno mirar la enseñanza y preguntarse: Aquí tengo una enseñanza que amo. ¿Cómo la puedo manifestar de una manera concreta para que la gente a mi alrededor, que no la conoce y aún no es capaz de recibirla, la reciba?

Este es un ejercicio importante que percibo los estudiantes no están acostumbrados a realizar, ver cómo los conceptos que recibimos son un camino práctico que seguir.

Incluso un error por atrevimiento se remedia con más facilidad que el lamentable balbuceo.

Valiosísima es la acción que no necesita ni aparatos ni ayudas. El que descubre una valiosa fórmula no puede gritarla desde la ventana, porque el daño producido obstruye la utilidad mayor.

En efecto, como un recipiente sellado, como una montaña no saqueada, como un arco tensado con una flecha, ¡permanece! Y tal como llamea una bebida del recipiente, tal como la montaña es inexhaustible, tal como la flecha es letal, ¡actúa! ¡Porque quién se atreve a afirmar que la dificultad no es el logro más rápido! Los ríos de leche se agriarán; y las orillas de gelatina son inapropiadas para sentarse. Por tanto, en la armadura de la responsabilidad personal apurémonos. Apercibíos, el éxito solo ha existido allá donde ha habido un valor total. Las pequeñas dudas crean una timidez servil. Precisamente en los tiempos de la grave enfermedad del planeta, es importante estar llenos de valor. Yendo a tientas uno no pasa, pero la espada puede atravesar los velos dañinos. Muy serio es el momento y es necesario intensificar el valor.

49. Cuanto más renuncia uno, más recibe. Pero las naciones han olvidado cómo renunciar; incluso la más pequeña piensa sólo en cómo recibir. Entretanto, el planeta está enfermo y todo se hunde en esta enfermedad. Y alguien desea evadir la batalla final infectando a todo el planeta. Y algunos esperan establecer su rumbo en fragmentos quebrados, olvidando que el océano también se está marchando. Es fácil imaginar que el cuerpo planetario pueda estar tan enfermo como cualquier organismo, y el espíritu del planeta está afectado por la enfermedad de su cuerpo. ¿Cómo nombrar la enfermedad del planeta? Como una fiebre por envenenamiento es lo mejor. Gases sofocantes, de las acumulaciones de los estratos inferiores del Mundo Sutil, separan al planeta de los mundos que podrían enviar ayuda. El destino de la Tierra puede concluir con una explosión gigantesca si el espesor de la cubierta no se atraviesa. Una aceleración formidable está obligando a todas las líneas a sacudirse. Podría haberse esperado que la aceleración fuera urgente para un país, pero es necesaria para todo el planeta.

Los efectos de la energía de Sirio

Lo que quisiera decirles sobre esta sesión es que nuestra entrada en el campo energético de Surya y la Estrella Divina es un impulso de energía que nos empuja a elevarnos a su nivel. Todo lo que hay por debajo de eso empieza a ser sustancia agitada, energías subconscientes, entidades, etcétera.

Por consiguiente, es posible que se sientan un poquito inquietos al eliminar mucha sustancia que Surya no permite que permanezca ante su presencia. Es decir, si quieren estar en presencia de Surya, deben deshacerse de esta sustancia. Pero la mente carnal, que está apegada a esa sustancia, siente incomodidad cuando el láser de Sirio la separa. La mejor forma de acelerar ese proceso es hacer el llamado a Surya (véase pág. 000).

Las iniciaciones de la Estrella Divina se transmiten a través del signo de Escorpión y su jerarquía, y el águila sustituye al escorpión como símbolo del signo Escorpión. El signo Escorpión y el águila se convierten en el punto de penetración, del cual el aguijón del escorpión es la perversión.

La penetración del Ojo Omnividente de Dios destapa y destruye el mal. Por tanto, podemos utilizar este período en el signo de Escorpión para la penetración de Ciclopea, de Surya, de El Morya. Es una penetración de mundos interiores y mundos exteriores.

El preámbulo del decreto a Ciclopea (véase pág. 000) es muy importante para penetrar en todos los abusos del tercer ojo. Al hacerlo, siempre pueden insertar después de la palabra *Escorpión* las doce casas del zodíaco, repitiendo los nombres de Sagitario, Capricornio, etc., dando la vuelta al círculo y volviendo a Escorpión.

Estamos lidiando con todos los abusos de las doce jerarquías del sol. Y en la Estrella Divina Sirio está el foco de las doce jerarquías. Estamos utilizando las energía creativa de Escorpión para limpiar los doce puntos del reloj. Es un momento de una gran claridad cristalina que proviene de Sirio. Esto se refleja en el tiempo, en el cielo, en la forma en la que uno siente el Sendero en su interior. Los conceptos están nítidos y frescos, como la atmósfera.

Quisiera leer un poquito más.

50. No importa cómo entre el Nuevo Mundo, si en un caftán, en una levita o en camisa. Si establecemos la importancia cósmica de la comunidad, todos los detalles no son más que polvo bajo los pies. Uno puede perdonar cualquier disparate si no va en contra del Nuevo Mundo.

51. Cuando repito una palabra muchas veces, ello significa que se llena un espacio. Con la pérdida de ritmo ha habido una degeneración hacia el balbuceo. El oleaje desmorona los acantilados rocosos. Asimismo, en una procesión debe haber el ritmo del sonido. El ritmo del sonido aparta a la multitud del parloteo vacío.

Ommmmmmmmmmmmmmmmmmmmmmmmmm

52. ¿Cómo es posible penetrar en los secretos recovecos del espíritu? Solo a través de lo inusual. La leyenda sobre los ladrones santos tiene como base el espíritu agudizado por lo inusual; mientras que un panadero blando raramente recibe la clave del espíritu, a no ser que la actividad diaria de la llama le revele la luz de los elementos.

Deben reunirse hierbas adecuadas, pero el lugar donde crecen debe buscarse sin prejuicio.

La «hierba adecuada» es el chela; y sin el prejuicio que nace del apego, el chela debe echar raíces y servir. Su fragancia y esencia particular se convierte en un ungüento para la vida.

No digan: «Quiero ir aquí; quiero ir allá», porque el «quiero» es señal de una ausencia de plenitud, que significa: «Me falta» este o aquel lugar. Si son nativos de Sirio, tienen el sitio dentro de sí mismos. No tienen ningún prejuicio con respecto a dónde servir. Y esto es libertad. Supone una enorme libertad simplemente soltarlo todo y disfrutar del estado del ser. Disfrutar del hecho de que allá donde uno esté está la mayor libertad que uno ha conocido jamás. Estar libres de posesiones o apegos a objetos o a gente proporciona un lazo mucho mayor con todo el mundo y con cualquier lugar.

El «ataque de Púrusha»

53. Voy a explicar por qué Nosotros hablamos del «ataque de Púrusha». Sería bueno que la gente pudiera dominar el mismo principio de tensión general. Una manifestación de peligro común debe evocar una tensión general así. El primer estado de progreso es la liberación de la ocupación habitual. Los centros cerebrales habituales deben caer a fin de que pueda revelarse una nueva combinación de corrientes nerviosas. El mismo principio se utiliza para evitar el cansancio. Y la nueva tensión, si está desprovista del elemento personal, se denomina un ataque de Púrusha.

Para jugar al juego de la ramita escondida, el buscador debe buscarla, no el que la escondió. No sin razón llaman los hindús Jugador al Ser Superior. En verdad, manos terrenales deben salvar la Tierra y las Fuerzas Celestiales envían el mejor maná; pero si no se recolecta, este se convierte en rocío. ¿Cómo no alegrarse cuando se encuentran recolectores? Cuando ignoran el escarnio, estos buscadores avanzan, recordando Nuestro Escudo.

Nuestro escudo es un término místico que utiliza El Morya y que surge constantemente como un *leitmotiv*. Lo que quiere decir con escudo es que alguien que sirve a la causa de Hermandad, tiene toda su protección. El escarnio a menudo es difícil de superar, como lo es el desánimo, la condenación, el acoso, la persecución. Estas cosas disminuyen al recordar el escudo. También nos acordamos del hogar y de lo hermoso que es, ¡donde están todos nuestros seres queridos! Esto nos da valor cuando no nos encontramos en él.

Nunca es posible evocar la tensión de Púrusha sin movilidad de pensamiento.

Púrusha es como el aliento divino encendido por el fuego divino. Es la fuerza vital que nos atraviesa y nos llena. Es la energía que se emplea en el servicio y se vuelve a recibir en la meditación.

El espíritu debe esforzarse a través de un solo canal, como una bala en el cañón de un arma. La manifestación de las nuevas circunstancias surgidas no debe estropear el estriado.

54. Los extintores de la luz son los siervos particulares de las fuerzas oscuras que se ocupan de apagar incendios en el Mundo Sutil; cuanto más fuerte es el ataque de la oscuridad, más activamente destruyen cada punto de luz. No conocemos una época de más oscuridad en el Mundo Sutil. Cada falso Olimpo se ha hundido en la penumbra. Pero ahora no es el momento de ocuparse de ellos; ahora es el momento de considerar el plano terrenal. El mundo, es su estado actual, es como el mar en una tempestad.

55. El esfuerzo es la barca del Arhat. El esfuerzo es el unicornio manifestado. El esfuerzo es la clave de todas las cavernas. El esfuerzo es el ala del águila. El esfuerzo es el rayo del sol. El esfuerzo es la armadura del corazón. El esfuerzo es la flor de loto. El esfuerzo es el libro del futuro. El esfuerzo es el mundo manifestado. El esfuerzo es la multitud de estrellas.

El esfuerzo es la aceleración de nuestra energía. Cuando se acelera la energía, Dios fluye en más cantidad a través de nosotros a cada momento. Hay más presión de luz. Por tanto, esto se convierte en la barca del arhat; el unicornio manifestado; la apertura de la cueva donde el gurú y el chela se encuentran en la meditación interior; el ala del águila, el medio de llegar allí, como un avión, la capacidad de navegar en el tiempo y el espacio; el rayo del sol; la flor de loto; el libro del futuro; los mundos manifestados; la multitud de estrellas. Es decir, el esfuerzo produce la precipitación.

Deben meterse en el centro de aquello que hace que reúnan constantemente la máxima fuerza de Dios de modo que se expanda su capacidad de contener energía y ejerzan los músculos del alma.

Liberarse de la ocupación habitual

Cuando El Morya dice que el primer estado de progreso es «la liberación de la ocupación habitual», esto es algo muy importante.

«Los centros cerebrales habituales deben caer a fin de que pueda revelarse una nueva combinación de corrientes nerviosas». ¡Este es un punto importantísimo! Recuerdo cuando tenía una «ocupación habitual» en un puesto de trabajo en el mundo y empecé a estar bajo la tutela de El Morya y Lanello en la ciudad de Washington. Después de aproximadamente diez meses en ese empleo, la aceleración de la luz en mí y la mano del maestro produjeron casi un cataclismo en ese trabajo y me catapultaron fuera de él.

Había ahorrado solo una pequeña cantidad de fondos con mi salario, que nos permitiría a Mark, a mí y a nuestro campo energético producir el trabajo durante unos meses. Pero el cambio era necesario porque mi trabajo me obligaba a permanecer en el plano mental. «Los centros cerebrales habituales deben caer a fin de que pueda revelarse una nueva combinación de corrientes nerviosas. El mismo principio se utiliza para evitar el cansancio». Esas corrientes nerviosas son las del cuerpo etérico, mediante las cuales ese cuerpo encaja de forma más completa con el vehículo de esta octava.

Al acelerar etéricamente, uno se vuelve muy práctico en la realización del nuevo servicio, pero volver a la anterior ocupación puede no resultar nada fácil después de cinco o diez años. No estoy segura de mi aptitud actualmente para ser la secretaria ejecutiva que fui. Es probable que tenga algunas herramientas oxidadas para ese tipo de trabajo que no he utilizado desde que lo dejé. Pero estoy bien equipada y muy bien sintonizada para otras formas de servicio, tanto etérico como mental, en esta octava.

Veo con claridad que este principio es otro aspecto importante de la comunidad, porque esta proporciona la ocupación necesaria para el servicio, para trabajar y producir ganancias para su supervivencia. La comunidad no deja que la gente sea poco práctica, sino que permite el trabajo dentro del círculo del fuego sagrado. El mismo trabajo dentro de la comunidad es totalmente distinto a como lo es en el mundo.

El trabajo en la comunidad combina la maestría mental con la apertura de los centros del cerebro, las corrientes nerviosas, para el lazo etérico con el gurú. Y esa es la cualidad diferente que tiene la

gente que ha trabajado como chela dentro de la comunidad durante cinco o diez años.

Tomando como ejemplo a chelas que lo han sido durante
mucho tiempo, vemos a gente capaz de dominar de una manera
muy concreta las energías que se oponen a la precipitación de su
esfera de energía. Estas personas están muy sintonizadas con la
Hermandad y pueden transferir a otras personas a su alrededor,
desde sus centros nerviosos y sus chakras, esa llama de discipulado,
esa llama de practicidad en el trabajo.

Eso es el resultado de la experiencia en el plano etérico que tiene
lugar dentro de la comunidad, pero que no existe fuera de ella.
Personas así han llegado a ser jefes de departamento, prácticos, en
el área donde se concentran dentro del círculo. Y con el añadido de
la relación gurú-chela, esto es una experiencia invaluable.

Los chelas hablan de los distintos que son de la gente del
mundo con quien pudieran compartir los estudios o el trabajo
conjunto para graduarse. Aprecian cómo la formación como chelas
se combina con lo que están estudiando y los vuelve más percepti-
vos, logran mejores notas y se dan cuenta de que otros estudiantes
del mismo curso están programados, porque no aportan una creatividad original al curso.

Los demás estudiantes llegan como gente amorfa a nivel del
cuerpo mental, reciben lo que oyen y lo repiten antes de dirigirse
en fila a su profesión. En contraste, el chela aporta una llama creativa y siempre está en contacto con el profesor que hay detrás del
profesor, el gurú detrás del gurú.

Yo tuve esa experiencia en la universidad, porque cuando eres
un chela siempre eres un chela. Si te pones frente a un profesor para
aprender algo, lo único que tienes que hacer es sintonizarte y el
gurú vivo de verdad estará detrás del profesor.

Legítimamente, nunca tenemos permitido más de un gurú físico. Aunque el gurú físico pueda aconsejar a los estudiantes que se
instruyan, la concesión de un gurú físico es una ley universal. Por
consiguiente, sea quien sea su gurú, El Morya o Saint Germain (no

importa con qué Maestro Ascendido estén trabajando), quizá su Presencia Electrónica interactúe siempre con los demás maestros a través de ustedes. Además, los dos testigos siempre interactúan con ustedes.

Recuerdo casos en los que tuve un profesor aburrido o de mente estrecha. Me sentaba en la clase con el libro de texto en la mano mientras el profesor daba la conferencia. Después, puesto que conocía el material por haberlo leído con anterioridad, cuando el maestro hacía comentarios mi mente se ponía en un estado magnífico escuchando la verdad sobre ese tema.

No importaba cuál fuera el tema, yo llenaba el cuaderno de notas con la enseñanza interior de las escuelas de misterios con respecto a ese tema. Y esa es la alquimia del chela vivo que es ante todo un chela. El chela siempre está a la escucha. Siempre pregunta: «¿Qué me está enseñando el gurú a través de esta película o este intercambio?».

Por tanto, liberarse de la ocupación habitual es necesario para acelerar. En el discipulado llega un punto en el que al chela se le llama iniciado, arhat, adepto. Entonces, debido al estado de adepto, uno abandonaría el mundo, pero uno debería ser sumamente productivo dentro de la comunidad. Esto es definitivamente una señal de logro.

Creo que voy a concluir con el número 55 para que puedan meditar en el esfuerzo como un ejercicio de devoción a la voluntad de Dios. Si realmente quieren la voluntad de Dios, tienen que querer llegar a ella tanto como quisieran marcar un gol. No deben quedarse ahí sentados, esperando a que les llegue la voluntad de Dios. Hay que buscarla, penetrando en ella con el tercer ojo.

El ejercicio con la Estrella Divina es para que lo hagan todos los días; y sugiero que tomen notas de sus meditaciones, notas informales de las impresiones que tengan. No cosas inventadas, sino cosas que realmente sientan que les llegan de la Estrella Divina.

⚬

En el nombre del YO SOY EL QUE YO SOY, pido que estos corazones, estas almas, estos chakras, estas auras y estos templos sean sellados, con la poderosa Presencia Electrónica de Surya y Cuzco, con su poderosa llama Divina, con una poderosa columna de fuego.

Invoco la acción total de la llama violeta para eliminar todos los desechos inferiores a la polaridad de la Estrella Divina. Invoco transmutación y equilibrio. Invoco la preparación de estos templos para mantener el equilibrio de la Estrella Divina en la Tierra por la voluntad de Dios. Por tu voluntad, amado El Morya, siendo siervos del Altísimo, a través de tu llama del corazón séllanos en tu corazón diamantino. Llévanos ahora a la Estrella Divina. Amén.

Cámelot
30 de octubre de 1979

CAPÍTULO 3

Guardianes del relámpago

En el nombre del YO SOY
EL QUE YO SOY, *invoco la luz, la Presencia, el fuego*
sagrado del amado El Morya. Invoco la Presencia Electró-
nica del amado El Morya sobre mi campo energético y sobre
el campo energético de estos chelas de la luz.

Pido que el círculo de la relación gurú-chela sea sellado,
la aceleración de estas almas a la frecuencia del sonido inte-
rior del amado El Morya. ¡Resplandezca esa luz! ¡Resplan-
dezca esa luz! ¡Resplandezca esa luz!

Pido que ahora se desarrollen los componentes de la vida
necesarios para el sustento de la verdadera Comunidad del
Espíritu Santo basada en la relación gurú-chela a través del
Padre, el Hijo, el Espíritu Santo y la Madre y que ahora se nos
revelen por la luz del Espíritu Santo.

Amado El Morya, háblanos hoy con la plenitud de tu
amor, sabiduría y poder. Te damos las gracias y lo aceptamos
hecho en esta hora, amén.

Voy a leer del libro *Comunidad de la nueva era*, empezando
por el número 56.

56. ¿Por qué el descubrimiento de las señales del futuro
se compara con el tejer? En el trabajo del tejedor, la urdimbre
tiene un tono definido y grupos de hilos se dividen de acuerdo
con el color. Es fácil determinar la urdimbre y uno puede encontrar con facilidad el grupo de hilos, pero el diseño de este

grupo permite distintas combinaciones, dependiendo de mil detalles en el presente. En efecto, la relación interior del sujeto será la condición principal. Si su aura fuera demasiado inestable, el pronóstico será relativo. Entonces se parecerá a cierto juego en el que, dados unos puntos dispersos, uno debe identificar una figura definida.

¿Dónde está pues el mejor fermento con el que estabilizar la vacilación del aura? El mejor fermento es el esfuerzo. Es imposible picar o golpear un cuerpo dirigido impetuosamente. El esfuerzo en movimiento logra validez y, al haber adquirido legitimidad, se vuelve irresistible, porque entra en el ritmo del Cosmos.

Por tanto, avanzad en lo pequeño y en lo grande, y vuestra textura será inigualable, cristalina, cósmica; en definitiva: hermosa.

Sed guardianes del relámpago

El esfuerzo, ninguna otra cosa, resulta en una maestría sobre los elementos, porque la cualidad básica de los elementos es el esfuerzo. En este estado coordináis los elementos con la creatividad superior del espíritu y os convertís en guardianes del relámpago. El hombre llegará a ser guardián del relámpago. Creedlo, solo esforzándoos conquistaréis.

Quisiera hablar del tema de la voluntad y del esfuerzo. En contraste con esta frase de El Morya sobre el esfuerzo, vemos que las personas que llegan al Sendero y desean reunirse con Dios, con frecuencia asumen una actitud pasiva con respecto a la poderosa Presencia YO SOY.

El ayuno, la dieta vegetariana y un deseo extremo de ser receptivos a la voluntad de Dios, a veces vuelve a una persona pasiva ante maya, ante las condiciones kármicas y la conciencia agresiva de los ángeles caídos, ante los Vigilantes*. El Morya tiene una gran preocupación de que esta comunidad caiga en esta vibración.

En el pasado, muchas comunidades fundadas por la Gran Her-

---

*Un grupo concreto de ángeles caídos cuya historia consta en el libro de Enoc. Véase *Ángeles caídos y los orígenes del mal*.

mandad Blanca asumieron una actitud pasiva y dejaron de implicarse en el mundo. Debido a esto, todo lo que los maestros hubieran querido lograr a través de las personas de estas comunidades básicamente se ha perdido. Los discípulos dirigieron su atención al interior, a la meditación interior y a la contemplación del Infinito, mientras que la sociedad, carente de este grupo sobresaliente de portadores de luz, ha continuado en una espiral descendente.

Por consiguiente, el resultado de los Áshrams ha sido una escisión, una separación de los portadores de luz de la comunidad del mundo de la que deberían haber sido «guardianes del relámpago». De hecho, existe el relámpago. Es prisionero en el átomo y en el corazón de la llama trina. No todo el mundo puede soportar este relámpago y los que pueden son los guardianes del relámpago. Estos no deben volverse pasivos ante las fuerzas que reaccionan contra el relámpago.

El desafío supremo que tenemos es lograr el equilibrio entre ser receptivos, humildes y modestos ante Dios, pero valerosos ante los dragones de la creación humana. Con nuestro ejemplo debemos enseñar esta humildad ante el altar y fervor ante el mundo. No debemos caer en la trampa que encontramos en la India, donde no se espera que la gente espiritual entre en el ámbito político, ni que se involucre en las situaciones políticas y económicas.

Por supuesto que Gandhi se implicó tanto en la política como en la economía; y por ello la gente espiritual importante de la India actualmente lo mira con desdén. Esta gente también está en desacuerdo con el hecho de que Gandhi no fuera célibe toda su vida. Consideran su sendero inferior al de ellos, mientras que en realidad el sendero del amor está por encima del de ellos. Esto es algo que nuestros devotos deben comprender con claridad.

Debemos entender que en ninguna otra época el desafío de defender la comunidad ha sido tan grande. La base de la comunidad en los Estados Unidos es la Constitución, pero hay movimientos para volver a redactarla. Nuestro pueblo y el Tribunal Supremo lleva mucho tiempo sin oponerse a las actividades que violan la Constitución. Hay transgresiones a la Constitución y a la llama de la libertad original.

Sean la esposa del esposo divino

Por tanto, la agresividad del chela es el fervor de la espada ígnea. Y se hace necesario que entendamos dos actitudes al ser la esposa del esposo divino, cualquiera de los Maestros Ascendidos o Maestras Ascendidas; somos el equivalente de su hermosa Presencia. Considerando lo que ya saben sobre la esposa ideal en la tierra, se comprende que esta esposa no es totalmente pasiva. Esta esposa, en el sentido de la palabra más verdadero, a través de la obediencia a su esposo, tiene el talento, la creatividad, el esfuerzo, la constancia, la capacidad de trabajar detalladamente, la capacidad de realización.

El verdadero concepto de lo femenino (que es el verdadero concepto del alma tanto en el hombre como en la mujer) es la equivalencia, la ayudante que implementa la llama y la conciencia del principio del padre o la persona del gurú. Hoy día, cuando vemos un matrimonio magnífico en la Tierra, vemos que los maridos estarían perdidos sin sus mujeres. La esposa les hace la vida alegre y feliz, crea el campo energético en el hogar, tiene los hijos y apoya la misión del marido, que consiste en afrontar el mundo, salir y hacer que este sea un lugar mejor para la familia, los hijos y la comunidad.

Por tanto, al estudiar esa verdadera relación que tienen los grandes matrimonios en este planeta, se comprende que para el maestro ascendido es sumamente necesario que el chela sea la esposa. De hecho, es algo indispensable. Y esa esposa es el medio por el cual el gurú se hace activo en la tierra. Podemos comprender esta perspectiva si miramos la importancia de las shaktis de Shiva, porque todos somos shaktis de los Maestros Ascendidos.[1]

Los maestros no pueden actuar en la tierra sin nosotros como persona dinámica de la acción femenina pura. El chela debe ser la acción pura del gurú, porque el gurú que está en el Espíritu también está activo; pero el gurú en la Materia es mucho más pasivo. Ustedes, como chelas, son la presencia de los Maestros Ascendidos en la Materia y lo que hagan determina lo que ellos pueden ser en el planeta. Se puede ver, como con Jesucristo, que él está enormemente limitado por lo que las iglesias han hecho con él.

Algunas personas de grupos religiosos son como esposas

fugadas, chelas fugados. Se han fugado con la llama y han dicho: «Vamos a quedarnos con la llama de nuestro esposo y vamos a hacer con ella lo que queramos». Han declarado interiormente su independencia de sus gurús mientras profesan ser exponentes del mensaje del gurú.

Gente rebelde

Hay algunas personas que quieren volver a esta actividad, pero no están de acuerdo con el gurú. No desean describirme como gurú, pero quieren la enseñanza y la luz porque se dan cuenta de que su vida está incompleta sin ello. A tales personas las llamo gente rebelde.

Estos rebeldes defienden el derecho de las personas a utilizar la luz para lo que ellas quieran: venir aquí, escuchar un dictado, tomar la luz y malgastarla en sus deseos. Creen que deberíamos mantener las puertas abiertas para cualquiera que quiera venir, sentarse frente al gurú y tomar la luz. No podemos permitirnos ser ese tipo de actividad.

Estoy cansada de la gente que cuestiona los actos de los Maestros Ascendidos y que cuestiona si los maestros están aquí de verdad y si este es un movimiento de los maestros. Los cuestionadores van a los grupos de estudio y por lo bajo sueltan sus desacuerdos, diciendo: «Madre* es la verdadera Mensajera, pero no estamos de acuerdo con todo lo que hace. Puesto que ella es la fuente por la que fluye el agua en este momento, la toleramos, pero tenemos libre albedrío y hacemos lo que queremos».

Esto se convierte en un punto de rebelión en el que cayó Lucifer. Consiste en estar de acuerdo en que Dios es Dios, pero algunos de nosotros entendemos el universo mejor y sabemos cómo dirigir las cosas mejor. Algunos de nosotros manejamos mejor las necesidades prácticas de la vida. «La Mensajera no es práctica —dicen. Es demasiado pura. Está demasiado apartada de nuestras necesidades y nuestros problemas y, por tanto, es demasiado absolutista, demasiado autoritaria. La vida no es así. Hay que acercarse más a la conciencia humana».

---

*Los estudiantes conocen a la Mensajera como Madre.

Muchos movimientos de la actualidad sí se acercan. Yo no veo la necesidad de tener otra palmera que se incline hasta el suelo ante el viento de la conciencia humana. Necesitamos altos robles, secoyas y pinos que se muevan con el viento, pero que no se doblen hasta el suelo y que no comprometan su postura. Hoy, más que nunca, no necesitamos pedir perdón por mantener la línea de la relación gurú-chela. Cualquiera que quiera avenencias tiene todo un mundo lleno de actividades a donde acudir. Y no hay razón para que vengan y nos lo exijan a nosotros.

Debemos defender la comunidad

Nos encontramos muy cómodos en este campo energético, pero el esfuerzo al que se refiere Morya es el de mantener cierta aceleración del ser y la conciencia. Cuando se detiene ese esfuerzo, la creatividad se destruye; la identidad se destruye. Cuando permitimos que nos invadan y nos quiten derechos, nos destruimos. Cuando permitimos que el Gobierno federal, los Vigilantes, la creación impía o grupos de personas nos ataquen sin devolver un golpe con la luz, nosotros mismos nos destruimos.

Uno no puede quedarse parado mientras los caídos intentan destruir el campo energético de la comunidad. Pelear se convierte en parte del propio dharma. Hay que reaccionar lanzando luz. Hay que poner en juego el cuerpo, la mente y el alma para defender la comunidad. Hay que ser la encarnación de la luz y, por consiguiente, hay fuerzas que se opondrán.

Tenemos una gran visualización que dio el Arcángel Miguel en mi primer dictado, donde habló de la gran fuerza que tiene el tubo de luz, las cataratas del Niágara. Y con esa imagen de las cataratas mostró claramente que, si las cataratas del Niágara nos están cayendo encima, no hay nada que pueda movernos en sentido opuesto. No hay nada que pueda ir contra nosotros. Si se sienten apesadumbrados por cualquier tipo de energía: odio, creación de odio, energía psicotrónica, ello es señal de que no se están esforzando.

La palabra *esfuerzo* pueden considerarla como sinónimo de aceleración. Si las ruedas de sus chakras están girando, repelen la energía, y ustedes estarán en una polaridad positiva. Atraerán tanto a su Presencia YO SOY que serán la polaridad positiva en manifestación, y nada de este plano podrá oponerse a ello, nada excepto que Dios lo permita.

No permitan que los Vigilantes sean el instrumento del SEÑOR Dios Todopoderoso. No dejen que les digan que Él desea que los venzan o los alteren. Nosotros no consideramos que Dios utilice a Satanás como instrumento de algo que Él desee que nos ocurra. Es una gran tentación pensar que algo que nos ocurra y que parezca ser una desgracia, sea de hecho una bendición disfrazada. No se permitan creer que la progenie del malvado es el instrumento del SEÑOR cuando se trata de la relación gurú-chela. A ustedes se los ama demasiado y están demasiado cerca de la Hermandad para que esta necesite utilizar a la progenie del malvado para comunicarse con ustedes.

La única vez que Dios ha utilizado a Satanás o a la progenie del malvado para comunicarse con sus hijos es cuando estos han sido perversos, tercos y desobedientes. Entonces ha sido cuando Dios ha dicho: «Bien, no me queréis escuchar, recibid vuestro karma a través de los caídos». Esto ocurre en los Estados Unidos hoy día. Pero no debe ser el caso con ustedes si son verdaderos chelas de El Morya.

Ser un verdadero chela significa aguardar al Señor y esforzarse con los decretos hasta saber que uno ha alcanzado una manifestación muy intensa de la luz interior y espera que el Espíritu Santo se comunique y traiga consuelo a través de la persona de un Maestro Ascendido o sus ángeles.

Siempre deben sospechar. Deben mantenerse en guardia cuando lidien con los caídos y no permitirles que su mesmerismo y su hipnotismo les convenza de que ellos son los instrumentos del bien para la comunidad de portadores de luz. Esta es una iniciación clave, porque peleamos hasta el final. Cuando Dios quiera que nos marchemos de este suelo, que nos lleven los ángeles, no los Vigilantes, no los caídos. De ellos no puede venir nada bueno. Se rebelaron junto a Lucifer en el principio y están programados desde el principio hasta el fin para obrar contra los hijos de la luz a través de la apariencia del bien, en forma de política, de religión y de la economía. Están destruyendo los países, uno a uno.

Debemos tener cuidado para no sentirnos alagados por estos «bienhechores», que sonríen y llevan una daga y se la clavan en el costado a los Estados Unidos mientras sonríen y dicen buenas palabras a la gente. Este libro es sobre la comunidad; y cuando más se estudia la comunidad, más se entiende que nuestra vida es comunidad y la vida se vive defendiendo a esa comunidad en el sentido microcósmico de nuestro campo energético y en el sentido macrocósmico de las ciudades.

La Babilonia profana, antiestado y anticiudad, está corrompiendo a la comunidad con abusos de todo tipo a la luz de la Madre. Esta invasión de las ciudades de todo el mundo es un ataque a la Comunidad del Espíritu Santo; y llega un punto en el que uno se planta y defiende. Uno establece su retiro para desde ese punto salir a defender a los hijos de la luz.

«El esfuerzo es la barca del Arhat»

En esta comunidad debe manifestarse una gran fortaleza, y Morya empezó su enseñanza dando la directriz sobre la necesidad de esforzarse. Volvamos a lo que dijo sobre esto en el párrafo 55, comenzando con «El esfuerzo es la barca del Arhat».

Estamos en un clíper. Esta mañana pude escuchar las velas y las cuerdas del clíper. Maitreya y Morya están al timón y sentí como todo el barco viraba en ángulo recto, dirigiéndose derecho al centro de la batalla con los caídos.

No podemos zarpar hacia alta mar mientras la batalla se libra cerca de la orilla. No podemos lanzarnos a nirvana y dejar atrás sin terminar la defensa de este campo energético. A lo largo de los siglos demasiados se han marchado, dejando atrás quizá un pequeño grupo de discípulos que no podían guardar la llama de la comunidad. Nosotros debemos hacerlo porque la comunidad, igual que Estados Unidos, está perdiendo terreno a marchas forzadas. Y sé que Dios ha invertido una cantidad enorme de luz y energía para restablecer la comunidad como gran clave para la supervivencia de la era.

Y así, el gurú y los chelas están en esa barca y la barca representa un núcleo dentro de otro núcleo. Representa a los que más se esfuerzan. Miren la imagen del unicornio. El unicornio solo se entregará a una virgen, que representa la Madre Cósmica. Es una hermosa figura mitológica que tiene un solo cuerno en la cabeza, que es el símbolo de la kundalini de la Madre elevada.

Por tanto, el unicornio es un arquetipo espiritual muy elevado sobre el esfuerzo espiritual. Es la clave de todas las cavernas, y la caverna es el símbolo de la relación directa con el gurú. El esfuerzo significa que cada día uno se siente en comunión íntima con El Morya. Y si se sienten cargados por el mundo y no tienen esa comunión, deben dedicar tiempo a buscarla, porque con ella puede llegar muchísima luz y sustento a través de ustedes para la gente de todo el mundo.

Los esfuerzos de los idealistas

El esfuerzo al que se refiere El Morya no es un esfuerzo de activistas políticos y manifestantes. En este país, en el pasado, hemos tenido enfrentamientos trágicos entre las atrincheradas fuerzas de la derecha y los jóvenes idealistas de la izquierda. Los jóvenes idealistas se echan a las calles para protestar y efectuar cambios y oponerse a la injusticia. Y tienen luz, estos idealistas.

Todo esto es un ataque directo contra la comunidad, porque esta manera de esforzarse no es el esfuerzo en el sentido de los Maestros Ascendidos. Por consiguiente, estas actividades son una amenaza contra la relación gurú-chela y la verdadera libertad, incluso cuando se llevan a cabo en el nombre de la libertad. Si los motivos, la razón y la causa no son los correctos, están destinados al fracaso y todo terminará en anarquía, la ausencia de un gobierno y la presencia del caos.

Esfuerzo significa el girar de los átomos y los electrones. El esfuerzo pone a Dios por encima de todo lo demás. Santos maravillosos como Madre Cabrini[2] vinieron a darnos el gran ejemplo eterno. Se mezclaron con la gente. Vivieron entre los pobres y prestaron atención a la enseñanza infantil. Estuvieron dispuestos a sentarse personalmente con todas las personas de las comunidades para estudiar sus problemas y ofrecer soluciones, soluciones que comenzaban con Dios y después pasaban a los aspectos prácticos de lo que se debía hacer.

En épocas anteriores, las misiones católicas trabajaban con la gente. Por ejemplo, cuando los franciscanos vinieron a California establecieron las misiones que se convirtieron después en los núcleos de nuestras ciudades y comunidades. Los misioneros trabajaban con la gente; araban el campo; enseñaban a la gente a rezar; convirtieron a las personas a Cristo y atendieron a sus necesidades. Con el paso de los años y tras el establecimiento de las comunidades, los seglares asumieron la responsabilidad de los servicios de los misioneros y establecieron escuelas, industria, agricultura, etcétera. Estamos aquí para seguir los pasos de San Francisco y restablecer esa orden.

Cuando los franciscanos se marcharon, las organizaciones de izquierdas se ocuparon de su trabajo con los pobres y la justicia social de estas organizaciones surgió de una base de humanismo científico, no de una comunión con Dios. Puesto que esa no es una fuente verdadera, la fuente se seca; no tiene el flujo del agua cristalina de vida.[3]

Catalina de Siena luchó contra el humanismo científico de su época que invadía el papado y la Iglesia. Y hoy nos invade a nosotros. La idea de que los seres humanos se conviertan en «bienhechores» con respecto a otros seres humanos nunca funcionará y nunca volverá a llenar a la sociedad con el relámpago. ¡«El guardián del relámpago» suena a nombre para el Guardián de la Llama en su siguiente nivel como adepto! Se puede sostener una vela en la mano con la llama ardiendo, pero ¿se puede sostener en la mano el relámpago?

«El esfuerzo es la armadura del corazón»

El corazón es el punto que soporta el choque de la energía del mundo. El libro *Corazón*, publicado por la Sociedad Agni Yoga, recomienda que protejamos el corazón y meditemos en el corazón.

El tema del libro es proteger el corazón, proteger el corazón, proteger el corazón. El gran odio que envía la gente ataca al corazón y debe ser consumido por el amor de su corazón, de lo contrario los consumirá a ustedes.

Un odio así ha consumido a muchos de nuestros mejores líderes, especialmente a los que tenían una orientación política, pero ningún lazo con los gurús vivos. Los hemos visto a todos caer en batalla antes de tiempo debido al ataque dirigido al corazón.

Resumiendo, la armadura del corazón es un amor, pero un amor que está dentro del corazón. Alrededor del corazón hay una funda de fuego blanco que proviene de los decretos. Nunca deberían sentir dolor en el pecho o en el corazón debido a la oposición. Si los sienten es que no se están esforzando. No pueden relajarse y someterse a la oposición. Si lo hacen, no son chelas dignos de llamarse así.

Tampoco deben volverse cóncavos al recibir estos golpes de energía. Su ser debe estar pleno, ¡y deben luchar, luchar y luchar! Estos signos de pasividad pueden ser signos de muerte, y Serapis Bey dice que hay que luchar contra la muerte. Es el último enemigo, pero nosotros conquistamos a ese enemigo. Nunca nos sometemos a ese enemigo ni nos sometemos a los constantes problemas físicos. Luchamos contra ellos a todos los niveles.

«El esfuerzo es la flor de loto». La flor de loto del chakra de la coronilla se está abriendo. Es el «libro del futuro», literalmente, el escribir los libros que abrirán la puerta del futuro a los chelas aún no nacidos. «El esfuerzo es el mundo manifestado.» Si miran al mundo hoy día se darán cuenta de que los Elohim se esforzaron para crear la Tierra, que el proceso creativo en sí mismo es un inmenso esfuerzo y la entrega total del yo es lo que da como resultado la creación.

Sin trabajo duro no se gana nada

Recuerdo cuando se estaba entrevistando en televisión a un candidato a la presidencia. Dijo algunas cosas que estaban bien y otras, no tan bien. Estaba absolutamente convencido, como lo están todos los candidatos, de que él iba a ser el ganador. Estas personas me asombran constantemente con su actitud de confianza suprema en sí mismas. Pero lo más importante que este hombre dijo es: «Sin trabajo duro nunca se gana nada. Voy a ponerme a trabajar duro, muy duro, y voy a ganar. ¡Al fin y al cabo, no hay ninguna otra forma de hacerlo! Todo lo que se consigue en este mundo, se consigue con trabajo duro».

Tiene razón. Esa es la verdad absoluta; y lo deben considerar en lo que respecta a su posición. Su plan divino no les va a caer en el regazo, ni va a llegar a través de la pasividad con respecto a su misión y su servicio. Las fuerzas oscuras son fuerzas militantes, fuerzas crueles, fuerzas relámpago. Utilizan la técnica del relámpago negro, el *blitzkrieg* o guerra relámpago que utilizó Hitler.

De repente, las antiguas tradiciones son anuladas. Y hace falta gente que tenga el ojo del águila, el águila de Sirio, que pueda bajar en picada desde la montaña en un segundo y abalanzarse sobre el predador que ataca a los pajaritos. Esta es la conciencia que deben tener.

La Estrella Divina y nuestra misión

Sirio es el eje, el punto desde el cual han salido todas las evoluciones de estos distintos sistemas de mundos. Todos los caminos conducen a Roma ¡y todos los maestros conducen a Sirio! Sirio es la sede del gobierno Divino en esta galaxia, la sede de la Gran Hermandad Blanca. Es nuestro hogar, pero nuestra misión lejos del hogar es la de afianzar la comunidad de la Gran Hermandad Blanca en la Tierra.

Nuestra misión es la de establecer un foco físico permanente de la Hermandad en la Tierra, ¡con la ayuda de Dios! No se debe rechazar y debe permanecer aquí hasta la llegada de la era de oro. Esta es nuestra voluntad. En el nombre del Señor Jesucristo, en la tierra acordamos hacer que la llama no se apague.

Es seguro que la Hermandad no tendrá que volver a empezar una y otra vez por ser nosotros tan timoratos y pasivos que no nos importe si vivimos o morimos, por haber adoptado una conciencia Divina metafísica tan alta que ya nada importe, incluyendo el universo Material.

¿Se dan cuenta de lo diabólica que es esa mentira? ¿Saben que a veces esa mentira afecta la conciencia del chela? Por eso hago hincapié en ello. La idea de que no importa si tenemos un Centro de Enseñanza en Houston (Texas), que no importa mucho si hoy hago los decretos, que no importa mucho si hoy me levanto de la cama para ir a realizar mi trabajo.

¿Ven lo que quiero decir? Esto se reduce al punto en el que el individuo se convierte en la avanzada de la Estrella Divina. Ustedes son la Estrella Divina en la Tierra porque son la esposa de Sirio, ¡son la esposa de toda la Gran Hermandad Blanca! Y toda la Gran Hermandad Blanca depende de ustedes. Deben conocer la prédica del libro de Oseas, que les traeré el domingo por la mañana, porque todo el libro está expresado como Dios hablando a Israel como si Israel fuera su esposa que se ha ido por mal camino y le ha sido infiel, y él la llama para que vuelva. Y el anhelo del profeta por su esposa muestra el anhelo de Dios por cada alma de la Tierra y por el sentimiento definitivo de autoestima del alma.

¿Comprenden que ustedes son supremamente importantes para Dios? Es algo físico, muy del aquí y ahora. Esto comienza con ustedes en su casa, cómo se relacionan con su cónyuge, con sus hijos, con su negocio, su empleador, su comunidad y lo que hacen a diario.

Deberían pensar: «Soy un representante de la Gran Hermandad Blanca y esta es la forma más grande de autoestima que puedo tener. Camino por la Tierra con el manto de Elías, de Juan el Bautista, y soy especial entre la gente. Entre los inmensos millones de personas, sostengo la llama y sé que YO SOY importante para esta evolución. Si esta evolución no sabe que YO SOY importante, afirmaré mi importancia de que esta evolución no puede sobrevivir sin mi presencia».

Mirarán a su alrededor y levantarán la cabeza por encima de las nubes. Es como si estuvieran en alta montaña. Tiene las nubes debajo y tienen una visión cristalina. Se dan cuenta de que todos los grandes avatares han tenido esta visión. Moisés tuvo la visión de que el pueblo no podía liberarse sin él. Dios le dio esa visión.

Él no quiso aceptarla. No quiso sentir que dependía de él. Era un hombre pobre y humilde.

Moisés no creía que pudiera ser el liberador; y por eso ustedes deben superar ese obstáculo, como lo superó él. Si todo lo que han de rescatar en una vida determinada es un rebaño de ovejas, entonces serán un pastor, como la anterior encarnación de Kahlil Gibran o Mark Prophet, que Lanello describe en el libro *Conciencia cósmica*.[4] Durante toda una vida serán responsables de un rebaño de ovejas.

En esta vida puede que solo sean responsables de devolver al hogar a cinco personas para que asciendan. ¡Pero ay de ustedes si ellas no llegan! Se juzgarán en Sirio y los Veinticuatro Ancianos les preguntarán: «¿Dónde están los cinco? Tú estás aquí, ¿y qué? Ya estuviste aquí la última vez. ¿Dónde están los cinco que debían estar aquí contigo?».

Dirán que este es un asunto serio (Sirio), ya que por eso la Estrella Divina tiene ese nombre. Debemos tener un sentido de la responsabilidad al pensar en la Estrella Divina. Por consiguiente, no pueden tener la cabeza en otro mundo. No pueden tener la cabeza metida en investigaciones de todo tipo de las que nadie ve ningún resultado. Lo que se dice, las palabras que se comunican, siempre son las palabras más importantes.

El impulso de Morya

El interés de Morya está en galvanizar a sus chelas. Cuando piensen en Morya, él siempre se está moviendo, siempre implicado, siempre en comités. No importa dónde esté la gente (en las Naciones Unidas, en Moscú o en China), allá donde se reúna la gente, él va a dar impulso a una espiral de la voluntad de Dios. Con frecuencia ni una sola persona de la reunión responde a un principio. Pero él es el centinela silencioso.

Morya pone su Presencia Electrónica ahí; y ustedes pueden hacer un llamado como chelas de El Morya: «El Morya, deseo estar contigo allá donde tú pongas esa vara de poder. Quiero que mi Presencia Electrónica esté ahí. Seré testigo junto a ti y los dos seremos testigos de esas reuniones hasta que haya una repuesta». ¿Y cómo se va a provocar una respuesta? Porque nuestros libros y nuestros chelas comunican la enseñanza. Lanto nos ha dicho lo que quería que se hiciera para preservar la comunidad. Dio todo un dictado sobre la comunidad, sobre cómo se destruiría si no se corrige lo que se está diciendo. La comunidad es un principio que ha de defenderse.[5]

Todo el mundo puede alistarse para defender cualquier comunidad válida. Debemos defender el derecho de todas las iglesias válidas a ser iglesias. Y las iglesias deberían unirse para defender nuestro derecho a ser lo que somos, o todos perderemos ese derecho.

Esfuércense por ser un Maestro Ascendido

El esfuerzo es la multitud de estrellas y la multitud de estrellas es la multitud de huestes celestiales y Maestros Ascendidos. Ustedes pueden ser uno de ellos. Quiero que todo el mundo adopte esta actitud en el esfuerzo. No lo llamaríamos agresividad, pero ciertamente es un impulso que no se puede tener sin un sentimiento de ser importantes.

Si todavía dicen: «¿Por qué yo?» o «No seré yo quien sea un salvador del mundo», no han llegado al punto de ser un Moisés. No se han acelerado hasta el punto de saber que son la persona indispensable en su grupo de gente. Hasta que no alcancen ese punto, no habrán madurado de verdad en esta encarnación.

También me estoy refiriendo a la sutileza de la mentira que se les proyecta cuando comienzan a acelerarse. Puede que formen parte del movimiento de los Maestros Ascendidos. Decretan, creen en todo, aman a los mensajeros y a los maestros, pero no han llegado al punto de la aceleración donde son lanzados en órbita y realizan una misión, una misión incesante en la que son totalmente consumidos al entregarse a Dios.

Me parece que nunca supe lo que es el esfuerzo hasta que me fui de gira de conferencias, porque no solo me esforcé contra la oposición, sino que me entregué hora tras hora en el estrado. Y mi esfuerzo se debió a mi amor intenso por el amor que sentía por la gente que estaba en la ignorancia y que necesitaba la luz. El amor hace que todo en nuestro ser se acelere. Es algo que se derrama desde nosotros. Es un combustible, y por eso recibimos más combustible. Nos convertimos en una especie de motor a propulsión. Giramos. Yo tuve la capacidad de dar la Palabra durante cinco o seis horas por esa razón. Y ese esfuerzo me puso en una vibración tal de aceleración que me fueron posibles muchas más cosas. Grandes cantidades del Espíritu Santo fluyeron a través de mí. Hay que experimentarlo, porque es la única manera de ascender. Es la única manera de salir del letargo del planeta. Hay que tener una misión en la que meterse totalmente a diario.

Muchos estadounidenses están metidos en un esfuerzo en sus trabajos, pero algunos no recogen ni un solo beneficio para su alma, un beneficio que les daría la ascensión. Si pusieran el mismo esfuerzo en la causa, quizá la misma profesión que tienen, pero dedicado a Dios, a su gracia, a su Hijo y a su gente en vez de al yo y al dinero, rápidamente lograrían la maestría Divina.

Dios no les quita nada, solo refina su servicio. Les da todo lo necesario para realizarlo. No hace falta que se aparten del núcleo de fuego para conseguir lo que quieren; eso no es necesario. Lo tienen todo aquí, todo lo que necesitan para realizarse como personas. Y si no han encontrado esa realización, aún no se han permitido un esfuerzo de verdad. Creen que si ceden y renuncian lo perderán todo, en vez de comprender que lo obtendrán todo.

Según mi experiencia personal, he visto que perderse en el fuego del servicio es la forma en la que se obtiene todo: amigos, seres queridos, familia, estudiantes, gente por miles de la que se llega a formar parte. Y después está la alegría de la conciencia Divina y los planos superiores de conciencia, el contacto íntimo con la Hermandad.

Dios no les retiene nada cuando se ponen en actitud de dar y esforzarse. Darán un salto para dar algo más porque es sumamente emocionante experimentar el intercambio cósmico que se produce y que nos regresa en ese dar. Debemos salir y encontrar a la gente que nos necesita y esforzarnos contra esa conciencia humana, esforzarnos con sus ángeles, esforzarnos con su conciencia Divina y seguir haciendo retroceder la oscuridad en este planeta.

La campana de alarma

El hombre llegará a ser guardián del relámpago. Creedlo, solo esforzándoos conquistaréis.

57. ¿Es posible que no se oiga que una campana de alarma en cada movimiento del planeta? ¿No hay un grito de angustia en cada movimiento de todos los seres? ¿No resuena una rebelión con cada movimiento de los espíritus tumbados en el suelo servilmente?

Pero ¿han existido tiempos mejores?

Es mejor cortar y abrir un absceso, y después debería ser posible cerrar la brecha. Pero antes es necesario sacar el pus.

Por tanto, Nosotros esperamos amplias acciones, y cuando suena una campana de alarma es imposible pensar en un ovillo.

El maestro tibetano, Djwal Kul, Kuthumi y El Morya a menudo se ponen en contacto con sus chelas por primera vez haciendo sonar una campana en su oído interior. No es un sonido causado por una enfermedad del oído, sino una campana que se escucha con el oído interior.

Mark lo vivió de joven y siguió el sonido de la campana hasta el Áshram del maestro en los Himalayas. Ciertas personas del planeta esperan escucharla debido a experiencias que han tenido antes de encarnar. Y esperan. A niveles subconscientes su alma sabe que quieren oír el sonido de la campana, que es el momento de responder.

Esto es un condicionamiento previo del alma. El gurú y su chela llegaron a un acuerdo antes de que este último entrara en los velos de maya, donde pudiera perder la memoria de una experiencia interior en el retiro etérico. Por eso se nos dio en un dictado la imagen del Señor Jesucristo haciendo sonar una campana en la gran catedral. Es una imagen importante y creo que fue Lanello quien nos la dio.[6]

El Señor Jesús tiraba de una cuerda para hacer sonar la campana, como nos dijo que haría hace eones. Nos dijo que haría sonar la campana cuando fuera el momento de galvanizar sus fuerzas en el planeta. Y cuando me sintonizo con esa visualización veo a Jesús haciendo sonar esa campana en estos momentos en la gran catedral, y lo hace para que todos sus hijos en la Tierra lleguen a ese punto de galvanización para la victoria final.

Por tanto, el sonido de esta campana en particular es una aviso a los chelas de que la marea astral se está elevando, un aviso de las señales de los tiempos, un aviso sobre el ciclo oscuro de karma. Es hora de almacenar luz y estar alertas ante el enemigo. Es hora de asumir la actitud del vigilante en el muro.

Hoy día vivimos en tiempos peligrosos; violencia y asesinatos son la norma. Y así es en el plano astral. Al pensar en un ovillo, de hecho, es posible que una campana de alarma no se oiga en cada movimiento del planeta. ¿No hay un grito de angustia en cada movimiento de todos los seres? Solo algunas personas oyen la campana de alarma y los que lo hacen, están condicionados previamente para estar alerta. La gran mayoría de la población no oye la campana de alarma.

Puesto que nosotros sí la hemos oído, tenemos la responsabilidad de hacer algo al respecto. La gente no está tan alarmada como debería debido al estado de degeneración moral, debido al estado de la economía, debido a las caras de nuestros líderes. Ni están suficientemente alarmados, ni están suficientemente preparados. Continuemos la lectura.

58. Vosotros ya conocéis la utilidad de los obstáculos; ya conocéis la ventaja de las decepciones. Incluso los terrores pueden tener utilidad. En efecto, para Nosotros y para vosotros no hay terrores en el sentido acostumbrado. Al contrario, un terror sin miedo se transforma en un acto de belleza cósmica.

¿Es posible pensar en la belleza sin una disposición de arrebato? Actualmente Nosotros exclamamos, nosotros enviamos señales de batalla, pero, sobre todo, hay arrebato ante las grandes soluciones. El valor abre todas las puertas. «Es imposible», decimos nosotros; mientras que todo lo que existe exclama: «¡Es posible!».

Cada época tiene su palabra. Esta palabra es como una llave para la cerradura. Las antiguas Enseñanzas hablaban continuamente de una potente palabra que estaba contenida en una fórmula precisa y breve. Inmutable, como un cristal de composición conocida, es imposible alterar de ningún modo las palabras de estas fórmulas: imposible tanto de alargarla como de acortarla. La garantía del Cosmos es que producirá estas palabras. La oscuridad absoluta se estremece ante el filo de la Orden Mundial, y es más fácil que los rayos y gases destruyan la oscuridad allá donde ha golpeado la Espada del Mundo. ¡Recibamos la orden del Cosmos no servilmente, sino tempestuosamente! Por tanto, ¡llega el momento cuando la Fuerza de Luz quema la oscuridad! El momento es inminente y la hora no puede retrasarse.

Es posible investigar las palabras secretas de todas las épocas y ver una espiral de luz perforante. Una legión de gusanos no puede alterar la punta de la espiral y los obstáculos simplemente intensifican el rayo de luz. La ley del reflejo crea nuevas fuerzas. Y allá donde el hablante está en silencio, los mudos hablarán.

59. Una orden corta y clara es difícil, pero, por otro lado, es más fuerte que una varita mágica. La afirmación es más fácil, pero una orden es como una columna inesperada de llama de un volcán. En una orden yace un sentimiento concentrado de responsabilidad personal. En una orden suena una declaración de falta de agotamiento de fuerzas. La impetuosidad del Cosmos se manifiesta en la vehemencia de la orden, como una ola demoledora. Limpiaos las lágrimas de benevolencia. ¡Estamos necesitados de chispas de indignación del espíritu!

¡Qué dique forman los remordimientos, pero al final de la espada crecen alas! Las arenas matan, pero para Nosotros una nube de arena es una alfombra voladora.

60. Mucho puede perdonársele al que incluso en la oscuridad ha mantenido la idea del Instructor. El Instructor eleva

la dignidad del espíritu. Comparamos el concepto de Instructor con una lámpara en la oscuridad. Por consiguiente, al Instructor puede llamársele rayo de responsabilidad. Los lazos de la Enseñanza son como una cuerda salvavidas en las montañas. El Instructor se revela desde el momento en el que se enciende el espíritu. Desde ese momento el Instructor es inseparable del discípulo.

No vemos el fin de la cadena de Instructores, y la conciencia imbuida en el Instructor eleva el logro del discípulo como un aroma valioso que todo lo penetra. El lazo del discípulo con el Instructor forma un vínculo de protección en la cadena unificadora. Dentro de esta defensa, los desiertos florecen.

61. Mi Mano envía la solución entre los riscos del mundo. Considerad el techo de tablas más sólido que el hierro. Considerad un momento fijo más largo que una hora. El sendero alargado es más corto que el precipicio vertical. Vosotros preguntaréis: «¿Por qué los enigmas, por qué el esoterismo?». La bola de acontecimientos está llena de hilos de muchos colores. Cada cucharón se mete en una fuente de un color distinto. Entre los acontecimientos hay muchos que son impetuosos; estos amigos distantes, desconectados exteriormente, llenan nuestra cesta y la luz definitiva triunfa.

62. Uno puede alegrarse cuando pensamientos sugeridos se fusionan con el pensar propio; porque al reconocer la cooperación, no hay líneas de separación del trabajo, solo hay efectos. Es imposible desmembrar las funciones del Cosmos cuando las acciones fluyen como un río.

¿Qué significado tiene las estructura de las olas que llevan un objeto útil? ¡Lo importante es que el objeto no se pierda!

63. El principal malentendido será sobre el hecho de que el trabajo puede ser relajación. Muchas diversiones deberán abolirse. Principalmente, debe entenderse que los productos de la ciencia y el arte son para la educación, no la diversión. Muchas diversiones tendrán que ser destruidas por ser hervideros de vulgaridad. La vanguardia de la cultura debe eliminar

las guaridas de tontos que pasan el tiempo con una jarra de cerveza. Asimismo, el uso de blasfemias debe encontrar una sanción mucho más severa. Asimismo, las manifestaciones de especializaciones limitadas deben desaprobarse.

64. Es importante hablar de la necesidad de la proporcionalidad. Considero necesario distinguir entre cosas recurrentes y no recurrentes. Uno puede poner a un lado un objeto cotidiano, pero debe aprovechar las fechas importantes sin demora. Se puede afirmar que un momento de posibilidad cósmica es irremplazable. Hay platos que solo pueden digerirse en un orden determinado. El cazador no va de caza desde la indolencia; encuentra cuál sea la mejor hora y nada lo detiene.

Es posible hallar Mi Piedra en el desierto, pero podrá volver a perderse si no se levanta de inmediato. Quienes Me conocen comprenden el significado de la inmediatez, pero los nuevos deben mantener presente esta ley si desean acercarse. En verdad digo: ¡queda poco tiempo! Lo digo con preocupación, no perdáis ni una hora, porque los hilos de la bola son multicolores. No en lo ameno del reposo, sino en la oscuridad de la tormenta, Mi voz os es útil: ¡aprended a escuchar!

Conozco a gente que ha dejado escapar el llamado debido a un guisado. Pero Yo dejo Mi flecha volar en la hora de necesidad. Mi Mano está preparada para levantar el velo de la conciencia; por tanto, el sentido de la medida de lo pequeño y lo grande, de lo recurrente y lo no recurrente, es necesario. ¡Esforzaos para comprender dónde está lo grande! Yo digo: ¡queda poco tiempo!

65. Nuestra condición como compañeros de trabajo es un deseo completo para aplicar en la vida Nuestros fundamentos; no en teoría, sino en práctica.

El Instructor porta la llama de una consecución inextinguible. La Enseñanza no es interrumpida ni por el cansancio ni por la aflicción. El corazón del Instructor vive por la consecución. Él no teme, y las palabras «tengo miedo» no existen en Su vocabulario.

66. La evolución del mundo está construida sobre revoluciones y explosiones de materia. Cada revolución tiene un movimiento progresivo hacia arriba. Cada explosión, como un agente constructivo, actúa en espiral. Por consiguiente, la naturaleza de cada revolución es someterse a la ley de la espiral. La estructura terrenal es como una pirámide. Entonces, desde cada punto de la espiral progresiva, intentad bajar los cuatro lados de una pirámide. Obtendréis, como si dijéramos, cuatro anclas bajadas a los estratos inferiores de la materia. Una construcción así será fantástica, porque estará construida sobre estratos en vías de extinción. Ahora intentemos construir desde cada punto y hacia arriba un rombo, y obtendremos un grupo de conquistas de los estratos superiores, aventajando el movimiento de la espiral. ¡Esta será una construcción digna! En efecto, debe comenzar en lo desconocido, expandiéndose en paralelo al crecimiento de la conciencia. Por consiguiente, la construcción en revolución es un momento de lo más peligroso. Un gran número de elementos imperfectos presionarán las estructuras hacia abajo, hacia los estratos de sustancia desgastada y envenenada. Solo el valor temerario puede darle la vuelta a la estructura hacia arriba, hacia estratos sin probar y hermosos en el mantenimiento de nuevos elementos. Por consiguiente, hablo y diré otra vez que las formas gastadas deben evitarse en la estructura. Volver a hundirse en los viejos recipientes es inadmisible. La comprensión del Nuevo Mundo con toda su austeridad es necesaria.

67. ¿Qué se requiere en Nuestra Comunidad? Ante todo, sentido de la medida y justicia. Cierto es que lo segundo se deriva totalmente de lo primero. En efecto, uno debe olvidarse de la cordialidad, porque esta bondad no es el bien. El bien es un sustituto de la justicia. La vida espiritual está gobernada por el sentido de la medida. El hombre que no diferencia lo pequeño de lo grande, lo insignificante de lo grandioso, no puede estar desarrollado espiritualmente.

Uno habla de Nuestra firmeza, pero esto solo es el resultado de Nuestro desarrollado sentido de la medida.

68. Entended el nombre del hijo del temor y la duda; su nombre es remordimiento. En efecto, el remordimiento después de entrar en el Gran Servicio interrumpe todos los efectos de trabajos anteriores. El que duda, se ata una piedra a la pierna. El que teme, constriñe su respiración. Pero el que se arrepiente de su trabajo por el Gran Servicio, finaliza la posibilidad de acercamiento.

Entonces, ¿cómo no distinguir ese valor que conduce al logro? ¿Cómo no recordar la mano que detuvo la daga del enemigo? ¿Cómo no preparase con la fuerza que renunció a todo por el crecimiento del mundo? Comprended, repetiré sin fin, siempre que el puente del arco iris aún no abarque todos los colores.

Los cedros conservan una brea curativa, pero uno sonreirá cuando la savia celestial se use para grasa de botas. Por tanto, protejamos los caminos principales aplicando detalles de útil ventaja.

69. Gruñidos y aullidos salvajes llenan el aire de la Tierra. El rugir de animales ha sustituido el canto humano. ¡Pero qué hermosos son los fuegos del logro!

70. Mis Manos no conocen el reposo. Mi Cabeza sostiene el peso de las obras. Mi Mente busca la solidez de las soluciones. El poder de la experiencia derrota la flaqueza extraña. En el punto de la pérdida vierto nuevas posibilidades. En la línea de la retirada construyo baluartes. Ante los ojos del enemigo ondeo el estandarte. Llamo al día de la fatiga un día de reposo. Reconozco una manifestación de no comprensión como basura en el umbral. Puedo ocultar lo sagrado en los pliegues de una prenda de trabajo. Un milagro significa para Mí solo la marca de una herradura. Valor significa para Mí solo la flecha en la aljaba. La firmeza para Mí es solo el pan de cada día.

71. Ante todo, olvidad las nacionalidades y comprended el hecho de que la conciencia se desarrolla perfeccionando los centros invisibles. Algunos esperan al Mesías solo para un país, pero esto es ignorancia; porque la evolución del planeta

solo puede darse a escala planetaria. Precisamente, la manifestación de la universalidad debe asimilarse. Solo fluye una sangre y el mundo externo ya no estará dividido en razas de formación primitiva.

72. La Comunidad, como Sociedad, puede acelerar de una manera sin precedentes la evolución del planeta y aportar nuevas posibilidades de interacción con las fuerzas de la materia. No debe pensarse que la comunidad y la conquista de la materia se encuentren en planos distintos. Un canal, un estandarte: ¡Maitreya, Madre, Materia! La Mano que discierne los Hilos señala el sendero a Nuestra Comunidad. De hecho, Nosotros no hablaremos de un momento preciso en el que Nuestro lugar comenzó. Los cataclismos dieron forma a las condiciones favorables y con Nuestro conocimiento Nosotros podemos proteger el Centro contra huéspedes no invitados. La existencia de enemigos violentos Nos ha permitido cerrar las entradas con más firmeza aún y decir a los vecinos que guarden un silencio efectivo. Transgredir y traicionar significa ser destruido.

73. La esencia del Nuevo Mundo contiene un vacío llamado nódulo de inmovilidad; en él se están reuniendo los sedimentos de manifestaciones de incomprensión sobre las tareas de la evolución. Cuando el cerebro conduce a una cercanía con estos senderos de incomprensión del espíritu, el acceso a Nuestros envíos casi se pierde. ¿Es posible que la gente olvide la creatividad, dirigida a adornar la vida?

74. Es necesario investigar lo inaplazable. Es necesario preservar el entusiasmo personal. Es necesario que cada cual camine de forma independiente; sin la mano sobre el hombro, sin el dedo sobre los labios. Ay de aquel que demore al guardia. Ay de aquel que derrame arroz sobre el escudo. Ay de aquel que lleve agua en su casco. Y, sobre todo, ay del temor gris. En verdad, se ha echado la red del mundo. No puede recogerse sin pesca. En verdad, ni siquiera el menor de todos se olvidará. La semilla se ha pagado. No se admitió la violencia.

Que cada cual avance, pero me compadezco de quienes no alcancen. ¡Qué oscuro es el camino de regreso! No conozco nada peor que cruzarse en el camino del vecino. Decidles a todos: «Camina solo hasta que recibas la orden del Instructor». Uno debería alegrarse del batir y el sisear del mar. Manifestad un entendimiento de la gran época. Elevad el cáliz; os convoco.

75. En verdad, uno puede esperar el cumplimiento de todas las profecías. No veo las fechas alteradas. Pensad a través de la película de los eventos y comprended qué poco importante es el exterior; solo la importancia interior es vital. La siembra de generaciones comienza a germinar; la semilla está empezando a brotar.

76. Uno debe conocer el proceso de la Batalla conocido como el arrojar las piedras. Cuando la Batalla alcanza cierta tensión, el Líder arranca partes del aura y se las arroja a las hordas de enemigos. Cierto es que las auras de los guerreros también son arrancadas violentamente; por consiguiente, en este momento la red protectora no es fuerte, pero los enemigos son golpeados con especial vigor. El material del aura arde con más severidad que el relámpago. A este método lo llamamos heroico. No debe pensarse que estamos viajando en un tren de lujo; estamos cruzando un abismo a pie sobre una tabla. Mechones arrancados del aura la dejan como las alas acribilladas de un águila. Debe recordarse que escalamos los muros sin ninguna protección. Cuando se rompe un vaso, puede que este no traquetee enseguida, pero cuando llega a los desfiladeros inferiores, el crujido de sus fragmentos se oye. Vosotros mismos entenderéis el resto. Las Fuerzas más grandes de todas están en la Batalla por la salvación de la humanidad.

77. Una manifestación puede entenderse como evidencia no para los ojos, sino para la conciencia. Ahí está la diferencia entre vuestro entendimiento y el Nuestro. Lo que vosotros llamáis un hecho es un resultado, mientras que Nosotros podemos discernir el verdadero hecho, invisible para vosotros.

Un ciego juzga el relámpago por el trueno, pero alguien que ve no teme el trueno. Por tanto, es necesario aprender a distinguir entre hechos verdaderos y sus efectos. Cuando Nosotros hablamos de un evento destinado, vemos su verdadero origen; pero quien juzgue según los efectos visibles tan solo estará retrasado en su juicio. Cuando Nosotros decimos «id contra la evidencia», queremos decir «no caigáis en la ilusión de los eventos transitorios». Uno debe distinguir con claridad el pasado del futuro. De hecho, la humanidad sufre de esta falta de discernimiento, girando en torno a las ilusiones de los efectos.

Una chispa creativa está contenida en el proceso de un evento, pero no en sus efectos. Ocupada con los efectos, la humanidad es como un ciego que solo puede sentir el trueno. Es posible enviar una distinción entre los que juzgan por los eventos y los que juzgan por los efectos.

Decidles a vuestros amigos que deberían aprender a observar lo real según el arranque de los eventos. De otro modo, seguirán siendo lectores de un periódico editado por un bribón.

Esforzad la conciencia para captar el punto de partida de los eventos, si deseáis estar asociados con la evolución del mundo. Uno puede dar incontables ejemplos de malentendidos penosos, culpables y trágicos, como resultado de lo cual las fechas se embrollan.

El roble crece de la bellota que está bajo tierra, pero el tonto solo se da cuenta cuando se tropieza con él. Muchos tropiezos mancillan la corteza de la Tierra. ¡Suficientes errores y una falta de entendimiento en el momento de tensión mundial!

Debe comprenderse con cuánto cuidado uno debe gastar la energía. Debe comprenderse que solo las puertas correctas conducen a la cámara del Bien Común.

78. En cada libro debe haber un capítulo sobre la irritación. Es imperativo expulsar a esta bestia de la casa. Doy la bienvenida a la austeridad, así como a la decisión. Os exijo que aboláis las bromas como burla. Cada cual debería recibir ayuda para salir de embrollos. Uno debería cortar todo brote

de vulgaridad. Cada cual debe tener permitido decir su opinión y hay que encontrar la paciencia para escuchar. El rumor vacío debe ser interrumpido y hay que encontrar diez palabras contra cada palabra que difame al Instructor. En efecto, no permanezcáis en silencio ante una flecha dirigida contra el Instructor. Madre e Instructor; estos dos conceptos deben salvaguardarse en cada libro. La luz de la grandeza no ha de extinguirse.

79. En las construcciones cósmicas, el servicio exige un cambio de conciencia. Puede haber errores. Uno puede ser absuelto tras el error más grande siempre que la fuente sea pura, pero la medición de su pureza solo le es posible a la conciencia iluminada. La alegría en el Servicio puede experimentarse solo a través de una conciencia expandida. Hay que recordar que cada período de tres años representa un paso de conciencia. Del mismo modo, cada período de siete años representa una renovación de los centros. Aprended a comprender que las fechas de la conciencia no son repetibles y por tanto no debe permitirse que escapen.

Es apropiado preguntarle a un hombre que está pensando en entrar en el sendero del Gran Servicio, a qué quiere renunciar. ¿Espera solo asegurarse la realización de sus más dulces sueños? ¿O le parece bien que un grano de fe obtenga las riquezas terrenales y ocupe una posición extraña a su conciencia?

Es imposible enumerar los medios de expansión de la conciencia, pero en ellos yace la realización de la verdad y el sacrificio.

80. Es necesario comprender la claridad de pensamiento y aplicarla al futuro; así es posible evitar la tosquedad de la forma en las acciones. Uno no debería imitar a los demás. Valiosísimo es cada grano de decisión. Deseo saturaros con atrevimiento. Es mejor ser considerado extraño que estar vestido con el uniforme de la trivialidad. Es necesario leer Mis Enseñanzas. Es necesario esforzarse para aplicarlas en cada acto de la vida, no solo en las fiestas. Decíos: «¿Es posible esforzarse por las mañanas y ser un loro por las tardes?».

81. Es inteligente trazar la línea entre el pasado y el futuro. Es imposible calcular todo lo que se ha hecho; es inconmensurable. Es mejor decir: «El ayer es pasado; aprendamos a conocer un nuevo amanecer». Todos crecemos y nuestras obras se expanden con nosotros. Después de veintisiete años nadie es joven, y todos podemos entender entonces el logro del Servicio. Es indigno hurgar en el polvo del pasado. Establezcamos desde ahora un paso nuevo. Comencemos a trabajar, rodeándonos de mil ojos. Obtengamos pureza de pensamiento y sentido de la medida en las acciones. Por tanto, llenemos nuestros días; acostumbrémonos a la movilidad y la decisión. Asimismo, no olvidemos que no hay nada en la Tierra más elevado que el Plan dado para el Bien Común. Manifestemos comprensión hacia las Enseñanzas de la vida. Tal como Moisés trajo dignidad humana, tal como Buda dio un impulso hacia la ampliación de la conciencia, tal como Cristo enseñó lo bueno que tiene el dar, ¡ahora el Nuevo Mundo está dirigido hacia los mundos lejanos! Reflexionad, ¡qué comparaciones nos rodean! Reflexionad en la piedra angular principal. Reflexionad sobre el sendero dado. Reflexionad sobre cómo os tocan las fronteras del Cosmos. Recordad los pasos de tensiones maravillosas no en un libro, sino en la vida. Ponderad que no todo se ha asimilado y absorbido, aun así, vosotros estáis en vuestro sitio. Por consiguiente, no os desaniméis por los errores, mas ascended por la Jerarquía de la Enseñanza.

⚘

En el nombre de Dios Todopoderoso, llamo al amado El Morya. Ata todos los errores, la energía de los errores del pasado de todas las almas y todos los chelas. Que sean arrojados al fuego sagrado del Espíritu Santo, transmutados por la llama violeta y eliminados de la Tierra por el relámpago azul de la mente de Dios.

Estemos con el instructor y la enseñanza y avancemos con la valentía del gurú, el Señor Maitreya. Amada Madre, séllanos con tu luz. Te damos las gracias y lo aceptamos hecho en esta hora con pleno poder.

En el nombre del Padre, del Hijo, del Espíritu Santo y de la Madre, en el nombre de todo el Espíritu de la Gran Hermandad Blanca, la Estrella Divina Sirio, el poderoso Surya y las legiones de luz, decimos: «Aquí estoy, Señor. ¡Envíame!».

Aquí estoy, Señor. ¡Envíame!

Aquí estoy, Señor. ¡Envíame!

Aquí estoy, Señor. ¡Envíame!

Cámelot
6 de noviembre de 1979

CAPÍTULO 4

Protejan la avanzada
de la Gran Hermandad Blanca

mada poderosa Presencia YO SOY, amado Ser Crístico, amados Alfa y Omega, invocamos vuestra luz. Atad al opresor de cada alma. Atad al yo irreal. Atad toda la sustancia que la plenitud de la gloria del Ojo Omnividente de Dios descubre.

Invoco el rayo cristalino. Invoco el rayo esmeralda. Invoco la acción del fuego sagrado y a los poderosos serafines. Ángeles de la luz esmeralda, venid. Ángeles de la forma de pensamiento curativa, amado Rafael, amada Virgen María, perforad el velo. Perforad la sustancia en todos los niveles del ser.

Atad, por tanto, al que se opone a la paz mundial y a la victoria de la luz sobre la muerte y el infierno. Atad la guerra, los instrumentos de guerra, los caudillos y sus consejos. Quemad, amado Lanello y El Morya. ¡Desenmascarad, desenmascarad, desenmascarad a los caídos! Desenmascaradlos ahora y que la victoria del Cristo aparezca en todo corazón.

En el nombre del Padre, del Hijo, del Espíritu Santo y de la Madre, amén.

Continuando con nuestras conferencias sobre la comunidad, tengo la sensación de que en este momento el énfasis está en la supervivencia de la comunidad. La cuestión es, ¿cómo va a sobrevivir la comunidad?

En Estados Unidos hemos definido la comunidad —nuestras ciudades, nuestro gobierno y nuestra conciencia nacional— y la

Gran Hermandad Blanca ha definido la comunidad como la Comunidad del Espíritu Santo. Tenemos una comunidad que mantener intacta. La Diosa de la Libertad nos ha entregado la antorcha como relevo para que mantengamos el equilibrio del karma mundial por todos los pueblos del mundo. También nos dio la tarea de mantener la cuna de los niños mesías de la séptima raza raíz, al mantener así intacto un remanente que podría ser el instrumento para generaciones posteriores de portadores de luz, pase lo que pase.

Soy de la opinión de que el Gobierno de Estados Unidos es incapaz en este momento de proteger a la comunidad de la Gran Hermandad Blanca. La oposición a Estados Unidos que se está manifestando ahora es una oposición a la Hermandad y a la Mensajera y los chelas encarnados. Es una oposición a la luz.

Nuestro Gobierno no tiene idea de esa luz, no tiene idea de la oposición a esa luz y, por tanto, no tiene idea de lo que se necesita para defender esa luz. Por consiguiente, tengo el principio de que si uno ve que hay un trabajo que hacer y quiere que se haga, lo tiene que hacer él mismo. Considero el trabajo de proteger y asegurar esta comunidad como la mayor responsabilidad de los devotos que avanzan en el Sendero.

La responsabilidad de sostener la llama de la comunidad me la dieron Gautama Buda y Lanello en el momento en el que este último ascendió. Él puso a mi cuidado a todos los devotos de la luz, y me tomo esta responsabilidad muy seriamente. Hicimos un primer intento de comunidad en Idaho, que no tuvo éxito, pero es algo que siempre he llevado en mi corazón.

También quiero que sean conscientes de que este país está totalmente abierto al sabotaje. No tenemos una defensa civil suficiente o una milicia suficiente que esté entrenada para afrontar este tipo de guerra. Los terroristas son letales en su propósito y están decididos a destruir el sistema estadounidense. Ven el sistema capitalista, al que llaman imperialismo, como algo corrupto y malvado. Y para lograr el sistema adecuado tienen la intención de destruir el sistema actual.

Por ejemplo, los terroristas podrían sabotear una planta nuclear y contaminar el océano y la costa. Creen con fervor religioso que la vida en la Tierra no merece la pena bajo el sistema estadounidense. Por tanto, los inocentes deben sufrir para traer un sistema nuevo para generaciones futuras, creen ellos. Sobre esa base justifican la destrucción de toda nuestra civilización.

Nuestra tarea es sobrevivir

Nuestra tarea es sobrevivir en medio de todo esto. *Comunidad de la nueva era* es un manual para la supervivencia de la comunidad. Este libro tiene el propósito de ayudarle a uno a unirse a la matriz interior de la comunidad, su causa y su núcleo interior.

La comunidad está establecida sobre la organización interior de la Gran Hermandad Blanca, siendo Sirio la sede de su autoridad. El decreto a Surya y la meditación en él son importantes, porque la llama más importante que llevamos dentro es el sentimiento de comunidad. Allá donde se encuentren podrán mantener el equilibrio de la comunidad, entendiendo que todos debemos mantenernos unidos o permaneceremos separados.

En juego está nuestra supervivencia espiritual y material como individuos, lo cual es una razón legítima que nos hace comprender por qué es necesario que formen parte de esta organización —en la sede central o en un centro de enseñanza—, por la necesidad de sobrevivir como grupo de personas. Creo que Dios quiere que sobrevivamos y siento que es importante que lo sepamos. Veo con mucha claridad que ninguno de nosotros podríamos sobrevivir separados, pero todos podemos sobrevivir como grupo.

El grupo, sin embargo, no puede sobrevivir si se convierte en un monstruo de muchas cabezas como Hidra, con distintas personas diciendo lo que hay que hacer. Por esa razón tenemos la jerarquía y la relación gurú-chela, así como las disciplinas básicas para que la gente aprenda a obedecer y a no rebelarse contra la Ley. No podemos rebelarnos contra la Ley impersonal o la encarnación de esa Ley. Así es como nos mantenemos unidos, sobre esa red y ese campo energético. Repito, creo que Dios ha querido que sobrevivamos.

Ante la necesidad que tienen de tomar decisiones sobre qué

hacer con su vida, deben comprender que estamos en un momento en el que este planeta está sufriendo grandes temblores. Nos encontramos en medio de fuerzas intensas como corrientes cruzadas, el yin y el yang de la conciencia de las masas y las evoluciones rezagadas. Grupos de fuerzas opuestas se lanzan insultos y diatribas mutuamente. Hace mucho, en Lemuria, fuerzas opuestas así se lanzaron invectivas mutuas; y puesto que eran magos negros, sus invectivas se manifestaron como dinosaurios y reptiles de todo tipo.

Tenemos la esperanza de que hoy día las invectivas lanzadas no se conviertan en un intercambio de ataques nucleares, con la consiguiente destrucción de los hijos de Dios. Porque, aunque sabemos que los caídos son capaces de dejar que muchos mueran para poder ellos ganar su causa, debemos saber que nosotros podemos sobrevivir. Considero que mi trabajo más importante, aparte de dar la Palabra y la enseñanza, es mi preocupación, día y noche, por la supervivencia de cada chela.

Con eso como base, inspeccionemos estas páginas y veamos lo que Morya tiene que decir sobre la supervivencia de la comunidad. Estamos en el número 82 de *Comunidad de la nueva era*.

La huida del alma

82. El día del principio del nuevo paso hablemos sin reproches de los grandes momentos en los que aprendemos a separarnos de la Tierra y, ya en el cuerpo, asociarnos con los Mundos Superiores.

A nadie se le niega nada; venid, extended la mano hasta el altar del espíritu. Afirmad el espíritu como siendo de la materia y recordad cómo tiembla el corazón ante el resplandor de las montañas.

Mi Palabra debe afirmaros en la belleza del logro. Encarando el sendero, abandonemos las reglas de las acciones; volvamos a reunir la conciencia por encima del firmamento. Es hermoso tener ya el cuerpo sutil y encontrar que el espíritu ya no está turbado por vuelos distantes. Por tanto, alegrémonos con cada movimiento sobre la corteza de la Tierra; aprendamos, como si dijéramos, a volar en ella.

Volar, ¡qué palabra más bella! En ella ya está contenida la promesa de nuestro destino. Cuando los asuntos son graves, pensad en los vuelos; que cada cual piense en las alas. ¡Envío a los osados todas las corrientes del espacio!

Observarán que el cáliz de nuestro último póster, *Harpstrings of Lemuria*, tiene alas. El concepto de volar es una imagen arquetípica del alma remontando el vuelo, la preparación psicológica para cualquier contingencia. El vuelo del alma es otra expresión de adaptación y transición a otras octavas, pero también está relacionado con la mujer vestida del sol, que recibe las alas de un águila para que la lleven al desierto y la protejan del dragón.[1]

La idea de huir forma parte del gran drama de la vida de Jesús. Jesús nace. El ángel se le aparece a José y dice: «Toma al niño y ve a Egipto». Y la huida a Egipto es el nombre de un capítulo de sus vidas.

Por tanto, esta huida tiene que ver con el conocimiento de que, en este momento en el que hay una intensa aceleración del mal, hay un paso y una iniciación legítima de darse a la huida. El salmista habló de ello cuando dijo: «Si subiere a los cielos, allí estás tú; y si en el Seol hiciere mi estrado, he aquí, allí tú estás».[2]

83. En verdad, es necesario tener diez carriles de salida para un incendio. Fuerte es la acción cuando detrás de ella hay diez soluciones. Los inexpertos necesitan un fuego detrás de ellos, pero los que se han llamado pueden encontrar todas las entradas abiertas.

Uno debe ser capaz de entender cómo se dobla el filo de la espada del enemigo; sonreír cuando se oyen las pisadas del caballo del enemigo; entender que no hay que agacharse cuando la flecha vuela sobre la cabeza.

84. Es difícil absorber lo grande, pero aún lo es más absorber lo pequeño a través de una conciencia ampliada. Es difícil aplicar a una realidad pequeña una medida de gran comprensión. ¿Cómo podría uno insertar una espada grande en una vaina pequeña?

Solo una conciencia probada comprende el valor de la semilla de la realidad. El gobierno no está en las coronas ni en las multitudes, sino en la extensión cósmica de ideas. Por tanto, las Enseñanzas de la vida se complementan mutuamente, no teniendo la necesidad de atraer a las multitudes.

Se os dijo que daría un tercer libro cuando se acepte la comunidad. Pero Nosotros no necesitamos a las multitudes; solo necesitamos la conciencia de quienes aceptan. Por eso damos el tercer libro. Por tanto, reiteramos las facetas de la Verdad y por ello preferimos bendecir el nacimiento antes que asistir a procesiones funerarias.

Para algunos es necesario trompetear la Enseñanza en los oídos, para otros uno solo puede establecer los puntos de referencia, y para otros solo es posible dar pistas monosilábicas, si su conciencia puede contener tan poco. ¡Entonces cómo da la bienvenida la Enseñanza a quienes pueden asimilar todas las migajas, apreciando la importancia universal de cada una de ellas!

El derrumbamiento de los eones cambia mundos enteros. Por ese motivo vuestros pensamientos están dirigidos hacia la preservación de la energía mental.

85. A cada organismo lo mueve una energía particular, pero es necesario establecer la dirección exacta de la aspiración básica. Una vez los discípulos le preguntaron al Bendito cómo comprender cómo cumplir el mandamiento de la renuncia a la propiedad. Después de que un discípulo hubo abandonado todas las cosas, el Instructor continuó reprendiéndolo con respecto al asunto de las posesiones. Otro siguió rodeado de cosas, pero no atrajo reproches. El sentimiento de propiedad no se mide con cosas, sino con pensamientos. Por tanto, la comunidad debe ser aceptada por la conciencia. Uno puede tener objetos, pero no ser un propietario. El Instructor envía el deseo de que la evolución crezca de forma lícita. El Instructor puede distinguir a quienes han liberado su conciencia. Eso dijo el Bendito; y pidió en general que no se pensara en la posesión de propiedades, porque la renuncia es una limpieza del pensamiento. Porque solo a través de canales purificados puede el esfuerzo básico hacerse camino.

86. Recuerdo una historia que escuchó Akbar. Un soberano preguntó a un sabio: «¿Cómo se distingue un nido de traición de un baluarte de lealtad?». El sabio señaló a una multitud de jinetes de atuendo vistoso y dijo: «Ahí tienes un nido de traición». Entonces señaló a un viajero solitario y dijo: «Ahí tienes a un baluarte de devoción, porque la soledad no puede traicionar nada». Y desde ese día, el soberano se rodeó de fidelidad.

El Instructor ha aceptado toda la medida de lealtad. Mi Mano, para la mano del viajero, es como fuego en la oscuridad. Mi Escudo tiene la tranquilidad de las montañas. Ya sé, ya sé qué restringido es esto para Mi Comunidad. La revelación de las bases de la construcción se manifiesta en la quietud.

La comprensión de la materia solo puede crecer donde la traición es imposible.

87. Cuando se presenta una dificultad con la herencia, puede decirse que es posible dejarle a la comunidad el deseo de que la utilización de ciertos objetos se le transfieran a cierta persona durante un período de prueba de tres años. Así la

herencia se convertirá en una cooperación digna. Uno puede confiar a gente especialmente escogida el cuidado de la calidad de ciertas obras. Es necesario llenar la conciencia con una comprensión de prueba continua, porque la gente aún no sabe cómo trabajar cuando está siendo puesta a prueba. Entretanto, toda la sustancia del mundo está involucrada en una prueba mutua. Pero uno debería entender que la prueba también significa mejora.

88. Siempre empezamos con un pequeño esbozo. Esto es un experimento de muchos siglos de antigüedad y también es un principio cósmico básico. Una semilla sólida e indivisible producirá un crecimiento de los elementos. Pero la vacilación y la falta de sensibilidad, manifestada repetidamente, da como resultado la indefinición. La sensibilidad del principio vital empuja a economizar con semillas firmes. Por tanto, el químico valora los cuerpos indivisibles. En verdad, la unidad estructural debe ser inviolable cuando ha sido invocada por la necesidad de la evolución. Uno debería comprender la diferencia entre lo que es admitido y lo que es dado incontestablemente.

89. Nuestra Comunidad no necesita afirmaciones y juramentos. Genuinos son los gastos del trabajo e inolvidables son las manifestaciones de la obligación. ¿Es posible la verbosidad donde hay vidas que han sido arrestadas, donde una hora puede ser la medida más larga? ¿Podría uno traicionar las posibilidades de una época en la que se niega el espíritu y el movimiento? Es necesario superar la timidez, sentir el vórtice de la espiral y, en el corazón del vórtice, tener la tranquilidad del valor.

¡He dicho tanto del valor y contra el temor porque Nosotros tenemos solo un método científico cósmico! A la entrada uno debe dar cuenta de dónde está el temor y si el valor es constante.

No veo un solo detalle de dialéctica o de métodos. Solo conocemos las flores austeras de la necesidad. Y es necesario que se llegue hasta Nosotros teniendo una comprensión de la inmutabilidad.

La austeridad no es insensibilidad y la inmutabilidad no es limitación. A través de toda la gravedad del firmamento sentiréis el vórtice del espacio y extenderéis la mano hacia los mundos lejanos. Es imposible forzar la percepción de la manifestación de los mundos; pero, de hecho, a través de esta comprensión aceptamos el trabajo responsable y nos dedicamos a las verdaderas posibilidades de la evolución.

Lleguen a ser columnas firmes

90. A fin de comprender la movilidad de acción, uno debería enturbiar la superficie del agua en un cuenco y observar la inmovilidad de los estratos inferiores del líquido. Para moverlo es necesario remover la superficie suficientemente fuerte para que el ritmo pueda llegar hasta el fondo sin interrupción. Las fuerzas negativas no tienen un conducto hasta el fondo, porque para ello se necesita descomponer la sustancia principal; un experimento así va más allá de su fuerza.

Los recién llegados preguntan dónde está el límite entre un estrato móvil y una base incontestable. En efecto, no puede haber un límite establecido, pero la ley de refracción está establecida y una flecha no puede llegar sin interceptar la línea predeterminada.

¿Cómo prevenir dar un golpe a los estratos? En efecto, es necesario proporcionar columnas firmes, lo cual interrumpirá la corriente. He mencionado el eje del espíritu como el centro de la espiral. Tened presente esta estructura, porque la inflexibilidad, rodeada de movimiento centrífugo, puede resistir todas las agitaciones. La estructura de Nuestra Comunidad trae a la mente los mismos ejes rodeados de potentes espirales. Es la mejor estructura para la batalla, cuyo fin es una conclusión inevitable. Por tanto, es necesario comprender Nuestras estructuras materialmente.

El número 90 se refiere a la supervivencia de la comunidad. Habla de «columnas firmes que interrumpirán la corriente» y de cómo «el eje del espíritu» es el centro de una espiral. El eje es la vara central alrededor de la cual gira la espiral. Y El Morya habla de cómo nuestra mente, rodeada por el movimiento centrífugo de la espiral, puede resistir todas las agitaciones. ¿Cómo sobrevive la comunidad? Con columnas en el centro. Ustedes son una columna. Alrededor de ustedes la fuerza de su aura, su dinamismo, forma una espiral que resiste todas las agitaciones. La estructura de nuestra comunidad está formada por los mismos ejes, rodeados de potentes espirales de personas.

«Es la mejor estructura para la batalla, cuyo fin es una conclusión inevitable». Piensen en la inflexibilidad de Dios, los Elohim o El Morya con respecto a la invasión de fuerzas destructivas contra la comunidad. En eso tienen que pensar, no la inflexibilidad en el sentido relativo, que es el sentido yin y yang de la interacción de las fuerzas.

Pero Dios es absoluto e inflexible. Y esta espiral central del ser es a lo que nos referimos aquí.

Es importante que comprendan que la comunidad es la base de la meta. La razón para continuar con Summit University es llegar a ser una columna que tenga a su alrededor una espiral y que refuerce a la comunidad.

Una oportunidad de unirse a la comunidad

Hasta que una persona no decide quién es y qué quiere ser, hay un punto más allá del cual no puedo enseñarle. Por consiguiente, les sugiero la oportunidad de esa comunidad, ese íntimo intercambio con una mensajera que considera como su vida, como su meta, como su mismísima conciencia, la preservación de la cuna para el nacimiento del Mesías en todas las personas de la comunidad, en las almas que lleguen y finalmente en el mundo.

Eso es comunidad, una cuna. Y Summit University invita a quienes quieren separarse de la gravilla, como cantos rodados de la playa, y comprenden que quieren ser una «columna en el templo de mi Dios».[3] Esas personas pueden venir a servir en comunidad. Y ellas son las personas con quienes el maestro puede trabajar directamente, en una interacción diaria. Necesito trabajar con estas personas personalmente.

Las lecciones que ustedes necesitan para sobrevivir en el mundo y su sendero individual se dan a través de los dictados y las conferencias que están escuchando. Estos dictados y conferencias les permiten avanzar mucho en el sendero de la Cristeidad individual y bien podrían conducirlos a la ascensión. ¿Porque quién sabe qué gran avatar yace incrustado en el corazón de cualquiera de sus almas?

No cuestiono que haya un futuro ilimitado e interminable para cada persona, pero sé que el atravesar las iniciaciones de la comunidad, cerca de los maestros, cerca de la mensajera, es una experiencia especial y necesaria para muchas personas. Si ustedes son una de esas muchas personas que tienen necesidad de la organización de la Gran Hermandad Blanca para afrontar las iniciaciones, para afrontar las pruebas, para el ascenso, entonces a ustedes les abro la puerta al final de Summit University. Les ofrezco la oportunidad de entrar en las filas de quienes forman nuestros centros de enseñanza y nuestra sede internacional.

Esto es lo quisiera que asimilaran de lo que nos queda de la *Comunidad de la nueva era*. En este libro hay muchas verdades, y puede darles la clave de su vida.

La Palabra y la Obra

Comunidad de la nueva era nos dice que quienes no aman la obra de la labor sagrada de la comunidad, acaban marchándose. Podrán poner muchas excusas, pero, a fin de cuentas, no les gusta el trabajo. No sienten amor por el trabajo. La Palabra y la Obra de nuestro Señor y Salvador Jesucristo es aquello de lo que nos ocupamos.

La Obra es el lado yin de la Palabra. La Palabra es la encarnación del SEÑOR en ustedes; la Obra es la acción del Espíritu Santo, la manifestación. La prueba de que se está viviendo la Palabra es el trabajo, la obra de uno. La prueba de que Dios es Dios es el cosmos que ha creado. Dios ha dejado constancia de su Palabra en su Obra, y ustedes también.

Al chela se lo descubre en la práctica de su labor sagrada.

El chela se encuentra en el extremo receptor de la enseñanza y por su amor a esta, puede servir y servir. Nuestra alegría infinita está en el pensar: «Si puedo enseñar este póster, alguien beberá del cáliz, alguien encontrará a Dios». Esta es la fuerza y la alegría y el amor, y por eso hay personas que encuentran su nicho en la organización. Morya dice que en la comunidad hay una intensidad, una espiral que se acelera y que muestra lo mejor y lo peor de todos. Lo peor de uno emerge para eliminarse. Lo mejor de uno se acelera, y uno se convierte en Dios. Este es el proceso científico de la ascensión. No hay ningún proceso inventado por Dios Todopoderoso más grande que la relación gurú-chela dentro de una comunidad, porque además de la ascensión de sus miembros, la comunidad tiene como meta sostener la luz y la iluminación de la Tierra. Lo que tenemos lo debemos preservar y debemos desarrollar las soluciones.

Muchas personas que han captado la chispa de la comunidad ya trabajan tanto en su servicio, que no tienen tiempo de asistir a Summit University. Algunas llegaron antes de que se fundara la universidad y nunca tuvieron tiempo de asistir. Están demasiado ocupadas siendo el Cristo y no pueden dedicar tiempo a aprender a ser el Cristo. Es un proceso asombroso, pero lo reciben en la relación gurú-chela.

En definitiva, la clave del discipulado es decir: «Aquí estoy. Voy a trabajar para la Hermandad. Voy a aprender lo que tenga que aprender. Le doy mi vida a Dios y nunca miraré atrás». Aun así, muchas personas no encajan. No obedecen lo que se les dice o solo lo hacen cuando se lo dice la Mensajera. Si la Mensajera lo ha dicho, lo hago. Pero si lo ha dicho otra persona, no lo hago.

Por ejemplo, un joven llegó y empezó a formar parte de un grupo que iba de gira dando conferencias. El grupo debía estar formado por dos personas y él tenía que trabajar debajo de la persona que estaba a cargo. «No acepto las órdenes de tal y tal», dijo, lo cual supuso una choque de personalidades durante todo el viaje. Por tanto, debido a la falta de armonía, la efectividad de los dos se redujo mucho.

Iniciaciones

Estoy segura de que todos han oído hablar de ir los retiros, una situación en la que uno recibe una iniciación. A todos les afeitan la cabeza, los visten de blanco y los ponen en una habitación con gente a la que han envidiado o con quien han vivido condiciones humanas de todo tipo durante las últimas dieciséis encarnaciones. Y hasta que no resuelven sus conflictos, no pueden salir de la habitación. Esa es la situación normal de la disciplina a niveles internos. Lo mismo ocurre en la comunidad, con el factor añadido de la alegría. Aquí no es tan severo, tan estricto. Nos divertimos, estamos alegres, disfrutamos de la libertad y de una capacidad infinita de aprender y crecer. Pero todo se reduce a la cuestión de si uno puede aprender a trabajar con un grupo o no.

Los maestros explican en la segunda *Lección de Guardianes de la Llama*[4] que una de las pruebas básicas del Sendero es: ¿Puede usted trabajar en una organización? La lección describe cómo la gente con orgullo espiritual levanta la cabeza y dice: «No quiero más organizaciones. No quiero trabajar con un grupo. Voy a ser un escalador solitario».

Háganse esta pregunta: ¿Soy capaz de trabajar en grupo? ¿Soy capaz de asumir responsabilidades en un departamento? ¿Soy capaz de reconocer a alguien de quien pienso que es más feo que yo, inferior a mí, con menos experiencia que yo, más joven, más mayor o cualquier otra cosa, y decir?: «Bien, acepto a esa persona como mi jefe de departamento y como la persona a través de la cual me relaciono con la Mensajera».

Si son capaces, entonces cumplan las pruebas de su departamento. Si pueden demostrarse a sí mismos en seis meses que son grandes seguidores y una persona de responsabilidad, ascenderán deprisa a un puesto de liderazgo. He visto a personas llegar a ser jefes de departamento y líderes en esta actividad en dos años. Saint Germain y Morya dicen que se necesitan diez años para formar a las personas para que sean líderes excelentes. Sin duda hace falta mucha preparación para recibir la responsabilidad sobre un área grande de nucstra operación.

Una vez, cuando era adolescente, supervisaba una cabaña de niñas en una colonia de verano. Tenía la responsabilidad de que guardaran silencio por las noches, pero ellas no hacían más que dar saltos y se lo pasaban en grande, cuando debían estar en la cama. Yo era la sargento de las adolescentes que tenía que decirles que se acostaran a las nueve de la noche, en verano.

Me senté fuera de la cabaña sobre una piedra y, bueno, ¡qué experiencia más pesada! Y dije: «Señor, por favor, si hay algo que debas hacer por mí en esta encarnación, no me hagas responsable de personas, por favor, no me hagas ser una líder». Fue una ocasión muy solemne. «Haré lo que quieras que haga, pero...».

Nosotros que hemos sido líderes en otras vidas y lo hacemos por naturaleza sabemos que es muy difícil decirle a la gente qué hacer. La gente se opone y uno se siente como si estuviera tirando de mulas y bueyes; vas para un lado y ellos van por otro. Pero toda nuestra civilización hoy día tiene una necesidad urgente de líderes. De hecho, la civilización se está desmoronando por una falta de líderes.

También se necesitan líderes aquí, en el núcleo de fuego blanco. Yo necesito a la persona adecuada que porte mi llama y no sea ni un tirano ni sea demasiado complaciente. Necesito a alguien que defienda el amor y la disciplina y sea responsable de un grupo de chelas, para la expansión y para toda la imagen de la comunidad.

Yo sigo preparando a jefes de departamento y ellos son los que reciben de mí el fuego más intenso. Al aumentar su luz, ellos la transmiten a los que trabajan debajo de ellos. Creo que es algo fascinante trabajar para unos líderes creativos que han dominado cierta disciplina bajo El Morya. Creo que es la mayor oportunidad que puede tener una persona.

Sin embargo, independientemente de su trabajo (publicaciones, radio, Summit University, pintar las instalaciones, formación Montessori), todos tienen presente la importancia de la supervivencia de la comunidad. Nosotros tenemos el tesoro del planeta y debemos aprovecharlo y sobrevivir con ello. Debemos asegurar nuestra base y desde esa base salir al mundo, siempre que exista un mundo al que ir.

Un antiguo miembro del personal ascendió para mantener el equilibrio de la comunidad. Dio su vida por la supervivencia de la comunidad. Su verdadera misión a niveles internos era salvaguardar la vida de la Mensajera, de los chelas y de la comunidad.[5]

Tener una avanzada de la Gran Hermandad Blanca

Los decretos que hacemos dedicados al Ojo Omnividente, al Gran Director Divino y a Surya son de suma importancia. He hecho hincapié en los llamados a Surya porque Sirio es la sede de la Gran Hermandad Blanca, la Estrella Divina, y mi verdadera misión en la Tierra es lograr la supervivencia de una avanzada de la Gran Hermandad Blanca.

Al leer acerca de Blavatsky y las historias sobre el trabajo de los maestros a través de ella, a través de los Roerich, a través del Movimiento «YO SOY» y a través de esta actividad, se puede ver lo que los maestros han atravesado para obtener unas pocas personas que les fueran fieles y llevaran su llama. Esto casi nos hace llorar.

Sin embargo, cuando la Gran Hermandad Blanca no publica nada y no tiene una avanzada, la gente no tiene otra cosa a la que referirse más que la historia del pasado. Debe volver a leer la Teosofía o a Alice Bailey o los libros del «YO SOY», pero la gente necesita un fuego que hoy está ardiendo. Necesita una llama viva, no carbones muertos.

Para mí no hay misión más grande que la de servir a la Hermandad. Y cuando tengo a alguien que comparte esa visión y quiere entregar su vida a esa causa, yo me puedo entregar a esa persona y esa persona puede entregarse a mí; y entonces no me guardo nada. Cuando es algo que pertenece a mi área de servicio, dedico tiempo a entrevistar, a corregir, a hablar y a aconsejar a esa persona. Pero con un personal de quinientas personas hay mucho que se puede aprender de las personas a las que ya he preparado, que son sus jefes.

¿Dónde les necesita el Señor?

Hoy todos ustedes están considerando a dónde ir después de Summit University. Y como respuesta a sus preguntas, expresadas y no expresadas, aquí está mi respuesta. Creo en el Sendero porque sé que funciona; y aconsejo a las personas de acuerdo con lo que veo y lo que sé. Ustedes deben tomar decisiones en base a lo que quieren hacer. Lo importante no es dónde están, sino cuál sea la calidad de su conciencia como chela.

Para mí, su decisión debería basarse en qué necesita el Señor de ustedes, no en su preferencia personal. Siento que Dios ha ofrecido generosamente esta comunidad como un lugar para continuar con nuestro desarrollo espiritual. Pueden prestar servicio aquí, estudiar, participar en el programa de expansión y ayudarme a que la actividad siga adelante. Aquí es donde se desarrollarán más, porque será un desarrollo espiritual a todos los niveles. Ese es mi consejo para todo el mundo, excepto quienes tengan familia o una empresa. Esa es mi opinión.

Como mensajera, me formé así. A mí me ha funcionado. También les ha funcionado a todas las personas conocidas que han ascendido. Nunca he visto a nadie acelerarse más deprisa que aquí, en esta situación en concreto. Por consiguiente, si vienen y me preguntan qué deberían hacer, eso es lo que les diré. Esa es mi respuesta. Si quieren hacer otra cosa, tienen mi bendición; háganlo. Pero si quieren saber qué creo que es lo mejor para ustedes, daré la misma respuesta.

Les digo esto con toda sinceridad porque así veo la vida. Así me enseñaron. Estuve con Jesús.[6] Yo horneaba el pan en su casa. Pude haber estudiado en las universidades famosas de aquella época. Pude haberme marchado a aprender de Saulo de Tarso. Pude haber dicho: «Aquí no estoy teniendo ningún desarrollo personal. Lo único que hago es limpiar la casa y cocinar».

En una ocasión, incluso reprendí a María por no ayudarme porque estaba escuchando lo que decía Jesús.[7]

Así es como llegué a ser quien soy. Jesús me dio su ser; me transfirió toda su identidad en esos tres años, de modo que, desde entonces, en cada encarnación, yo pudiera llevar a cabo su misión en incluso ser Mensajera en la actualidad.

En dos mil años pasé de hacer pan para Jesús a ser una Mensajera. Dos mil años es como un abrir y cerrar de ojos. He tenido muchos gurús. San Francisco fue mi gurú; y también lo fue en la India, en una encarnación anterior. El rey Arturo fue mi gurú. Lanello fue mi gurú. He trabajado debajo de estas personas directamente. He sido su hija, su esposa.

Hiciera lo que hiciera en estos últimos dos mil años, ya sea como monja o como otra cosa, lo que me importó no fue lo que hacía con mis manos. Lo que me importó fue poder estar cerca del maestro. Entonces todo lo demás encajó. Hoy soy lo que soy hoy por eso, porque eso es lo que ha tenido valor para mí.

Por experiencia, nada en el universo es más importante que estar tan cerca como sea posible de aquel que esté más cerca de la Hermandad. No cambiaría haber estado cerca de San Francisco por un millón de años en algo que pueda hacerse en el mundo. Conocer a San Francisco personalmente ha de ser el regalo más grande que cualquiera pueda tener, aparte de conocer a Jesucristo personalmente, y conocer a Saint Germain.

¿Qué hice cuando estuve con Francisco? Estuve a cargo de las Clarisas. Me levantaba a las cuatro de la mañana, las despertaba, les hacía el desayuno, les daba de comer, estaba a cargo de ellas y me preocupaba de gobernar el monasterio. No me dediqué a crecer intelectualmente en la universidad más cercana. Hice lo necesario para mantener a la comunidad unida. Para mí ese es el sendero directo a la santidad. Lo he demostrado. Podrán estar de acuerdo conmigo o no, y yo los amaré igual. La Hermandad debe sobrevivir.

Catalina de Siena fue analfabeta hasta pasados los veinte años. Se crio en una familia italiana pobre y no hizo nada más que rezar y hablar con Jesús. Tenía una relación personal con Jesús. Un día, o bien ella o bien Jesús decidió que debía aprender a leer y escribir. Ella se aplicó y aprendió a leer y escribir.

Después Catalina escribió cartas al papa, a los obispos, a los jefes de Estado, instándoles a que siguieran a Dios. Y estas cartas están consideradas como un clásico. Se convirtió en una mensajera y escribió *El diálogo*. Pero lo importante es que puso a Jesús primero. Él le enseñó a leer y escribir, y le dijo qué decir, y la Iglesia católica la reconoce como una Mensajera de Dios.

El diálogo de Santa Catalina de Siena se lo dictó Dios Todopoderoso ¡y la Iglesia Católica lo aceptó! Ser analfabeta hasta los veinte años es algo sorprendente. Lo fue especialmente para mí, puesto que he querido estudiar durante cientos y miles de años. Pero aquella fue una de esas experiencias que Dios utiliza para demostrar cómo una alma con el Espíritu Santo puede elevarse, conquistar y adquirir un gran valor para nuestra iglesia.

Concluyamos aquí por hoy.

⁂

En el nombre de Dios Todopoderoso, en el nombre del Cristo, invoco un círculo de fuego blanco y relámpago azul alrededor de cada chela de la luz de este grupo. Te llamo a ti, amado El Morya, para que los prepares esta noche para sus iniciaciones de mañana. Prepáralos ahora para el sellado final y la transmutación de sus energías.

Invoco a los ángeles de Morya y los ángeles de Víctory para que los preparen a través de su chakra del corazón, todos sus chakras, para el alineamiento interior con la voluntad de Dios. En el nombre del Padre, del Hijo, de la Madre y del Espíritu Santo, amén.

Cámelot
5 de diciembre de 1979

CAPÍTULO 5

La educación del corazón

En el nombre del YO SOY EL QUE YO SOY, invoco la luz de los Instructores del Mundo, amados Jesús y Kuthumi, amada Virgen María y amado Arcángel Rafael. Pido la aceleración de la luz de la llama de la precipitación. Pido todo el poder de la llama de la precipitación del corazón del Retiro Royal Teton.

Invoco el poderoso rayo esmeralda con tinte amarillo. Invoco todo el poder de la acción de esa luz verde y de esa poderosa, magnífica iluminación del Cristo Cósmico para que encienda estos corazones. Pido que se encienda el corazón de los estudiantes y de quienes son sus instructores. Invoco la luz de Dios que nunca falla para que acelere nuestra conciencia Divina, de la transmisión de la Palabra en la tierra a través de todos los hijos de Dios.

Invoco el manto. Invoco la luz patrocinadora de las legiones de ángeles de Rafael, las legiones de ángeles de la amada Virgen María, de Lourdes y Fátima. Invoco la luz del bendito hogar de la Virgen María para que esté sobre esta Comunidad del Espíritu Santo.

La luz de Dios nunca falla. La luz de Dios nunca falla. La luz de Dios nunca falla. En el nombre del Padre y de la Madre, del Hijo y del Espíritu Santo, amén.

Me alegro mucho de dar la bienvenida a Summit University y a nuestras conferencias sobre *Comunidad de la nueva era* a nuestros nuevos estudiantes para maestros de Montessori. También me alegra mucho que los Instructores del Mundo y la amada Virgen María y el Arcángel Rafael patrocinen este curso sobre la educación del corazón. El corazón es el punto desde el que emana la luz y el punto de la relación original del instructor con el estudiante, la cual comienza con la relación de Dios con el hombre.

Dios es el instructor original del hombre. Maitreya es el instructor original de nuestras llamas gemelas en el Jardín del Edén y la transmisión oral de la Palabra es la forma de enseñanza superior. Vamos a estudiar cómo nos hemos apartado de este instructor original, de la enseñanza y del método. Vamos a ver cómo las distorsiones del método, incluso a través de la imprenta y la manipulación de los propósitos, nos han dado un sistema de enseñanza insostenible para los hijos de Dios.

Hoy día en los Estados Unidos tenemos un sistema de enseñanza que es para los caídos y la creación robótica. Tenemos una medicina para ellos, como también lo es el sistema médico. Tenemos una música para ellos. Tenemos unos medicamentos para ellos. Todo quiere acomodar la conciencia mecánica e intentar poner a los hijos de Dios dentro de esa conciencia mecánica. Por tanto, dentro del campo de la educación tenemos el deseo de volver a la relación original gurú-chela.

La relación gurú-chela no puede sobrevivir en la Tierra sin la comunidad. La comunidad es el círculo protegido por sus miembros. Es un círculo santificado en el que Dios educa a sus hijos. Si hoy día tuviéramos esta enseñanza sin la comunidad, la enseñanza no sobreviviría, ni tendríamos la oportunidad de actuar de forma colectiva para cambiar las circunstancias del mundo.

Pitágoras lo entendió, así como todos los instructores que fundaron escuelas de misterios. Por consiguiente, no es un accidente el que ustedes, los estudiantes de María Montessori, estén aquí hoy; o que estén presentes para nuestra conversación continua sobre el libro *Comunidad de la nueva era*.

Nuestro interés por una educación de los niños en comunidad es fundamental. Sin no podemos transmitir nuestro conocimiento de la enseñanza a los niños, la comunidad no sobrevivirá. Y como futuros maestros, la expansión de la comunidad también es su misión.

La comunidad del antiguo Israel

En primer lugar, demos un paso atrás hasta la comunidad del antiguo Israel. El profeta más grande que pisó la Tierra en nuestros tiempos, el profeta Samuel, reconoció la necesidad de tener una comunidad. Él vino a establecer la nación de Israel. También vino a supervisar las doce tribus, nacidas para trabajar en las iniciaciones de las doce jerarquías solares para que en la comunidad siempre hubiera la manifestación equilibrada de las doce luces solares. Enteras oleadas de vida habían nacido en cada uno de los niveles de iniciación de las doce líneas del reloj.

La comunidad de Israel no sobrevivió porque el pueblo desobedeció al gurú. Aunque el pueblo había perdido a Maitreya mucho antes, tuvo que esperar siglos antes de poder tener a su siguiente gurú, Moisés. Cuando desobedecieron a Moisés, la gracia de la persona de Dios fue sustituida por la Ley.

La Ley que Dios dio a Moisés en el monte Horeb, en el Sinaí, supuso una reducción de la iniciación que debían afrontar. Fue como si Dios hubiera dicho: «No habéis seguido a la persona de vuestro gurú, por lo que ahora os voy a dar unas leyes para los duros de corazón y de dura cerviz, que es en lo que os habéis convertido. Si obedecéis estas leyes, algún día podréis volver a ganaros la gracia de la persona del gurú entre vosotros».

Sin embargo, no obedecieron las leyes, no obedecieron a los jueces, no obedecieron a los profetas, los reyes se corrompieron y, como resultado de ello, los pueblos israelitas se dispersaron. Se dispersaron y se reunieron, se dispersaron y se volvieron a reunir, y ahora están pasando por su tercera dispersión; y ahora están preparados para reunirse.

Y el sendero de reunificación ahora es el Sendero del Rayo Rubí. Por consiguiente, vemos que una serie de leyes, entregada a un grupo de personas y obedecidas sin amor, se convierte en otro ritual muerto, o en el concepto mecanizado.

El Señor Maitreya me dio una enseñanza acerca de esto. A menos que uno ame al Legislador, los esfuerzos en obedecer la Ley serán una realización rutinaria y, por tanto, el código de Moisés se convierte en una fórmula mecánica. Por eso se nos ha enseñado que estábamos sometidos a la ley hasta que llegó Jesús, cuando la gracia sustituyó a la Ley. La persona de Cristo se convirtió en la salvación del pueblo, en vez de ser simplemente la Ley sin la presencia del Legislador. Jesús fue la Palabra encarnada, lo cual significa que fue el Legislador encarnado. A través de su gracia las personas deben continuar obedeciendo la Ley, pero también tienen una ley superior, que es el flujo en forma de ocho entre el discípulo y el gurú.

Cuando tenemos al gurú, todos los que se encuentren bajo el amor del gurú y que a su vez amen al gurú, estarán bajo la dispensación del karma de ese gurú. El karma de ellos puede transmutarse con servicio, entrega, sacrificio y amor (el Sendero del Rayo Rubí) a través del karma superior del gurú.

El karma de Dios, el Gran Gurú, es su Palabra y su Obra, que es totalmente perfecto. Después está el karma del mensajero, que cuenta para toda la comunidad. El mensajero establece reglas y normas, como hizo Jesucristo, y enseñanzas que han de obedecerse.

A menos que estas sean obedecidas con amor, también pueden convertirse en una forma mecanizada por la cual las personas busquen una relación mecánica con el Mensajero. Esto no basta; no satisface el requisito de la Ley. Porque a menos que el estudiante ame la persona del Mensajero, así como el mensaje, no puede triunfar en el Sendero. Esto es los que nos han enseñado miles de años de historia desde el principio del tiempo y el espacio.

Esto es la enseñanza fundamental; porque, como estudiantes aquí, ustedes están solicitando ser representantes de los Instructores del Mundo. Vienen a aprender a ser instructores y quisieran marchar con el manto de los Instructores del Mundo.* En este sentido, todos ustedes son extensiones del gurú, todo el linaje de los gurús, desde Sanat Kumara.

Por consiguiente, para ser lo que desean ser, no basta con aprender las reglas y las normas, la Ley y la enseñanza. Deben amar al instructor que está detrás de la enseñanza y la misión que hay

---

*Jesús y Kuthumi son los maestros ascendidos que ocupan el cargo de Instructores del Mundo.

detrás de la enseñanza. Entonces ese amor engendrará en ustedes el amor a la comunidad.

Ser un instructor siguiendo el linaje de los gurús

La comunidad es lo tercero en la trinidad que forman de los tres puntos de El Morya: el gurú, la enseñanza, la comunidad (el Buda, el Dharma y la Shanga). Y el gurú implica la relación gurú-chela, el instructor y la enseñanza. A no ser que las tres cosas estén presentes, nunca se tiene el medio para que el individuo pueda lograr su logro supremo.

Llegará un momento en el que ustedes irán a todos los puntos del globo para ser un maestro solitario en esos lugares. Llegarán a una comunidad y empezarán de nuevo todo el proceso de la comunidad de los Maestros Ascendidos a través de ese contacto con el niño. Se relacionarán con padres que no están en las enseñanzas, pero la conciencia de comunidad la tendrán en su corazón, ligada al corazón de los niños. Tanto si los niños entienden la comunidad como si no, la comunidad siempre se forja a partir de la unión del Ser Crístico del instructor con los pupilos.

Puesto que el método Montessori nos enseña que el Ser Crístico es el instructor del niño, el maestro de la clase debe tener la relación suprema con el Gurú original, empezando con Dios Todopoderoso, Sanat Kumara, Gautama Buda, el Señor Maitreya, el Señor Jesucristo y los Mensajeros encarnados que patrocinan esa llama.

La comprensión de niño sobre la comunidad depende de la unión del Ser Crístico del maestro con el del pupilo. Dependiendo de lo perfecta que sea su relación de amor con su Ser Crístico, así será su capacidad de entrar en contacto con el Cristo del niño. El Cristo del niño no los recibirá a no ser que sientan una reverencia adecuada por ese Cristo, por el gurú.

Por tanto, si el orgullo, un sentimiento de superioridad o un razonamiento defectuoso acechara en su deseo de enseñar, no tendrán éxito. Es una gran falacia el decir: «Voy a obtener las credenciales; me voy a someter a este método y después me dedicaré a ello yo solo. No tengo que formar parte de la comunidad ni tener una relación directa con la Mensajera».

La conciencia Divina de la Tierra se transfiere gracias a este impulso acumulado de todo el Espíritu de la Gran Hermandad Blanca y mediante la iniciación. Algunas personas creen que van a entrar en la escuela de misterios para arrancar el fruto y salir corriendo, sin darse cuenta de que en cuanto lo hagan, dejarán de ser un eslabón de la cadena de la jerarquía.

La idea de la Gran Hermandad Blanca es que uno debe ser una avanzada de la Hermandad allá donde uno se encuentre en la faz de la Tierra. Esto es así porque uno tiene una relación correcta con Dios y los Maestros

Ascendidos, con la Mensajera encarnada y con todos los demás chelas.

Entonces uno estará alineado a la perfección con el Ser Crístico del niño. Por consiguiente, uno será digno de ser llamado *maestro,* en el sentido Montessori de la palabra. Por eso hemos establecido los niveles superiores de Summit University dedicados a esta formación, porque los que quieren ser maestros Montessori, pero no quieren formar parte de la relación gurú-chela, deberían acudir a otra parte. No deberían pedir el patrocinio de la Gran Hermandad Blanca.

La tradición oral de los gurús

Su presencia aquí implica que desean la relación gurú-chela con El Morya y con los Instructores del Mundo, con la Virgen María, con Rafael y con la Maestra Ascendida María Montessori. Entonces tendrán la gran fuente y el origen de la enseñanza desde su principio.

Empezando con los Upanishads, las enseñanzas se pronunciaban según una tradición oral y se memorizaban. Las enseñanzas de los profetas y del Cristo también se transmitieron oralmente de discípulo a discípulo. Como maestros, ustedes también realizan una transmisión oral, porque el niño pequeño aún no tiene la capacidad de leer y, hasta que no lo hace, tiene una sintonización perfecta con el oído interior para recibir la palabra de Dios.

Imaginen una situación en la que el niño pequeño, que se encuenta en un estado de gracia en lo que a la escucha se refiere, recibe la Palabra de un maestro que es impuro por tener una relación impura con Dios. Imaginen también todo lo que han hecho las fuerzas políticas para manipular la educación. La élite de poder ha diseñado sistemas educativos para someter a los hijos de Dios y adaptar la creación robótica a una existencia muy aburrida de servidumbre ante el Estado.

Se puede ver que un maestro que no le hable al niño desde la llama de Dios comete el crimen más grave del universo, porque está tomando el manto del Gran Dios, el Gurú original, para escribir sobre la página en blanco de almas inocentes y confiadas algo que no es la vibración de esta sintonía perfecta.

La llama del Espíritu Santo en la comunidad

Quisiera darles un conocimiento más profundo de lo que significa la llama de la comunidad. Se trata de la llama del Espíritu Santo, por tanto, es la llama del amor. El flujo en forma de ocho del amor que existe entre el gurú y el chela contiene la comunidad en su totalidad; y contiene la comunidad de todo el mundo de chelas no ascendidos de la Gran Hermandad Blanca.

Visualicen a Dios como el Gran Gurú y visualícense a ustedes mismos como chelas. El cosmos Espíritu-Materia en realidad depende de estos dos puntos, estas dos extremidades del más y el menos. Después piensen en nosotros, uno por uno, y el gran amor mutuo que compartimos. Lo compartimos porque amamos a Dios en unos y en otros.

Yo soy devota del Dios que hay en su corazón. Ese es el Dios al que venero. Ese es el Dios que está en la Tierra. Para mí, el chela está en ese punto de devoción suprema que siento en la Materia, y esa devoción es un fuego intenso de amor.

Gracias a la corriente de regreso que se convierte en un impulso acelerado, la comunidad se construye. Su base, sus edificios físicos, sus publicaciones (todo lo que hace la comunidad a escala planetaria) recibe la infusión de esta luz y este amor. Es una sintonización y una armonía perfecta.

Nuestros corazones están unidos. De hecho, se funden. Se pueden ver los chakras del corazón del gurú y los chelas como un sol llameante. Es una unión indestructible que no puede romperse porque el amor la ha fundido, convirtiéndola en una sola cosa. El mismo concepto se aplica al matrimonio: el amor hace que dos personas sean una sola, que los gemelos se conviertan en una sola cosa. Y el sentimiento de una carne es el sentimiento de la fusión de su individualidad por un propósito superior. Y así, el matrimonio y el compromiso del gurú con el chela está completo.

Esta es la generación del fóhat creativo, el fuego sobre el cual está construida toda la civilización material. Es un concepto inmenso, que tiene inmensas proporciones. Y observamos que las civilizaciones han fracasado cuando esta relación no se ha expandido lo suficiente para mantener el equilibrio del número de individuos encarnados.

El punto y contrapunto de los caídos ha consistido en hacer una sustitución, poniendo al humanismo científico y al hombre animal como estándares. Han insistido testarudamente durante miles de años en que la civilización puede sobrevivir sobre esa base. Pero la civilización no sobrevivirá. Si no se desmorona por el hecho de que no funciona, lo hace porque la vida elemental, que es representante del Espíritu Santo, se levanta y la derroca.

Este fin de semana hemos visto la acción de los elementales, cómo deben destruir lo que quiere destruir la relación gurú-chela. Los elementales deben acudir para equilibrar la energía que los caídos han emitido, la conciencia generalizada que siempre considera al hombre mecanizado y la solución mecanizada superior a la solución Divina.

Los avisos sobre el clima hacen que la gente reflexione, porque de forma instintiva todos perciben la naturaleza como Dios. Aunque en nuestra cultura actual se adoctrina a la gente para que piense que la naturaleza y Dios no tienen nada que ver, en el subconsciente aún existe el recuerdo que de que Dios siempre decreta su juicio a través de la vida elemental.

La comunidad como base de la nueva era

Nos unimos para establecer la base de la civilización de oro. Es un momento muy apasionante. Ustedes reciben cada día las hermosas enseñanzas de María Montessori a través de Elisabeth Caspari. Estamos sumamente agradecidos por tener a la Sra. Caspari aquí, transmitiendo la llama de María Montessori.[1]

Quiero darles esta base, la idea del compromiso con la comunidad. Esto no es nunca un compromiso con la persona exterior, sino siempre con la visión del Cristo que brilla en el interior. Él es la realidad a la que dedicamos nuestra devoción. Siempre somos devotos de la persona del Cristo de unos y otros y sentimos un gran amor y afecto por el alma que quiere alcanzar al Cristo.

Nosotros nunca excluimos al alma y amamos solo lo absoluto. Amamos a todos los componentes del ser y los estudiantes siempre sienten este amor, el deseo de sentirse abrazados por el gurú. Jesús se lamentó por Jerusalén diciendo: «¡Jerusalén, Jerusalén, que matas a los profetas, y apedreas a los que te son enviados! ¡Cuántas veces quise juntar a tus hijos, como la gallina junta sus polluelos debajo de las alas, y no quisiste!».[2]

El símbolo de la gallina con sus polluelos bajo las alas es el gran símbolo del gurú y sus chelas. En ese lamento, Jesús decía que debido a que la gente no quería adoptar la relación gurú-chela o recibir al Mesías en su corazón, su casa se quedaría desierta, hasta que dijeran: «Bendito el que viene en el nombre del Señor».[3]

Es decir, puesto que habían rechazado a la persona de gracia y la relación gurú-chela, sus templos carecerían del Espíritu Santo, de la llama trina, de la conciencia Divina. Sus familias también carecerían de ello, así como sus comunidades, sus sinagogas, sus generaciones y su civilización.

El Señor pronunció su juicio entonces y así ha sido desde entonces. Todos los que lo rechazan han carecido del flujo de luz que habría dado a sus templos la capacidad de ser la habitación del Dios Altísimo.

La última oportunidad de escoger al gurú

Una vez le dije a un chela que tenía una última oportunidad de escoger. Y la elección a la que me refería era para escoger adoptar o no adoptar la relación gurú-chela.

El chela preguntó: «¿Quiere decir que esto es o la ascensión o la segunda muerte?».

Yo dije: «Por supuesto que no. No estoy hablando en esos términos. Me refiero a la última oportunidad que tenemos de escoger a Maitreya, de escoger a Gautama, de escoger a Jesús, de escoger a Sanat Kumara y de escoger al Cristo en nosotros».

¿Qué es la segunda muerte? La segunda muerte en sí no es nada más que la experiencia que alguien podría tener al inyectarse una sobredosis de drogas con una jeringa hipodérmica, perder la conciencia y después morir. El que lo experimenta no siente dolor. Pero la verdad es que la persona ya estaba muerta antes de pasar por la segunda muerte, ya estaba muerta antes de inyectarse la sobredosis.

Entonces, ¿qué es la muerte? La idea que yo tengo de la muerte es la ausencia del gurú en mi vida. No puedo vivir sin el gurú. Y así, la única muerte que podría conocer es no tener la gracia de Dios Todopoderoso. Para mí eso sería la muerte. La simple anulación de lo que queda de lo que una vez fue una persona sería algo irrelevante.

Por consiguiente, cuando decimos que es la última oportunidad, debemos considerarla así porque no tenemos ninguna garantía de futuro. Todo el futuro está en el presente. El establecimiento de una relación correcta con su poderosa Presencia YO SOY y los maestros es clave para su éxito Divino como maestros.

Si aceptan esta enseñanza con una devoción y determinación máximas, pueden revolucionar la educación en la Tierra. Pero si lo hacen de forma mecánica teniendo todos los libros, haciendo todos los ejercicios y teniendo todo el equipo en orden, habrán creado solo el cuenco. A menos que llenen el cuenco con la llama, no tendrán éxito.

La llama en el cuenco

La llama en el cuenco de Summit University es la persona del gurú. Esa es la llama la comunidad. Y la sucesión no tiene límites, porque detrás de lo que se ve hay toda una cadena jerárquica invisible. Por consiguiente, nunca podemos decir que el gurú es solo una persona. Pero solo hay un gurú. El YO SOY es el único Gurú, pero la sucesión del ser hace que el Gurú sea todo el Ser.

Cuando enseñen a los niños llevarán el manto del gurú con relación a ellos. Deberán recibir el respeto que merece ese cargo y deben exigírselo a sus estudiantes. Es la única manera de preservar la identidad del gurú. Si llegaran a pensar que una realización mecánica del método Montessori va a revolucionar la educación, les diría que el método Montessori se conoce desde hace más de medio siglo y aún no ha producido los resultados deseados.

¿Por qué no? No es porque no sea el método correcto, sino porque no ha tenido apóstoles y proponentes dispuestos a realizar el sacrificio necesario para encarnar la llama de la Virgen María, que es la autora de este sistema, y la llama de María Montessori.

Una dispensación siempre está por encima del hombre, pero utiliza al hombre para manifestarse. Jesucristo dio la enseñanza perfecta sobre la religión para revolucionar al planeta. Sin embargo, el cristianismo no lo ha hecho, no porque el mensaje no fuera perfecto, sino porque los apóstoles no estuvieron dispuestos a morir a manos del Espíritu Santo y a que se les eliminara todo lo que no era de la luz.

La devoción que ustedes tienen por su sendero exige que lo entreguen todo al instructor; de otro modo no se lo transferirán al niño. Pensemos en cómo han fracasado millones de personas por culpa del concepto mecanizado. Sintámonos humildes ante el hecho de que Dios nunca erra con su Ley, nunca erra con su pacto. Lo ha establecido de esta manera desde el principio. Los que lo siguieron, ascendieron; los que no lo hicieron, no ascendieron.

Dios se niega a transigir

Si la gente cree que el Todopoderoso pueda cambiar o ser condicionado por la ética de la situación, recomiendo escuchar el dictado del Elohim de la Pureza. Pureza habló durante reunión de un consejo cósmico que estaba discutiendo si se debía hacer una concesión con respecto a las violaciones de la Ley realizadas por los jóvenes de los Estados Unidos.

El conocimiento de estos jóvenes sobre los estándares de Dios se ha alejado de la interpretación original de las leyes de Dios. No obstante, Pureza apareció con un mensaje de poder muy asombroso, diciendo que la llama de la pureza cósmica nunca debe ponerse en peligro y que la gente de la Tierra debe elevarse hasta ese nivel para poder recibir la bendición de esa llama.[4] Esto se dijo en Los Ángeles a través de Mark Prophet durante la *First International Re-Source Conference*.

Esto fue una manifestación de lo más sorprendente en la que Dios se negó a transigir. Después llega el orgulloso ser humano, el hombrecillo mezquino y orgulloso que cree en la ética situacional y que dice: «Esta vez voy a demostrar que puedo llegar a ser grande, y después seré un dios». Y de nuevo el hombre empieza a construir sus sistemas sobre la arena.

Dentro del marco de la ciencia y el conocimiento humano esos sistemas parecen sensatos, pero al contrastarlos con el trasfondo de los Elohim, la naturaleza y la vida elemental, se desmoronan cuando la vida elemental ajusta la Tierra y la devuelve a un estado cercano a la matriz interior de la armonía Divina.

Quiero enfatizar esto porque se trata de la gran tentación del antigurú, que aprendió de la Serpiente en el huerto, que consiste en buscar una alternativa. Por ejemplo, la Serpiente podría decir: «He aquí el método Montessori. Está bien, pero lo voy a cambiar». Hoy día las escuelas Montessori de todo el país están lideradas por gente influenciada por Dewey,[5] la ingeniería social, los conceptos educativos que hacen hincapié en la interacción social en vez de en la sintonía con la llama Divina. Estas cosas evitan las disciplinas básicas de la educación.

Un Dios que se trasciende a sí mismo

Deben comprender la diferencia que hay entre los innovadores humanos y los reveladores divinos. Dios, como YO SOY EL QUE YO SOY, se reveló a sí mismo a Moisés cuando este le pidió su identidad. Y la utilización del verbo *ser* tiene un significado muy profundo, que se utilizó en primera persona del singular del verbo, YO SOY. YO SOY EL QUE YO SOY. También era YO SERÉ LO QUE YO SERÉ. Es decir, «Me revelaré ante ti, Moisés, en el desarrollo de los acontecimientos del pueblo de Israel. A medida que yo interactúe con ellos, tú me conocerás y sabrás quién YO SOY». Esto fue una instrucción fundamental, que quería decir: «Moisés, podría decirte un nombre, pero un nombre no te transmite mi identidad. Aprenderás a conocerme al interactuar conmigo».

¿Qué clase de Dios es este? Es un Dios que se trasciende a sí mismo. Es un Dios que se trasciende a sí mismo constantemente a través de la espiral de una conciencia en expansión constante.

Los caídos han convertido a Dios en un dios estático, en un ídolo, en algo que nunca cambia, en el sentido de que está confinado a una matriz dada, un dios mecanizado al que uno puede predecir y, por consiguiente, superar en inteligencia. Pero YO SOY EL QUE YO SOY, Jehová, es el Dios impredecible. Debido a que se trasciende a sí mismo, no se lo puede predecir.

La enseñanza de la autotrascendencia de Dios es revolucionaria. Sería blasfemia para los ortodoxos porque parecería implicar que Dios puede mejorarse, lo cual no es correcto. Dios es perfección, pero la perfección tiene una capacidad infinita de multiplicarse, de expandirse más y más en el universo Material.

Si Dios no fuera un Dios autotranscendente, no nos habría creado y no se habría puesto a sí mismo dentro de nosotros para multiplicarse, para aumentar y para señorear en toda la Tierra.[6] El mandato de multiplicarse y de señorear en la Tierra es el de multiplicar la conciencia Divina, aumentar la conciencia Divina y señorear en las esferas de la Materia.

Esta es la base de nuestra teología. Es algo sumamente sagrado.

Es uno de los mayores misterios que no deben dar por sentado. Dios se expande constantemente. Su universo se expande. Ustedes se expanden. Todo es la misma luz o llama original, pero a partir de esa llama el infinito progresa de manera infinita. De ahí la revelación. Dios necesita revelarse de continuo porque el hombre está evolucionando y Dios está aumentado la manifestación de su luz a través del hombre. Por tanto, aceptamos la revelación progresiva y creemos que Dios tendrá más que decirnos mañana de lo que nos ha dicho hoy. Los que no tienen la relación gurú-chela, lo que no han entrado en contacto con la fuente, el origen del método Montessori, no tienen la capacidad de ser instrumentos de la revelación progresiva de ese método.

Revelación sucesiva y el método Montessori

Si Dios es un Dios autotranscendente, el método Montessori en sí mismo es un organismo vivo que también se expande, pero que no lo hará a través de individuos que formen parte del concepto mecanizado, que tomen el método y lo llenen de sus teorías contrarias a la educación o contrarias al gurú.

Por tanto, están los que tienen la autoridad de llenar la clase con la luz de la revelación continua y los que no. Los que la tienen son los que se han ganado una relación correcta con María Montessori, con la Virgen María, con los Instructores del Mundo y con su Presencia Divina.

¿A qué tipo de revelación me estoy refiriendo? Me estoy refiriendo al hecho de que los Maestros Ascendidos han aparecido con la llama violeta, que es una revelación de Saint Germain, desde que María Montessori recibió su matriz. La matriz es la base, pero aún estamos construyendo la superestructura.

Las Enseñanzas de los Maestros Ascendidos en sí mismas son una revelación. Y ustedes, al contenerlas, están llamados a desarrollar formas de exponer los materiales para que, a partir de los dos años y medio de edad, un niño pueda tener materiales que le permitan comprender su relación con el instructor interior, el Ser Crístico, con la Presencia YO SOY, con la llama violeta, con los senderos de los siete rayos, con las doce tribus de Israel y con los principios de una comunidad.

Nuestros hijos deben tener una oportunidad de aprender la enseñanza de los Maestros Ascendidos a través de su percepción sensorial (a través de su deseo de tocar, sentir y hacer ejercicios) tanto como los temas seculares. Aquí tenemos toda una oportunidad para que, por su parte, ustedes reciban esta revelación. Dios no hace acepción de personas. Dios se revela a sí mismo al corazón devoto.

Imagínense unos materiales en forma geométrica para que el maestro, sosteniéndolos en sus manos, le ilustre al niño su relación con el Infinito y con las estrellas. El equipo que tenemos es la puerta abierta para esto; y sabemos que la Hermandad puede darnos revelaciones en todos los campos de la actividad humana, incluyendo el sendero del discipulado. Debemos estar preparados para que estas cosas puedan transferirse al método.

Creo que depende de nosotros que comprendemos el método Montessori el desarrollar un programa de escuela dominical para nuestros niños. Ruth Jones, que solían enseñar la escuela dominical en la Iglesia baptista, ha establecido una muy buena base para nosotros. Sin embargo, no creo que nuestros niños, desde el más pequeño hasta los de la secundaria, tengan una transferencia adecuada de la enseñanza según el método Montessori. Me doy cuenta de que existe un vacío que espera ser llenado.

Elisabeth Caspari ha tenido siempre la gran pasión de llevar el método Montessori a la música, y vemos que los niños han prosperado con esta enseñanza. Todos y cada uno de ustedes puede que tengan una disciplina (desde la cocina a la carpintería, pasando por la mecánica y el teatro, así como los temas académicos, que requieren más disciplina) que pueden aportar para transferirle al niño su conocimiento.

Recuerdo la enseñanza que la Virgen María le dio a Jesús sobre el tallar la madera dura. Jesús le había preguntado si podía tallar la madera más blanda, porque era más fácil, ya que quería que su madre intercediera por él ante José.

En cambio, ella le dio la enseñanza de que la madera dura era más adecuada y que la blanda se gastaría y no duraría mucho. Le dio esta enseñanza porque, cuando él tuviera que enseñar, tendría que lidiar con personalidades endurecidas difíciles de cambiar. Por tanto, debía tener la experiencia en sus manitas de lo difícil que es tallar la madera.[7]

Por tanto, a través de todas las disciplinas que se realizan con las manos y que a los niños les encanta hacer, desde los clubs 4-H* hasta el trabajo de exploradores pasando por los deportes, siempre hay un ejercicio que enseña la ley espiritual. Y la Virgen María nos ha dicho que una vez que le explicó todo esto a Jesús, este, con lágrimas en los ojos, corrió a tallar la madera dura.

Del mismo modo, llegar a ser un maestro en esta verdadera relación gurú-chela sea más difícil, pero es más duradero y perdurará hasta la victoria.

La mayoría de los campos excluyen la nueva revelación

Se darán cuenta de que la revelación de Dios se ha excluido de casi todos los campos de actividad humana, incluyendo la religión. Hoy día, mucha gente en las iglesias ha dicho que no hay más profecías, que no hay más revelaciones. Por si esto fuera poco, piensen en los ámbitos de las ciencias y las matemáticas.

Se excluye a Dios de la ciencia porque esta es una ciencia creada por el hombre y procede sobre los principios del empirismo y la experimentación. La mayoría de los científicos, con sus teorías científicas, no necesitan a Dios. El científico devoto lleva a Dios al laboratorio, pero como campo, la ciencia está considerada como la manera en la que el hombre se apodera de su entorno y desarrolla todas las soluciones humanas necesarias. Por consiguiente, esto le cierra la puerta a Dios.

¿Cuántas más puertas cerradas hay con las que el hombre ha

---

*4-H es una organización juvenil estadounidense administrada por el Departamento de Agricultura de ese país que se fundó con el propósito de enseñar a los jóvenes de las zonas rurales a mejorar su trabajo y su vida en la granja. 4-H se refiere al lema de la organización: cabeza, corazón, manos y salud, cuyos equivalentes en inglés empiezan con la letra H (head, heart, hands, health). (N. del T.)

excluido a Dios del descubrimiento creativo, que es una interacción con el gurú? Ya ven cómo esta rebelión ha provocado la caída de nuestra civilización. Es algo insólito. Uno no escucha a la gente predicar las ciencias económicas sobre la base de la interacción del hombre con Dios, por lo cual todas las teorías correctas postuladas sobre el sistema de libre empresa no sirven si el instructor de tales teorías no pone a Dios, el Gran Gurú, en el centro y si no comprende que las fuerzas implicadas que funcionan «automáticamente» dentro del sistema de libre empresa son en realidad el producto de la conciencia Crística de Dios Todopoderoso.

Sí, Dios está metido en el sistema de libre empresa. Alguien en el planeta tendrá que reprender a todos los grandes pensadores de esta época, que ofrecen buenas soluciones en el ámbito de lo humano pero no hincan la rodilla para confesar al Cristo. Miro a mi alrededor y veo que nadie más lo hace; por lo cual, yo lo hago en mis exposiciones.

Necesitamos salvadores del mundo en la economía, en el gobierno, en los siete rayos. ¿Dónde los vamos a encontrar? Los encontraremos en el niño pequeño. Cuando aprendan a ser maestros, ustedes le transferirán su conocimiento al niño, que crecerá y será un salvador del mundo. Además, al aprender a ser maestros, puesto que deberán sacrificar los elementos de su psicología que se interponen entre ustedes y su poderosa Presencia YO SOY, ustedes mismos se convertirán en salvadores del mundo. Ni siquiera tendrán que esperar al niño pequeño de su clase, porque el niño pequeño estará en su corazón.

Establezcan una relación con el gurú

En Summit University enseñamos Montessori porque este es el momento de examinar nuestro aspecto psicológico. También creo que es importante que experimenten mi ausencia para que no tengan un enfrentamiento directo con mi presencia y puedan así lidiar con el gurú en abstracto.

Ustedes pueden lidiar con el gurú como la poderosa Presencia YO SOY o los Maestros Ascendidos porque ellos retroceden y se acercan en proporción a la pureza de ustedes, aunque no puedan verlo. Deberían crear una imagen de su relación con el gurú, y a medida que la vayan desarrollando, esto se convertirá en algo cada vez más real y tangible según vayan interactuando con su Ser Crístico, con su Presencia YO SOY y con los Maestros Ascendidos. Cuando establezcan esa relación de verdad, serán capaces de interactuar conmigo cómodamente.

Yo no emito nada más que consuelo hacia ustedes. Ustedes deben hacerse responsables, si se sienten incómodos ante mi presencia, de que es un problema de ustedes y no mío. Yo los amo de una manera incondicional y no me siento aquí para mirar su karma, sus registros, su aura y todo eso. Eso no me interesa. Lo que me interesa es Dios en ustedes.

Por tanto, si no sienten un temor como respeto o reverencia, sino un temor como tormento ante mi presencia, deben comprender que esto se debe a que no han renunciado a sus pecados y no los han confesado. Se sienten atormentados no por mí, sino porque su relación con Dios no está bien. Y cuando entro en la sala, esto queda expuesto.

Cuando estén a solas podrán imaginarse que tienen una relación con Saint Germain o con El Morya, pero cuando llega la luz del día y la presencia del gurú físicamente, tendrán esas emociones y esos sentimientos y esto hará que tengan que ajustar la idea de su relación y comprender que quizá no sea tan perfecta como piensan.

Hacer las paces con su Presencia Divina les permite sentirse cómodos. Esto es una buena vara de medir. Si entro en la sala y surgen energías mal cualificadas de todo tipo, deben saber que han suprimidos esas cosas, que no son aceptables ante la presencia del Señor. Y cuando la mensajera entra, esto les dice que no han renunciado, que no han acudido al altar, no se han confesado y pedido perdón. Esto siempre se refleja en cómo me reciben.

Por tanto, cuando deseen apartase de mí, por favor, no me asocien con su incomodidad y tómenlo como una señal de que deben trabajar para mejorar su relación con su poderosa Presencia YO SOY. La verdadera relación gurú-chela no es posesiva; yo no tengo ningún deseo de poseerlos. En lo que a mí respecta, pueden apartarse de mí muchas millas y muchas ciudades, estados o países. Pueden alejarse de mí tanto como lo deseen, porque cuando nuestro corazón está unido, estamos unidos universalmente. Yo estoy unida a todos los chelas que aún no han nacido y que han abandonado la pantalla de la vida. Nuestra condición como seres de carne y hueso no condiciona nuestra relación. Así es que el deseo de poner tiempo y espacio entre nosotros únicamente ha de servirles como indicador de que no han solucionado las cosas con Dios Todopoderoso. Yo solo soy un recordatorio de eso. Solo soy una señal en la tierra para recordarles a dónde deben volver y excavar. Y mucho de lo que hace que tengan que excavar sale a la luz durante esta instrucción para su preparación. Hoy he venido confiando en que se hayan establecido en una relación cómoda con los maestros y con su propia llama del corazón. Espero que la llama de su corazón haya comenzado a acelerar la luz que hará surgir un poquito más todo aquello a lo que deben renunciar para ser maestros eficaces de los niños del mundo, que les esperan.

Liberen el corazón del niño

El motivo para ser educadores es para la supervivencia de la comunidad. La definición de educador es alguien que libera la llama del corazón del niño. Deben recordar esto siempre. Ustedes, los educadores, son los que liberan la llama del corazón en el corazón del niño. Esta es una iniciación que les llega de Maitreya a través del linaje.

La enseñanza que tienen y que han dominado es el método de liberar el corazón. Si no liberan el corazón de los niños que tienen a su cuidado, habrán fracasado como maestros; y les digo de antemano que será un juicio que tendrán sobre sus cabezas al final de esta vida.

Que nadie y que ninguna fuerza les convenza nunca de que pueden enseñar a los niños de cualquier otro modo y recibir una bendición por su ofrenda. Si no liberan el corazón de sus niños, serán como Caín. Habrán hecho la ofrenda de Caín, que es inaceptable para Dios. Podrán dedicarse a ello con devoción, trabajar duro durante cincuenta años y llegar al final de esa vida. Entonces los Instructores del Mundo dirán: «Vuelve. Reencarna y vuelve a hacerlo con amor. No lo hiciste con amor. No liberaste el corazón de mis hijos».

Todas estas palabras están escritas por los ángeles registradores. Ustedes son responsables de ellas. Se las leerán cuando estén ante el Consejo Kármico al final de esta vida. Ruego que de todos se diga esto: «Escuchaste las palabras. Obedeciste. Has logrado la victoria. Entra en unión con tu Dios». Esto puede ser así si recuerdan lo que he dicho.

Por consiguiente, la comunidad es la plataforma de la revolución del mundo. Nuestro núcleo de fuego blanco quiere mantener la base de los Estados Unidos de América que obtuvo para nosotros el profeta Samuel*. Nos interesa salir a crear una revolución en los sistemas de escuelas privadas que se extienda a todo el país y al mundo entero.

Volvamos a la *Comunidad de la nueva era*

En mi última conferencia sobre este texto, me detuve en el número 91, por lo que continuaré en ese punto. Es un principio extraño, pero puesto que lo dejé en ese punto, ahí es donde voy a empezar.

91. ¿Por qué es necesario ser torpes? ¿Por qué es necesario dar la impresión de ignorancia? ¿Por qué quienes se adhieren a Nosotros tienen que ser irresponsables? ¿Por qué tienen que adoptar una actitud combativa cuando hay disputa? ¿Por qué tienen que parlotear sin fin?

Estas preguntas no reciben respuesta por completo en el texto, porque deben recibir respuesta de ustedes. ¿Por qué, cuando intentan ser chelas, terminan siendo torpes o dando la impresión de ignorancia, de no conocer la Ley o de ser irresponsables, combativos o de parlotear? ¿Por qué, cuando su corazón quiere ser el chela de Maitreya,

---

*Saint Germain, patrocinador de los Estados Unidos de América, estuvo encarnado como el profeta Samuel.

terminan cayendo en estos impulsos acumulados humanos?
Este es un tema para la reflexión psicológica sobre el alma.
Nosotros hemos dado algunas respuestas en nuestro decreto para lidiar con el magnetismo animal que provoca estas situaciones. Pero dónde, en las profundidades de su ser, no han renunciado a alguna sustancia. Por eso no aceptan la gracia de Dios de inmediato, la cual basta para el comportamiento armonioso y amable en todo momento. Esa es la clave.

A no ser que tengamos un enfrentamiento devastador con nosotros mismos, a no ser que nos veamos realmente amenazados, a no ser que la yuxtaposición de eventos nos haga entender la necesidad de ver esta sustancia hasta el punto en que digamos, «Señor, no voy a sobrevivir a menos que renuncie a esto», continuaremos con nuestra torpeza, dejando caer las cosas, diciendo cosas de las que después nos arrepentiremos. Por eso el gurú hace esta pregunta, porque quiere que dejemos atrás esas coas.

«Bástate mi gracia».[8] Esta es la frase más llena de paz del Señor Jesús, porque el flujo de su gracia, cuando es recibido por un cáliz purificado, les posibilitará todo lo que necesitan para cumplir su plan divino. Esa es la respuesta a la pregunta.

El amor es la base de la comunidad

Frecuentad la suciedad injustificada. Veis qué necesario es hacer énfasis en cada detalle; de otro modo las costumbres de Nuestra Comunidad no se fortalecerán en vosotros.

Los detalles de la enseñanza importan hasta que se asimilan los detalles y uno se convierte en ellos. Por tanto, en toda circunstancia los detalles de la Ley son automáticos, factibles, aspectos de maestría logrados. He observado a personas entrar en la comunidad, pero las «costumbres [de la comunidad] no están fortalecidas en ellos». En vez de evitar la suciedad indeseada del plano astral, evitan los aspectos fundamentales del amor que hacen que la comunidad cante y hace que los corazones de la comunidad sean felices.

Una de las personas que traicionó a esta comunidad en cierto momento recibió la oportunidad de ser mi secretaria personal.

Trabajó muy bien conmigo durante más de un año y medio, y cuando estaba conmigo era absolutamente encantadora. Pero en rebelión contra el servicio a la luz, tenía ataques de ira y lloraba cuando se marchaba.

Finalmente dijo algo que me reportaron y que se le expuso: que la comunidad no era nada más que un campo de concentración. Esa era su percepción de la comunidad. Así es que la llamé a ella y a la persona que me informó de esto, que además le dijo a ella que yo la amaba mucho. Le dije que sentía mucho que se hubiera comportado de una manera cuando estaba conmigo y de otra cuando no estaba conmigo. Y le pregunté si era cierto.

Ella dijo: «Sí, es cierto».

«¿Has dicho que la comunidad es un campo de concentración?» «Sí», contestó ella.

«Entonces —dije yo— no te has ganado el derecho a estar aquí. Tendrás que marcharte. También sugiero que te sometas a terapia psicológica, porque tener una buena disposición cuando estás conmigo y ser violenta cuando no lo estás es evidentemente un problema provocado por tener una separación en los cuatro cuerpos inferiores y no haber renunciado».

Le sugerí la terapia psicológica, pero un psicólogo mundanal le dijo que no le pasaba nada, por lo que decidió que no le hacía falta la terapia. Después se enfadó mucho porque no le volví a dar acceso a la comunidad, y suspendimos su afiliación a la iglesia. Desde entonces han estado comunicando chismes. Negó haberse comportado nunca de tal manera y nunca la dijo a nadie que en la reunión que tuvimos me comporté con justicia.

Puesto que admitió que dijo lo que dijo, le di la oportunidad de apartarse de nuestra comunidad, resolver los problemas psicológicos y volver; una sencilla disciplina que un hijo o una hija de Dios debería recibir de buen gusto. Un hijo de Dios habría estado atormentado ante la presencia de tales condiciones contrarias dentro de su conciencia.

Yo no estaba enojada con ella. No lo estoy ahora. Aún la amo. Pero tiene una entidad del chisme tal que nunca he dejado de escuchar historias sobre un montón de cosas feísimas que ella dice mí y de la comunidad.

Por tanto, sí es necesario hacer énfasis en cada detalle del Sendero. Y les cuento estos incidentes para que vean que estas palabras tienen una manifestación real. Esta persona nunca percibió el amor que había aquí o el que yo sentía por ella; un gran amor, una gran devoción.

Una persona sin la capacidad de amar en el sentido divino de la palabra no puede guardar la llama de la vida o de la comunidad. Obedecerá la Ley de forma mecánica, si es que la obedece, pero no por amor al Legislador. Así es que la ausencia de amor es el motivo por el que la gente no puede formar parte del Sendero y de la comunidad.

Amor a la labor sagrada

Morya dice que el principio fundamental de amor en la comunidad es el amor a la labor sagrada, el amor a la ética del trabajo. Los hijos de la luz y los hijos de Dios aman el trabajo. Eso es lo que descubrió María Montessori en sus niños. Estos preferían trabajar con sus materiales antes que jugar sin sentido, y después el trabajo se convierte en esparcimiento.

A la creación robótica no le gusta trabajar. Pero el trabajo precisamente es la señal de que Dios está en nosotros; no el trabajo como esclavitud o como una carga, sino el trabajo realizado con la alegría del Señor para expandir su ser.

La disciplina de la Libertad distingue a Nuestras comunidades.

Cuando Jesús y la virgen María le daban el equilibrio entre disciplina y libertad a María Montessori, El Morya le daba el mismo principio a Nicholas y Helena Roerich.

No solo el espíritu es disciplinado, sino también las cualidades de las acciones externas.

Si decimos que por tener a Dios no importa que tengamos una habitación con desorden o que nuestra ropa no esté limpia o que haya polvo a nuestro alrededor, no hemos entendido lo esencial. Las acciones externas indican una disciplina interior. Los niños de las escuelas Montessori empiezan a tener control Divino sobre su cuerpo porque manejan materiales diseñados para ellos. Por eso existe el espíritu de la disciplina y la libertad.

No tenemos por costumbre afligirnos demasiado.

¿Afligirse por qué? Por los errores de la conciencia humana. El verdadero gurú no salta a la mínima ocasión en que uno se equivoca en algo. Eso es solo nuestra imaginación, porque tememos a ese Dios al que nunca nos hemos entregado. Pero esa no es la verdadera relación. Los verdaderos instructores no se afligen por los pequeños errores, porque ponen énfasis en la persona real.

No tenemos por costumbre censurar demasiado.

En vez de censurar, recanalizamos el flujo de la energía creativa y llevamos a la persona hacia su Yo Superior. Si yo puedo llevarlos a ustedes a que obedezcan a Dios redirigiendo su energía hacia una devoción superior que está tan iluminada que les hace querer hacer mejor las cosas, querer dar más, querer servir, ¿por qué utilizaría métodos burdos como el censurarlos, criticarlos, condenarlos y destruirlos diciéndoles que no sirven para nada y que no hacen nada bien? Ese es el método de un tirano.

No tenemos por costumbre contar demasiado con la gente.

No, contamos con el Dios que hay en la gente. Así no nos decepcionamos cuando las personas fallan y sabemos a quién dar la gloria de la victoria.

No tenemos por costumbre esperar demasiado.

Nuestra expectativa está en Dios.

Es necesario poder sustituir un plan complicado con otro más sencillo, nunca al revés, porque Nuestros adversarios actúan desde lo sencillo hacia lo complejo.

Por tanto, vamos de lo complejo a lo sencillo. ¿Por qué? Porque todo el gran plan del cosmos de la Gran Hermandad Blanca es de una inmensa complejidad, que se simplifica para nuestro discipulado. El método Montessori es la simplificación de la gran complejidad del entorno del niño. Esto se reduce a ciertos principios básicos, los cuales, una vez que el niño los tiene en su interior, siempre estarán ahí para la decisión correcta, el pensamiento correcto, la actitud correcta, el medio de vida correcto. Todo el sendero del Buda está en estos principios que también transmite el método Montessori, desde el plan complicado hasta el más sencillo.

Los adversarios van de la enseñanza sencilla de Dios a la complejidad de su hombre mecanizado. El humanismo científico, la ingeniería social, es algo asombrosamente complejo. Miren la burocracia del Gobierno. Es una complicación de la interacción sencilla y dulce entre Dios y el hombre que es absolutamente suficiente para lidiar con todos los ámbitos de la vida humana.

Fortalezcan a sus amigos

Ponderad cómo fortalecer a vuestros amigos.

¿Saben cómo fortalecerlos? Si ven a un amigo que tiene una debilidad, díganse: «Mi querido amigo tiene un pequeño punto ciego y sigue repitiendo una y otra vez esto que le mantiene desconectado de Dios. ¿Cómo puedo fortalecerlo para que ame más a Dios y pueda triunfar sobre esto?».

Al reflexionar sobre cómo fortalecer a sus amigos estarán aprendiendo a ser maestros, se revestirán de otra faceta del manto de maestro. Hay que observar a todos los niños y a todas las personas a nuestro alrededor, sin críticas, diciendo: «¿Cómo puedo ayudar a esta persona a pulir la joya? ¿Cómo puedo ayudarla a que exteriorice más quién es?». Entonces estarán perfeccionando las habilidades del maestro.

Mantened aire puro en vuestras moradas, proyectad a quienes vengan buenos deseos, y esperadnos atentamente.

Una cadena de televisión emitió recientemente una serie sobre la contaminación del aire. En ella se decía que el aire más contaminado estaba en las casas cuando tenían la puerta cerrada. La contaminación provenía del detergente utilizado para limpiar las moquetas, el residuo de los cigarrillos y los agentes químicos de los productos del hogar.

Evidentemente, no podemos ir a ninguna parte sin tener aire puro, físicamente hablando, pero sé que El Morya siempre habla con doble sentido. Piensen en el aire puro del cuerpo mental. Lo que exhalen al respirar físicamente creará el aire de la habitación. Pero, aunque tengan la habitación perfumada y oliendo a incienso, el aire puede estar contaminado si respiran los venenos de su rebelión contra la relación gurú-chela. Todos los niños respirarán ese aire y ustedes se considerarán responsables. Hoy día las clases de este país tienen venenos mortíferos, y los niños respiran eso.

«Proyectad a quienes vengan buenos deseos», buenos deseos para su logro. Eso es lo que damos a todas las personas, independientemente de su mal comportamiento. Cualquiera que venga y se marche de nuestra comunidad se llevará consigo nuestros mejores deseos para que continúe su logro en el Sendero.

«Esperadnos atentamente». La expectativa de que el maestro atraviese la puerta siempre está en el corazón del chela. Siempre. Siempre se tiene la sensación de que el maestro viene. ¡Y puede que esté aquí ahora mismo!

Se trata de la sensación de que la casa, la habitación, la clase tiene la expectativa de que, en cualquier momento, al sentarnos, El Morya va a ponerse a enseñar a los estudiantes. Que la clase no esté tan llena de la personalidad de ustedes, de una presencia abrumadora suya, de un sentimiento de posesividad sobre los niños, que se sientan amenazados si El Morya entrara y empezara a enseñar.

Es importante no ser posesivos. Les aseguro, por la gracia de Dios, que yo no soy posesiva con respecto a ustedes. La posición esencial de uno como maestro puede ser temporalmente no esencial cuando Dios, el Gran Gurú, enseña. Y esto podría darse a través de un niño pequeño que de repente se levanta y da una lección a toda la clase sobre un descubrimiento magnífico que ha hecho.

Recuerden los cimientos

Que cada comunidad espere a su Instructor, porque una comunidad y un Instructor constituyen los extremos de la misma columna. Incluso en las nimiedades cotidianas es necesario recordar los cimientos de la casa.

Cuando me mudé a California descubrí que la mayoría de las casas de madera tenían termitas y que nunca había que comprarse una propiedad sin realizar primero una inspección. Una compañía de inspección garantiza que la propiedad no tiene termitas o, si las tiene, ofrecerá una fumigación. Ponen una tienda sobre la casa, que desaparece por completo dentro de ella. Después echan agentes químicos para matar a las termitas.

Esto es importante para no comprar una casa que está a punto de derrumbarse. Lo asombroso de las termitas (esto es muy interesante porque también sucede con los adversarios que erosionan los cimientos de la comunidad o que intentan hacerlo si no estamos alerta) es que donde hay algún objeto pesado en la habitación, las termitas se comen todo debajo de él e irán luego alrededor de ese objeto.

Por ejemplo, si tienen un piano de cola de tres patas, las termitas se lo comerán todo alrededor del piano y dejarán la parte que hay debajo de las patas. Por eso, en cuanto se mueve el piano un poquito, ¡estruendo!, este se cae al suelo.

¿Se imaginan la conciencia astral que nos llega a través de las tácticas de la jerarquía falsa con las termitas que se van comiendo los cimientos de la casa?

Por eso El Morya dice: «Incluso en las nimiedades cotidianas es necesario recordar los cimientos de la casa». Los cimientos de nuestra casa están formados por la relación gurú-chela. Al intentar hacer el bien y cambiar el mundo, puede que se nos olvide esto.

Pero me di cuenta de que solo se obtienen beneficios a corto plazo cuando se permite que gente que no ha atravesado las iniciaciones del Señor Maitreya enseñe en una escuela de misterios.

Por consiguiente, junto a El Morya y Lanello, llegué a tomar una decisión muy firme: a menos que una persona doble la rodilla, no podrá ocupar un puesto en la enseñanza, porque el instructor es el cimiento de la comunidad. Por tanto, incluso en las nimiedades cotidianas es necesario recordar los cimientos de la casa, la comunidad y el instructor.

Cómo alterar la conciencia

Volvemos a llegar a la necesidad de alterar la calidad de la conciencia; después la transición es fácil.

Su conciencia debió alterarse antes de haber transitado a la enseñanza interior de María Montessori. La transición siempre ocurre desde lo exterior hacia lo interior. Los que estudian en la escuela exterior y vienen aquí no pueden entrar en este campo energético. Les resulta imposible penetrar en él con su conciencia hasta que esta no se altera.

Sabemos que la palabra *alterar* contiene la luz de la alquimia, la ciencia de la transmutación, que nunca se programa contra la voluntad del individuo. Una alteración en conciencia no puede tener lugar a menos que sea por libre albedrío. He visto a chelas forzarse a ser chelas y, como reza el dicho, al final siguen teniendo la misma opinión. No pueden tener esa relación superior.

Me da una gran alegría volver a estar juntos ante el altar. Es una gran alegría porque no solo diez hombres justos, sino muchos más se han encontrado hoy en la Tierra. Muchos de hecho han salido de entre la gente para apartarse y comprender a Dios mientras resuelven los conceptos de la carne y la sangre y las circunstancias de su karma.

Atribuyo el milagro de su venida a la comunidad no a la casualidad, Dios no lo quiera, y no a ningún logro personal que ustedes puedan tener. Atribuyo el milagro de su venida a la comunidad a la dispensación de Sanat Kumara y los demás Maestros Ascendidos. En todos nosotros esta dispensación debería provocar una respuesta como un gran acorde de los Elohim. Nos reunió en el tiempo y el espacio cuando no teníamos ninguna otra conexión más que un conocimiento de oídas, un póster o un libro.

El acorde nos tocó una fibra sensible; y los que forman parte de las notas de ese acorde se reunieron en busca de las manos que tocaron el acorde. Para mí eso es algo fascinante. Ese es el gran milagro de Sanat Kumara y todos los Maestros Ascendidos. Todos los días doy gracias por ese milagro y me regocijo.

Siempre me pregunto cómo cualquiera de nosotros hemos podido encontrar al resto. Podríamos haber coincidido en algún lugar sin reconocernos por no haber tenido aún una alteración de la conciencia. La transición para ser uno de nosotros aún no habría llegado. Por eso Dios nos recogió, se convirtió en la alquimia de la alteración y así comenzó en proceso incluso antes de reunirnos.

Quisiera sellarlos en la llama del amor de la comunidad de la Gran Hermandad Blanca. Pongámonos de pie.

⁂

En el nombre del YO SOY EL QUE YO SOY, invoco la luz de Dios que nunca falla. Invoco la luz del Imán del Gran Sol Central. Invoco la Estrella Divina, Sirio. Llamo a todo el Espíritu de la Gran Hermandad Blanca. Abrid ahora estos corazones.

Que la llama de la alteración, la poderosa llama de la transmutación, la llama Divina de la libertad del corazón de Saint Germain llene estos corazones. Arde ahora sobre el altar de estos corazones, oh poderosa llama de la libertad.

Que los fuegos de la alteración produzcan ahora el imán en el cubo blanco para atraer a la Comunidad del Espíritu Santo en la Tierra, para atraer el organismo físico de la Gran Hermandad Blanca, la acción de la luz dentro de esta comunidad y especialmente la trasferencia de la luz a través del instructor encarnado.

Que estas almas sean preparadas para llevar el manto de los Instructores del Mundo, la Virgen María, Rafael, María Montessori y todos los que los han precedido. Que tengan la continuidad de la antorcha de los Hermanos y las Hermanas de la Túnica Dorada.

Señor Dios Todopoderoso, invoco la preparación de estos corazones para que puedan fundirse con el corazón del Ser Crístico y, en esa fusión, fundirse también con mi corazón.

En el nombre del Padre, del Hijo y del Espíritu Santo, en el nombre de la Madre, los sello en la cruz cósmica de fuego blanco, amén.

Cámelot
18 de febrero de 1980

CAPÍTULO 6

La conciencia extinguida y la conciencia no desarrollada

En el nombre de la luz de Dios *que nunca falla, invoco la presencia del amado El Morya, del amado Saint Germain, del amado Kuthumi y del amado Djwal Kul, del amado Serapis Bey y del amado Lanello.*

Invoco la luz de Dios que nunca falla para transferir a estos chelas de la voluntad de Dios y a estos devotos de los Instructores del Mundo toda la implementación de la luz que sirve para obtener el cristal del rayo rubí en el corazón.

Amados El Morya, amado Saint Germain, abridles los ojos ahora. Abridles la conciencia. Abridles el corazón y abridles el alma. En el nombre del Padre, de la Madre, del Hijo y del Espíritu Santo, amén.

Empecemos la lectura. Lo dejamos en el párrafo 92.

92. Las manos amenazantes no te alcanzan cuando avanzas rodeado de la espiral de la devoción. Si a través de la inferior vista física los ojos pudieran ver la armadura de la devoción, el hombre ya no estaría en un estado de conciencia inferior. Las lecciones de las vidas anteriores no llegan a los ojos cerrados. En verdad, quien se acerca a Nuestra Comunidad con una conciencia desgastada se queda sin alas sobre el abismo. Aquel que intente acercarse a Nosotros con orgullo será alcanzado como por una explosión de ozono. ¿Pero cómo explicar que Nosotros no golpeamos, que el orgulloso se golpea a sí mismo? Del mismo modo perece el que entra en un almacén de pólvora con calzado metálico. Saber utilizar

puntas de acero en el calzado hace que el corredor vaya rápido, pero cualquier trabajador dirá que hay que usar zapatillas blandas cuando se camina sobre una superficie explosiva. Por tanto, se necesita un amortiguador para una atmósfera saturada.

Hablo del Bendito. Cuando fue a las montañas, distribuyó su tiempo para facilitar el paso. Con esto logró economizar energía. En verdad, esta es una economía singular, admisible y justificada. De otro modo se pueden formar simas entre los mundos ¿y quién sabe con qué gas se llenarán? Os aconsejo que conservéis la energía, porque cada despilfarro inútil afecta al espacio a grandes distancias como por cable. Es importante cuidar del Cosmos en cada brizna de hierba, si es que estamos preparados para ser ciudadanos del universo.

93. Hablo de la calidad de los viajes. ¡Es necesario asimilar el conocimiento sobre cómo viajar! Es necesario no solo apartarse del hogar, sino también conquistar la idea de hogar. Sería más exacto decir que uno debería ampliar el concepto de hogar. Allá donde estamos, ahí está el hogar. La evolución deshecha el significado de hogar como una prisión. El progreso para liberar la conciencia dará la posibilidad de ser flexible. Y no el logro ni la carencia ni la exaltación, sino la calidad de la conciencia le da a uno la capacidad de apartarse del sitio ocupado durante mucho tiempo. En un sitio ocupado durante mucho tiempo hay muchísima humareda, muchísima acidez y polvo. Nos oponemos a la vida solitaria en reclusión, pero las pequeñas cabañas de atmósfera mohosa son peores que las cavernas. Convocamos a quienes puedan expandir el pensamiento.

Deseo veros moviéndoos por la faz del mundo cuando todas las fronteras nacionales, debido a su multitud, sean borradas. ¡Cómo podemos volar si estamos fijados por un pequeño clavo! Reflexionad en la necesidad de viajar que tiene la humanidad.

94. A menudo habláis de las imperfecciones de los libros que ya existen. Yo digo más: Los errores de los libros equivalen a un crimen grave. Las falsedades en los libros deben ser enjuiciadas como una gran calumnia. La falsedad de un orador

se enjuicia según el número de su audiencia. La falsedad de un autor debería enjuiciarse según el número de ejemplares vendidos. Llenar las bibliotecas de la gente con falsedades es una grave ofensa. Es necesario percibir la verdadera intención del autor para poder estimar el carácter de sus errores. La ignorancia será lo peor. El temor y la maldad ocupan el siguiente lugar. Ninguna de estas cualidades es propia de la comunidad. Llevar a cabo su eliminación en la construcción nueva es una necesidad. Medidas prohibitivas, como es habitual, no son adecuadas; pero un error descubierto debe eliminarse del libro. La necesidad de esa eliminación y otra publicación harán que el autor entre en razón. Todo ciudadano tiene derecho a demostrar un error. De hecho, uno no debería impedir nuevas perspectivas y estructuras; pero los datos incorrectos no deben conducir al error, porque el conocimiento es la armadura de la comunidad y la defensa del conocimiento es el deber de todos los miembros.

No debe transcurrir más de un año antes de que los libros sean verificados, de otro modo el número de víctimas será grande. Es especialmente necesario vigilar el libro cuando su virtud esté en duda. Los estantes de las bibliotecas están llenos de abscesos de falsedad. No debería ser permisible conservar estos parásitos. Podéis proponerle a alguien que duerma sobre una cama en mal estado, pero es imposible sugerir que se lea todo un libro falso.

¿Por qué darle a un bufón mentiroso el mejor rincón al lado de la chimenea? Precisamente, los malos libros llenan de basura la conciencia de los niños. ¡El problema del libro debe resolverse!

Helena Roerich, amanuense de El Morya, estaba muy sintonizada con los complots de la jerarquía falsa que puedan dar sus frutos en nuestra década. Esta es la inundación que el dragón quiso enviar y que ha enviado.[1]

95. Una vez una mujer se detuvo entre las imágenes del Buda Bendito y Maitreya, sin saber a Quién venerar. Y la imagen del Buda Bendito pronunció estas palabras: «Según

Mi Pacto, venera el futuro. Defendiendo el pasado, dirige la mirada hacia el amanecer».

¡Recordad cómo Nosotros trabajamos por el futuro y dirigimos todo vuestro ser al futuro! Con rayos de conocimiento traemos una Enseñanza extraña para el mundo, porque la luz del mundo está cubierta de oscuridad.

96. La aceleración de las fechas es necesaria; de otro modo la ignorancia se solidificará. Todas las úlceras se han acumulado en el umbral del Nuevo Mundo. El torbellino se ha llevado montones de porquería. Saber cómo afrontar valerosamente las abominaciones de la ignorancia produce medidas inusuales. Por último, uno debería saber cómo señalar el mérito de la gente útil. ¿Por qué debería perecer la gente capaz entre cadenas o prejuicios?

A los niños hay que preguntarles si pueden dejar de tener miedo del ridículo ante los ojos de la multitud. ¿Están preparados para renunciar a la comodidad personal por el Nuevo Mundo? Mejor sería hacer las preguntas con severidad, porque la llama manifestada no teme al viento.

Esta es una observación sobre los niños muy profunda, porque sabemos que los niños desean la aprobación de sus compañeros. Debemos hacer esta pregunta a nuestros niños y a nuestros adolescentes con firmeza. Para ellos no es fácil renunciar a la comodidad personal, pero se les hace más fácil cuando sienten la llama del Maha Chohán. El Espíritu Santo les da la capacidad de decir: «No temo que la multitud me excluya».

La devoción cruza el abismo, pero la palpitación de la sensibilidad debe dar alas a esta devoción.

97. En el sendero, no descanséis bajo un árbol en descomposición.

Esto me hace gracia, porque el primer verano que pasamos en Cámelot mis hijos decidieron dormir al descubierto. Escogieron su roble favorito, pero una de las noches que quisieron dormir ahí, estaba mojado y un adulto no les permitió hacerlo. Esa fue la noche en la que al roble podrido se le cayó una rama enorme; pero ellos no estaban.

Es un sentimiento asombroso despertarse por la mañana y ver que, si hubieras estado ahí, el árbol te habría caído encima.

La conciencia extinguida

En la vida, no os relacionéis con gente con la conciencia extinguida. Una conciencia sin desarrollar no es tan infecciosa como una extinguida.

Es posible que una persona apague la luz en su ser al negar constantemente esa luz. Esto ocurre al cabo de mucho tiempo. Al principio la persona no estaba desarrollada; después se desarrolló y comprendió la luz tal como es. Después negó la luz y al final esta se extinguió. Se trata de una elección a largo plazo. El resultado de la elección puede ser una extinción de la conciencia.

Mis observaciones sobre la gente me han demostrado que muchas personas con una conciencia extinguida están acostumbradas a ser gente simpática que se lleva bien con todo el mundo; lo que se considera gente amable y bondadosa. Sin embargo, si se habla de algo santo o sagrado, de sus entrañas de repente les sale una ira muy intensa, algo que nunca se les ha visto expresar.

El año pasado estaba comprando unos muebles para la iglesia en una tienda que estaba en liquidación. El vendedor era un europeo que disfrutaba contándonos cosas de la época en la que vivió la Segunda Guerra Mundial. Durante esta transacción, nos llevó a almorzar a mí y a algunos hombres de la iglesia.

Durante el almuerzo empecé a hablar de San Francisco. (Mencioné a San Francisco porque tenía que ver con algo que se estaba comentando). «San Francisco… —dijo él— ¿quién es?» Y de inmediato se enojó por San Francisco. El rencor le surgió por algo que tenía profundamente metido en su interior. Hasta ese momento había sido de lo más afable, caballeroso y amable.

De repente, la serpiente dormida se despertó; y me puse a temblar a causa de ese odio. Me puse a defender a San Francisco porque no podía quedarme sin hacer nada mientras se lo calumniaba.

En cuanto el hombre se dio cuenta de que yo sentía devoción por San Francisco, inmediatamente se calló y volvió a adoptar el comportamiento de un caballero.

Esto fue un caso típico de lo que Kuthumi describe como el aura que se vuelve del revés y se expone. Sin embargo, es difícil de entender o ser consciente de que gente normal y corriente que se lleva bien con otra gente normal y corriente pueda tener esas rebeliones profundas contra Dios y sus representantes.

Estos enfrentamientos no se viven a no ser que uno sea un portador de luz. A no ser que uno tenga la luz, que se convierte en una ofensa para alguna parte de su subconsciente, esto nunca surge. Cuando alguien de la luz se les acerca, se hacen conscientes del hecho de que hay un foco que ilumina ese ámbito de su ser.

La conciencia extinguida se refiere a alguien que ha experimentado un contacto con la luz, que ha logrado un desarrollo gracias a la luz y de hecho ha aumentado su percepción gracias a la luz. Entonces la situación ha llegado a un punto donde la persona dice: «Soy la luz y, por tanto, ya no necesito hincar la rodilla e inclinarme ante la luz». Eso fue lo que proclamó Lucifer.

Entonces, al negar el Origen, la conciencia se extingue. En ese punto esta conciencia es muy infecciosa, porque se esparce como filosofía, como enfermedad, a todos los de alrededor.

El Morya continúa diciendo:

La conciencia extinguida es un verdadero vampiro. Es imposible llenar desde fuera el abismo de la conciencia ignorante. Precisamente estas personas absorben la energía de uno inútilmente. Al cabo de estar con ellas, uno siente un enorme cansancio. Hay que evitarlas como un hedor para bloquear el camino a los líquidos de la descomposición.

Las personas que tienen una conciencia extinguida se encuentran en un estado de descomposición, al que yo llamo una espiral de degeneración. Cuando intercambiamos energía con ellas, les damos luz y ellas nos dan su infección. Se convierten en vampiros que viven de nuestra luz. Hacen que nos sintamos cansados y nunca podemos llenarlos de luz desde fuera, porque la única manera en que pueden conseguir luz es volver al punto de su rebelión contra la luz, pedir perdón al Señor y llenarse de luz para curar su enfermedad.

Quienes no tienen luz propia son atraídos hacia los que sí la tienen. Y por eso se necesita tener una comunidad protegida, un muro de luz sellado, donde todos los que se encuentran en el interior son receptores de luz y son puntos radiantes de luz. Si alguien del interior tiene una conciencia extinguida, podrá vampirizar a todas las personas de la comunidad.

Cuando llegan nuevos estudiantes aquí, se trata simplemente de gente del mundo que en realidad todavía no sabe quién es y todavía no ha escogido. Tanto yo como el personal notamos mucho cómo la comunidad es bombardeada con una cantidad de energía no transmutada que hay que limpiar. Todo el mundo no se vuelve a sentir normal hasta pasado un mes. Esto no es debido a que sean personas que han rechazado la luz; es solamente porque tienen una capa no transmutada del mundo, hasta que logran acumular su propio impulso y la limpian. Pero ese es el resultado, aunque sean portadores de luz, de estar en el mundo y ser un campo energético desprotegido. Por tanto, la única manera en que podemos guardar la llama en la Tierra es en comunidad.

Es difícil distinguir la línea que divide la falta de desarrollo de la extinción.

Esto es muy importante. En el Sendero uno se encuentra con personas que no están en el Sendero y que parecen no conocer las enseñanzas, pero están interesadas e incluso afirman que todo lo que se dice es cierto. Uno puede empezar a creer que tiene ante sí a un chela en potencia.

Poco a poco uno se dará cuenta de que no se trata de alguien con una falta de desarrollo, sino alguien en un estado de autoextinción que ha escuchado toda la enseñanza en encarnaciones pasadas, que la comprende completamente, pero se niega a ponerse ante la Presencia YO SOY y decir: «Tú eres la vid y yo el pámpano»,[2] dando así una mayor importancia al Origen.

Esto es algo que algunas personas no pueden hacer, no quieren hacer o no han hecho. Han reorganizado su vida para evitar el enfrentamiento. Tienen una existencia superficial y solo se permiten profundizar en sus sentimientos mínimamente, porque profundizar más podría significar entrar en contacto con los registros de encarnaciones pasadas, sobre lo cual tratamos en el número 92. Sin embargo, «las lecciones de vidas pasadas no llegan a los ojos que están cerrados».

Enseñanza de Jesús sobre el método Montessori

Es importante aprender a reconocer la conciencia no desarrollada. Se trata de una conciencia a la que aún se le puede enseñar, y ustedes deben ser su maestro.

Para acercarse a un niño pequeño, uno debe estar preparado para enseñar. Claro que los niños pequeños pertenecen a todas las evoluciones, como comprenderán. Algunos se han desarrollado en vidas anteriores; otros ya han extinguido su conciencia en vidas pasadas. ¿Por qué reencarnan? Porque todavía están viviendo de la luz que tuvieron.

La luz que tiene una persona no se consume en una sola vida. Uno podría haberse extinguido hace dos mil años y podría haber seguido encarnando como un muerto vivo, sin la chispa de la vida, pero viviendo del residuo de la espiral de su existencia.

Una cosa es cierta: los niños de dos a siete años necesitan recibir el método Montessori. Este método es como la llama de la resurrección. Esto es lo que Jesús quiere que sepan en este momento, que el método Montessori resucitará las profundidades del ser. La llama de la resurrección resucitará a algunos a la vida eterna y otros a la condenación eterna,[3] porque esto obliga a que todo salga a la superficie para que el alma pueda escoger.

Jesús dice que nuestros actuales sistemas educativos no permiten ni a los extinguidos ni a los no desarrollados afrontar su ser interior, su alma o su potencial interior y, por consiguiente, nunca tienen la posibilidad de escoger entre el Cristo vivo y el concepto mecanizado.

Por tanto, el método Montessori es la llama de la resurrección que hace salir los impulsos acumulados del niño. Armoniza y resuelve el pasado. A través de este método el niño puede resolver sus impulsos acumulados subconscientes que se oponen a él y, finalmente, debido a que tales impulsos salen a la luz, escoger dónde quiere posicionarse en esta vida.

Tenemos la oportunidad suprema en el último siglo de la era de Piscis de tomar la decisión de transmutar esos impulsos acumulados de energía mal cualificada. El niño representa una oportunidad que Dios le da al alma para reencarnar y volver a tener el confrontamiento con el Gurú interior, el Ser Crístico. Una vez más el alma puede decidir amar al Cristo y ser resucitada o, de nuevo, puede decidir negar al Cristo.

Para mí, esto supone una profunda revelación, que el método Montessori y los materiales son verdaderamente la llama de la resurrección que damos al niño con el propósito del sendero de la ascensión o el juicio final.

Jesús dice que mal está que la educación evite que los portadores de luz entren en contacto con la llama interior, pero peor es que evite que los caídos afronten su juicio, siendo ya el momento. Por consiguiente, esta educación no sirve a ninguna de las evoluciones. Para Jesús, eso es lo que tiene de malo el humanismo y los estándares de la enseñanza de hoy día, que niegan el derramamiento de la llama de la resurrección para la apertura del sendero elegido.

La cámara de la reina de la Gran Pirámide

Se puede considerar una clase Montessori como la cámara de la reina de la Gran Pirámide, donde el alma recibe las primeras iniciaciones que le darán la capacidad de entrar en la cámara del rey para las iniciaciones finales de la llama de la resurrección. Cada clase Montessori, dice Jesús, debería estar consagrada como la cámara de la reina de la Gran Pirámide. Ahí la Madre Bendita transfiere a sus hijos los pasos de la verdad con los que poder subir las escaleras a la cámara del rey. Estos pasos de la verdad perduran de por vida; no se los pueden quitar al niño nunca.

Ahora volvamos a la línea divisoria entre la falta de desarrollo y la extinción.

Pero una cualidad será incuestionablemente indicativa: la falta de desarrollo irá o podrá ir acompañada de la palpitación de la devoción, pero un cráter extinto está lleno de cenizas y azufre. La Enseñanza no se niega a gastar energía en los no desarrollados, pero hay un grado de extinción en el que el abismo no debe llenarse de una nueva sustancia. Solo un cataclismo, con su terrorífica incertidumbre, puede derretir la lava solidificada.

Recordad el tesoro de la conciencia. El temblor de la sustancia del Cosmos manifiesta el latido de la conciencia despierta. En efecto, el arco iris del conocimiento sale del temor de la conciencia que fluye, una corriente visible desde una fuente invisible.

A través de todas las experiencias del pasado y todos los logros del futuro, recordad la conciencia.

Devoción frente a simpatía humana

Una conciencia en estado de extinción, aquello que se autoextingue, se encuentra por tanto en una espiral de desintegración. Esta es la conclusión lógica de la autoextinción, como una vela que se apaga: todo lo que queda es una cascarón. El cascarón ha recibido vida de la vela, pero cuando la vela se retira, ya no da más vida. Por tanto, el cascarón humano pasa por la desintegración igual que los restos de las valvas en la orilla del mar.

Una persona en proceso de desintegración por haberse extinguido a sí misma a propósito, por libre albedrío, tendrá un impulso acumulado contrario a la devoción, lo cual se manifiesta como simpatía humana. La simpatía se convierte en un sustituto de la devoción a Dios: simpatía hacia uno mismo, conformidad con uno mismo y simpatía hacia los demás. Hay una gran cantidad de simpatía que sustituye la corriente pura de devoción a Dios Todopoderoso.

Por tanto, la simpatía se convierte en un magnetismo humano muy fuerte. Y puesto que la persona ahora depende de la interacción con otros seres humanos para su supervivencia, se vuelve, como dicen los franceses, *très sympathique*. Es muy simpática. Es decir, es una persona agradable y la cualidad placentera proviene del hecho de que toda su devoción, que debería enfocarse en Dios, ahora se enfoca en el desarrollo de la personalidad humana, la personalidad psíquica.

Por tanto, estas personas pueden ser consideradas incluso como gente con carisma, atractivas, que se llevan muy bien con otras personas y con un gran magnetismo. Generan un gran campo energético magnético, y detrás de todo eso sigue estando el yo extinguido.

Salven al alma no desarrollada

La siguiente frase se convierte en la declaración de la Ley: «La Enseñanza no se niega a gastar energía en los no desarrollados».

El instructor hará cualquier esfuerzo para salvar al alma no desarrollada. El pastor dejará a las noventa y nueve ovejas para seguirla a ella. Perseguirá al niño de la luz que necesita preparación hasta el fin del universo, si fuera necesario, para devolverlo al hogar. Pero llega un punto en el que el grado de extinción (sinónimo de rebelión) es tal que la ley cósmica dice que el abismo (el vacío del cascarón que ha quedado) no debe llenarse de una nueva sustancia.

Cuando una persona ha negado la luz, llega un punto en el que la luz niega a la persona. El Poderoso Víctory lo explicó cuando nos dijo que, si uno sirve a la luz, después de cierto tiempo la luz se volverá y le servirá a uno.[4] Esto es absolutamente cierto. Lo he visto en mi propia vida.

A veces uno sirve, sirve y sirve y, aunque cansado y fatigado, puede sentir un retorno del Gran Sol Central entrar en su ser, inundándolo de nuevas fuerzas, energías y amor para seguir adelante. La experiencia de la luz que sirve a los suyos es una experiencia incomparable. Es como si Dios expresara gratitud. Siempre llega cuando nos hemos vaciado totalmente al servir y no nos queda vida, y después nos devuelven la luz.

Sin embargo, la luz no sirve a quienes han creado el abismo, el agujero negro en el espacio. «No debe llenarse de una nueva sustancia». ¿Qué dice el texto de una persona así? «Solo un cataclismo, con su terrorífica incertidumbre, puede derretir la lava solidificada».

Si una persona ha recibido toda la enseñanza, toda la luz, todo el amor que la Gran Hermandad Blanca y sus emisarios pueden conceder y aun así ha rechazado el Sendero, la luz y la persona de los maestros, la única alternativa es el cataclismo. Por tanto, esa lava solidificada de rebelión contra Dios se derrite con la terrorífica incertidumbre.

¿Saben por qué Dios permite los cataclismos? No como un simple castigo. Lo hace para quebrar la testarudez de alguien que dice que el tiempo de siembra y la cosecha continuarán, y que no hay ninguna amenaza de que regrese el karma, que no hay ningún Dios que castigue su negación del esquema cósmico de la vida. Lo único que los despierta es un cataclismo personal, personal o planetario.

Entonces empiezan a temer al Señor. Y ese es el momento en el que ese temor al Señor puede convertirse en hincar la rodilla, cuando el temor se convierte en otro tipo de temor: asombro. Y el asombro se convierte en honor, y el honor se convierte en amor.

Quiero que entiendan la sabiduría del Consejo Kármico y de los Maestros Ascendidos al considerar el planeta y al ver qué sucederá en los días futuros. Deben darse cuenta de que muchos Maestros Ascendidos y muchos excelentes representantes de los maestros llevan trabajando siglos con la gente de este planeta. Después ustedes llegan y se ponen a trabajar con esa gente y se preguntan cómo es que no ven las enseñanzas que son tan diáfanas como la vida misma.

Este es el problema: vivimos en un planeta donde hay muchos cascarones, muchos cascarones extinguidos. La Tierra misma es casi como un cascarón. Y al mirar su composición vemos que es un mundo moribundo, un mundo contaminado, un mundo tóxico. Es un planeta enfermo y la enfermedad está precisamente en esta característica de la autoextinción de muchos de sus habitantes.

Como resultado, ¿qué hace la Diosa de la Libertad? Nos da la antorcha para la transmutación hacia una era nueva. Le da al mundo la antorcha de su propio karma y su responsabilidad por la autoextinción. «Vosotros sois los portadores de luz —dice ella. Dejad de verter vuestra luz en el abismo de quienes han negado la llama. Reunid vuestra luz y utilizadla para sellar la comunidad para los siglos futuros».

Esta es la gran sabiduría de la Hermandad. Nosotros no podemos comprender del todo hasta que lo experimentemos. Les insto a que sean personas inteligentes que acepten la experiencia de sus instructores. Se pueden ahorrar muchas vidas al comprender que los Maestros Ascendidos han tenido experiencias que nosotros no tenemos; y al confiar en ellos, obtenemos el beneficio de sus vidas de servicio.

¿Cuántos de ustedes creen conocer a un yo extinguido? ¿Han llorado por esa persona igual que han llorado por la humanidad? Es la muerte más difícil de afrontar. Lloramos más por el yo extinguido que por el fallecimiento de un ser querido, independientemente de que amemos más a ese ser querido que transite hacia la ascensión.

Es mucho más fácil sonreír ante la transición de Lanello, porque uno sabe que él es un Maestro Ascendido y, por tanto, se ha convertido en el sol. Pero cuando vemos la muerte de un alma, cuando vemos a un yo extinguido caminando en un cuerpo que aún no sabe que está extinguido o que se encuentra en una espiral de degeneración, lloramos la muerte de esa conciencia.

Lloramos por lo que podría haber sido, por la tragedia que podría haberse evitado, la tragedia que desafía cualquier explicación porque no podemos comprender la psicología de un individuo que escoge ser un abismo hueco, cuando podría haber sido un templo vivo de luz. Es el enigma del Sendero.

También quiero señalar que podríamos considerar a tales personas como inofensivas. Pero Morya dice que no solo son infecciosas, sino que también son vampiros. Son altamente infecciosas y, por tanto, debemos tener cuidado. Cuando digo que lloramos por tales personas, ¿por quién lloramos en realidad? Lo hacemos por

Dios, el Dios que se ha abortado dentro de ese ser, el Dios que no se ha realizado. Por eso no se ha exteriorizado otra faceta de la Mente Divina.

Lloramos por la vida que está prisionera en ese templo. No se llora por la conciencia humana que ha cometido este crimen contra el universo. Se llora por el universo. Se llora también por un alma, un alma que se ha perdido en vez de ser un alma que ha ascendido.

¿Cómo rezar por ellos?

La oración para los autoextinguidos consiste primero en visualizar al Cristo Cósmico como sustituto de la persona. Esto invoca la matriz del Cristo Cósmico donde se encuentra la persona y, por tanto, no hace falta ni siquiera acostumbrarse a visualizar al yo extinguido. Se debe afirmar al Cristo Cósmico y dar la opción a la persona, de su libre albedrío, de que acepte esa identidad. El Cristo Cósmico sella la naturaleza infecciosa y vampírica y da continuidad a la opción del libre albedrío.

No aconsejaría rezar durante largos períodos de tiempo. Yo rezaría para pedir que la voluntad de Dios descienda con una intensidad tal, con una intensidad devastadora tal, que despierte al alma para que entre en razón y haga que vuelva a servir a la luz. Esa es la única oración que se puede decir.

La forma de emitir esta oración es que uno mismo contenga un impulso acumulado tal de la voluntad de Dios que hasta la mirada sobre esa persona la transforme en este enfrentamiento de la luz. Por supuesto, los que niegan la luz y se niegan a sí mismos prefieren no estar cerca de otras personas que transmitan tanta voluntad de Dios. Por tanto, la oración ha de decirse a distancia, porque formamos parte de la luz que se ha negado.

Cuando una persona niega la luz en sí misma, también les niega a ustedes como guardianes de esa luz. Entonces el asunto se convierte en una cuestión de cómo Dios responda a quienes lo han negado. ¿Cómo reza Dios por sus almas?

¿Cómo reza Dios por sus almas?

En definitiva, vemos que la oración de Dios se manifiesta como un cataclismo de algún tipo, porque Dios, como instructor, nos dice que no hay ningún otro modo de despertar a estas personas. Es como si dijera: «Deja que vayan por su camino, porque al final mi Presencia los enfrentará en la forma de mi Ley y mi voluntad».

Así es que la oración pidiendo la voluntad de Dios, en cualquier forma que Dios considere responder, es la mejor oración, porque es impersonal. No es una oración que nos haga estar apegados al resultado de una situación o vinculados por simpatía hacia la persona.

No es lícito estar vinculados por simpatía o de forma emocional a la gente que ha extinguido la llama Divina, porque al estarlo uno hace precisamente eso; llenar el abismo con la sustancia propia. Pero ¿de quién es la sustancia? Es la sustancia del gurú. Es la luz de Dios Todopoderoso y no nos pertenece para poder regalarla.

El gurú nos da luz para que podamos multiplicarla y devolvérsela. No nos da luz para que se la demos a los que ya lo han negado. Eso no es lícito. Recuerden la historia de los talentos. El Maestro, el Señor, llegó y dio diez talentos, cinco talentos, un talento. Y los que recibieron los talentos debían multiplicarlos y devolvérselos. No debían dárselos a su organización caritativa preferida ni emplearlos para divertirse. El Señor quería recibir una ganancia por su inversión.

A ustedes les interesa mantener el favor de su poderosa Presencia YO SOY y los Maestros Ascendidos. ¿Saben por qué los Maestros Ascendidos no dan luz a algunos estudiantes? Solo pueden dar una cantidad determinada de luz y no les es lícito dar luz a quienes se la dan a gente que no busca la luz y que no adora a Dios.

Si Dios no puede confiar en que protejan esa luz, no podrá aumentarla. Nosotros que sentimos el llamado de servir estamos llamados a servir a los portadores de luz. No estamos llamados a dar nuestra luz a quienes se encuentran en un estado en el que niegan a Dios.

No olviden lo que les acabo de decir. Podrán hacer bien todo lo demás en el Sendero y tener una comprensión perfecta, pero si no pueden deshacerse de la costumbre humana de regalar su luz a parientes, familiares, viejos conocidos o alguien a quien acaban de conocer, avanzarán en el Sendero de forma limitada. Se les podrá dar solo una cantidad determinada de logro.

Deben pensar en esto detenidamente. Deberían sentarse y hacer una lista. Pregúntense: «¿A quién estoy regalando mi luz cuando les sirvo, los ayudo, rezo por ellos, cuido de ellos cada vez que se caen? Cada vez que estas personas se levantan, ¿regresan a su existencia material?».

∞

Invoco el selle de la Palabra del amado El Morya en estos corazones. Séllese en el diamante dentro del corazón, amado El Morya. Y que las grandes verdades que nos has traído estén esperando en la hora y el momento en que cada alma debe tomar las decisiones firmes en el sendero del discipulado contigo.

Bendito maestro de luz, te amamos.

Cámelot
19 de marzo de 1980

La Gráfica de tu Yo Divino

La Gráfica de tu Yo Divino es un retrato tuyo y del Dios que hay en tu interior. Es un diagrama que te representa a ti y a tu potencial para llegar a ser quién eres en realidad. Es un esbozo de su anatomía espiritual.

La figura superior es tu «Presencia YO SOY», la Presencia de Dios individualizada en cada uno de nosotros. Es tu «YO SOY EL QUE YO SOY» personalizado. Tu Presencia YO SOY está rodeada de siete esferas concéntricas de energía espiritual que componen lo que llamamos el «cuerpo causal». Las esferas de energía pulsante contienen el registro de las buenas obras que hayas realizado desde tu primerísima encarnación en la Tierra. Son como tu cuenta bancaria cósmica.

La figura media de la Gráfica es el «Santo Ser Crístico», también llamado Yo Superior. Puedes pensar en el Santo Ser Crístico como tu principal ángel de la guarda y tu amigo más querido, tu instructor interior y la voz de la conciencia. Igual que la Presencia YO SOY es la presencia de Dios individualizada para cada uno de nosotros, el Santo Ser Crístico es la presencia del Cristo Universal individualizada. «El Cristo» es en realidad el título concedido a quienes han logrado la unión con su Yo Superior o Ser Crístico. Por eso a Jesús lo llamaron «Jesús, el Cristo».

La Gráfica muestra que cada uno de nosotros tenemos un Yo Superior o «Cristo interior» y que estamos destinados a unirnos a ese Yo Superior, ya sea que lo llamemos Cristo, Buda, el Tao o el Atmán. Este «Cristo interior» es lo que los místicos cristianos a veces han llamado el «hombre interior del corazón» y lo que los Upanishads describen misteriosamente como un ser del «tamaño de un dedal», que «habita en lo profundo del corazón».

Todos tenemos momentos en los que sentimos esa conexión con nuestro Yo Superior: cuando somos creativos, cuando amamos, cuando estamos alegres. Pero en otros momentos nos sentimos fuera de sintonía con nuestro Yo Superior, momentos en los que nos enojamos, nos deprimimos, nos perdemos. El sendero espiritual quiere ser un camino en el que aprender a mantener la conexión con nuestra parte superior, para poder dar nuestra mayor contribución a la humanidad.

El haz de luz blanca que desciende desde la Presencia YO SOY a través del Santo Ser Crístico hasta la figura inferior de la Gráfica es el cordón cristalino (a veces llamado cordón de plata). Es el «cordón umbilical», el sustento que te ata al Espíritu.

Tu cordón cristalino también sustenta esa llama de Dios especial y radiante que está instalada en la cámara secreta de tu corazón. Se denomina llama trina, o chispa divina, porque es literalmente una chispa de fuego sagrado que Dios te ha transmitido, desde su corazón al tuyo. Esta llama se llama «trina» porque engendra los atributos principales del Espíritu: poder, sabiduría y amor.

Los místicos de las religiones del mundo han entrado en contacto con la chispa divina y la han descrito como la semilla de la divinidad interior. Los budistas, por ejemplo, hablan del «germen del estado Búdico» que existe en todos los seres vivos. En la tradición hindú, el Katha Upanishad habla de la «luz del

Espíritu» que está oculta en el «lugar alto y secreto del corazón» de todos los seres.

Asimismo, el teólogo y místico del siglo XIV Meister Eckhart habla de la chispa divina cuando dice: «La semilla de Dios está dentro de nosotros».

Cuando decretamos, meditamos en la llama que está en la cámara secreta de nuestro corazón. Esta cámara secreta es tu habitación privada para la meditación, tu castillo interior, como lo llamó Teresa de Ávila. En la tradición hindú, el devoto visualiza una isla enjoyada en su corazón. Ahí se ve a sí mismo ante un hermoso altar donde venera a su instructor en meditación profunda.

Jesús habló de la entrada en la cámara secreta del corazón cuando dijo: «Mas tú, cuando ores, entra en tu aposento, y cerrada la puerta, ora a tu Padre que está en secreto; y tu Padre que ve en lo secreto te recompensará en público».

La figura inferior de la Gráfica de tu Yo Divino te representa a ti en el sendero espiritual, con la llama violeta y la luz blanca y protectora de Dios a tu alrededor. El alma es el potencial vivo de Dios, la parte de tu ser que, aunque es mortal, puede llegar a ser inmortal.

El propósito de la evolución de tu alma en la Tierra es aumentar la maestría sobre ti mismo, saldar tu karma y cumplir tu misión en la Tierra para poder volver a las dimensiones espirituales, que son tu verdadero hogar. Cuando tu alma al fin remonte el vuelo y ascienda para volver a Dios y al mundo celestial, tú serás un maestro «ascendido» o una maestra «ascendida», libre de las rondas del karma y el renacimiento. La energía de alta frecuencia que tiene la llama violeta puede ayudarte a lograr esa meta con más rapidez.

CAPÍTULO 7

La impetuosidad del esfuerzo

n el nombre de la luz de Dios que nunca falla, llamo al amado Señor Maitreya, al amado El Morya. Entrad ahora en este campo energético e impartid la plenitud de vuestro corazón a estos chelas en el Sendero. En el nombre del Padre, del Hijo y del Espíritu Santo, en el nombre de la Madre, amén.

Estamos en *Comunidad*, número 98.

> 98. Cuando hace frío, hasta un perro le da calor a uno. Hay insólitamente poca gente; por tanto, es imposible incluso expulsar a adversarios miserables si en ellos las malas hierbas no han crecido en la célula del espíritu.

Hay insólitamente poca gente que la jerarquía pueda utilizar. Por consiguiente, es imposible incluso expulsar a los «adversarios miserables»; y es incluso más imposible expulsarlos si las malas hierbas no han crecido en ellos, las cuales surgen en el subconsciente.

Les voy a leer este pasaje otra vez y ustedes pueden meditar en lo que esto les inspira:

> 98. Cuando hace frío, hasta un perro le da calor a uno. Hay insólitamente poca gente; por tanto, es imposible incluso expulsar a adversarios miserables si en ellos las malas hierbas no han crecido en la célula del espíritu.

He observado que los adversarios de la Gran Hermandad Blanca con frecuencia son los que más fuerte se aferran a los Mensajeros o a un centro de luz. Esto es algo irónico pero cierto, porque el adversario de la luz es alguien que debe utilizar la luz para manifestar su oposición. El adversario de la Hermandad no tiene una fuente de luz interior y, por tanto, debe estar en la comunidad, está desesperado por estar en ella y sumamente desesperado por estar cerca de la Mensajera.

El adversario no venera la luz; venera la personalidad. Y personas así siempre intentan crear alrededor del gurú vivo y de los maestros de la Gran Hermandad Blanca un culto a la personalidad. Y, como nos ha dicho la Hermandad, erigen sus ídolos y al final deben derrumbarlos.

Aunque se aferran con fuerza a la luz y al portador de luz, sienten un odio intenso hacia ambos. Sienten odio hacia el portador de luz porque no tienen su propia fuente interior de luz, por lo que odian al que sí la tiene. Ese odio en realidad son celos.

He notado que ha habido celos de los portadores de luz y de la Mensajera durante años. Esto se manifiesta en el signo de Géminis, se opone al chakra de la garganta, al estado de alerta que uno tiene y a su vitalidad. Es una fuerza agotadora.

La experimenté a través de los celos de una persona que los manifestaba como un patrón, algo que salió a la luz. La persona lo vio, pero por ser un adversario no pudo manifestar ninguna otra vibración. Aunque pudo verlo, pudo lamentarse por ello, pudo sentir mucha lástima de sí mismo y fingir tener remordimientos, los patrones psicológicos permanecieron.

«Adversarios miserables»

Morya y Maitreya los llaman «adversarios miserables». Digo Morya y Maitreya porque el hilo de estos dos maestros está entretejido en estos libros. La miseria implica un estado de conciencia estéril, improductivo. Y debido a su esterilidad, se vuelve miserable, oscuro y húmedo. Con adversarios que no tienen una luz interior, es imposible incluso expulsarlos, «si en ellos las malas hierbas no han crecido en la célula del espíritu».

Los adversarios pueden observarse durante cierto período de tiempo antes de que se manifieste su traición. Puede discernirse que esto está presente en el subconsciente, pero si ese subconsciente no se ha manifestado, no ha crecido convirtiéndose en las malas hierbas que cubren la célula del espíritu (que es como el alma), su traición no se manifiesta físicamente. Tampoco lo hace su karma físico. Y así, se aferran a la luz; y hasta que no se produzcan ciertos ciclos de los acontecimientos, como está escrito aquí, es prácticamente imposible expulsarlos.

Esto siempre lo vemos en movimientos patrocinados por la Gran Hermandad Blanca, porque los adversarios de los miembros de la Hermandad, que han estado presentes desde hace siglos, siempre aparecen y tratan de acercarse a la llama interior y a los discípulos. Por sus frutos los conocerán.

Por consiguiente, ellos son aquellos a los que los maestros se refieren cuando dicen: «Cuando hace frío, hasta un perro le da calor a uno». Y cuando hace frío, cuando los chelas están ausentes, digamos, a veces aceptamos a quienes no satisfacen completamente el estándar y permitimos que nos rodeen personas así.

La psicología del adversario

Así es que esto es una advertencia, así como una explicación sobre la psicología de la progenie del malvado. Deben conocer esa psicología porque estas personas siempre están presentes. A nosotros no nos corresponde juzgar, pero sí nos corresponde mantenernos en guardia y saber que hay ciclos, períodos, en los que el adversario puede brillar con luz.

Está escrito que el propio Satanás puede transformarse en un ángel de luz,[1] porque es la luz de la Hermandad tomada y reflejada. La apariencia de los adversarios puede ser de gran luz, pero en cuanto el aura se vuelve del revés y se manifiesta su traición y su conspiración, se vuelven totalmente oscuros. Entonces uno ve que nunca tuvieron luz propia.

El fenómeno de que alguien que parece tener luz en su rostro pueda cambiar de la noche al día como si tuviera dos agujeros negros en vez de ojos y un aura totalmente negra, es algo que he observado a lo largo de los años. Cuando las personas que no son de la luz traicionan, se vuelven totalmente oscuras. Todo lo que han reunido en su intento de mejorar su apariencia desaparece. Y es una cosa de lo más sorprendente cuando se observa, porque puede suceder de un día para otro.

Un hijo de la luz que sea sincero, que no traicionaría por nada del mundo a la Hermandad, pero que comete errores o incurre en pecados, ese hijo de la luz acudirá al altar, se disciplinará, se reprenderá, se perdonará, se arrepentirá y seguirá adelante. No habrá una pérdida sustancial de luz hasta lo más profundo. Puede que el aura quede cubierta temporalmente por la carga del pecado que debe transmutarse, pero el portador de luz no se vuelve del revés para revelar la naturaleza de un conspirador, porque no lo es. Se le perdona y él sigue adelante. Y el resultado es totalmente distinto. Desde mi posición, observar esto es algo realmente asombroso.

Así es que los «adversarios miserables» son los traidores, los traicioneros. Se los menciona contantemente en estos libros patrocinados por Morya y Maitreya. ¿Por qué? Porque para tener una Comunidad del Espíritu Santo uno debe estar en guardia para saber qué es lo que ataca a la comunidad. ¿Y quién ataca a la comunidad? Los que odian más la luz, porque el único lugar donde pueden tenerla es donde pueden calentarse las piernas al fuego y a la chimenea del maestro y sus discípulos.

La defensa de la comunidad

El gurú está obligado a cuidar del bienestar de todos los miembros de la comunidad. En un intercambio individual con ellos, aunque se podría concebir una continuación de la relación con alguien que viole los estándares de los maestros, no se podría poner en peligro a todas la ovejas de la comunidad por una oveja que siempre dice: «No lo voy a volver a hacer. No lo voy a volver a hacer. No lo voy a volver a hacer». Y después lo vuelve a hacer.

¿Qué otra cosa puedo hacer más que expulsar al que repite la ofensa? Estoy muy agradecida de que Mark, Morya y Maitreya me hayan enseñado casos en los que se ha establecido un límite. Esto lo observarán en sus Centros de Enseñanza y Grupos de Estudio de todo el mundo. Tengan cuidado y sepan que la misericordia de Dios es para los portadores de luz y la misericordia que dura siempre es para el hijo de la luz.

Asimismo, tengan cuidado con la simpatía y la lástima hacia sí mismos que tienen los caídos, que no se arrepienten cuando pecan. Cuando se los descubre, lloran. Pero no lloran en ningún otro caso, no cuando están pecando. No sienten ningún arrepentimiento por traicionar a la Mensajera o a la Hermandad mientras disfrutan de los frutos de su traición.

Pero en cuanto se los desenmascara, lloran con lágrimas de cocodrilo y te dicen cuánto lo sienten. Pero en realidad no se arrepienten para nada. «Siento que me hayas descubierto —dicen. Ahora que me has descubierto, déjame volver».

Una vez tuve que lidiar con esto, y tomé un libro, *La misericordia de la ley,* que decía: «Es más fácil pedir perdón que obtener permiso». Y esa es la filosofía de los traidores. ¿No es curioso?

Consideren cuáles son los motivos del corazón

Quisiera recordaros cómo el Bendito [Gautama] tuvo consideración incluso por los adversarios. Este libro se lee a la entrada a la comunidad. El recién llegado debe estar prevenido sobre muchas perplejidades. Con frecuencia parece que las contradicciones son irresolubles. Pero, viajero, ¿dónde están las contradicciones cuando solo vemos una multitud de señales en el camino? El abismo está bloqueado por la montaña y la montaña está limitada por el mar. El calzado para las montañas no sirve para el mar. Pero quienes entran están obligados a cambiar su armadura cada hora. No solo se necesita la movilidad, no solo la rapidez de pensamiento, sino la costumbre de cambiar de armas. Al lado del sentimiento de posesión está la costumbre, y resulta difícil sustituir la adicción a objetos mediante la adaptabilidad de la conciencia. Para el pensamiento superficial ello puede parecer un simple juego de palabras, pero ¡qué necesario se hace para los líderes que guían el destino de los países comprender esta distinción de conceptos!

Creo que ustedes comprenderán que «cambiar de armas» significa cambiar los decretos para obtener situaciones distintas. Cambiar de armas también se aplica a cuando hay dos personas que cometen el mismo error, porque hay que comprender sus motivos. Hay errores inocentes y hay errores que son una traición. Tanto si el error es una mentira, una infracción del código de conducta o algo que supone una traición total a la Mensajera, se debe considerar cuáles son los motivos del corazón. Hay que mirar al alma. Hay que mirar todo el registro kármico, todo el patrón de la vida de la persona, para ver si estamos lidiando con taras o con trigo.

¿Detrás de este error hay un odio intenso a la Madre, celos de la Madre o venganza, o se trata simplemente de la densidad, que ha hecho que la persona hago esto y lo otro?

Por eso la Hermandad ha enfatizado, como se lo enfatizó Gautama a sus discípulos, que el gurú lidia con cada chela individualmente. La Ley es la misma, pero las disciplinas y la enseñanza pueden variar según la persona. Esto tiene que ver que el cambio de armas, con cómo lidiar con los caídos. «La blanda respuesta quita la ira»,[2] pero, por otro lado, a veces un fuerte reproche es necesario.

Para saber cuándo utilizar una respuesta suave o un reproche fuerte hace falta tener sintonía con Morya. Estas son las cosas que solo se aprenden en la vida y con la práctica. En eso consiste el discipulado. No puede aprenderse en clase, porque las circunstancias son nuestro instructor.

Distingan entre esclavitud y libertad

Es imposible que una conciencia envenenada distinga entre los momentos de libertad y los de esclavitud. El hombre perdido en conjeturas sobre dónde hay esclavitud y dónde hay libertad es incapaz de pensar en la comunidad. El hombre que oprime la conciencia de su hermano no puede pensar en la comunidad. El hombre que distorsiona la Enseñanza no puede pensar en la comunidad. El fundamento de la comunidad yace en la libertad de pensamiento y en la reverencia por el Instructor. Aceptar al Instructor significa seguir a los trabajadores que apagan el incendio. Si todos se apresuran hacia al fuego desde la fuente sin ninguna orden, la fuente se pisoteará sin beneficio.

Mejor sería entender la prudencia dentro de la propia conciencia; esto salvaguardará la idea del Instructor. Definitivamente, el Instructor; definitivamente, conocimiento; definitivamente, la evolución del mundo. ¡Esto servirá como senderos hacia los mundos lejanos!

Acerca de los mundos lejanos escribiremos en el libro «Infinito». Ahora recordemos que las puertas de la Comunidad conducen a los mundos lejanos.

Hay personas que han deseado estar en la comunidad porque aquí está la luz, pero cuando tocó comprometerse al cien por cien, se perdieron en conjeturas sobre dónde hay esclavitud y dónde hay libertad. Durante el proceso de debate sobre si un compromiso tal conduciría a su esclavitud o a su libertad, perdieron totalmente la perspectiva de la comunidad porque se volvieron incapaces de dar su vida a la comunidad, puesto que estaban preocupadísimas consigo mismas como una identidad aparte.

Observo que este estado de conciencia envenena a la comunidad. También sé quiénes son las personas de la comunidad que tienen este estado de conciencia. Y debo permitirles que se manifiesten, aunque pueda saber qué hay en su subconsciente meses o años antes de que eso se manifieste. Debo darles la libertad de que tomen su decisión a favor o en contra del servicio o la renuncia que se requiere.

Estas personas desean cierto nivel de efusión de luz, así como bendiciones e iniciaciones. «Sí, sabemos que usted es la Mensajera —dicen. Sabemos que los dictados son de verdad. Sabemos que las bendiciones vienen de usted»; y son los primeros en la fila para recibirlas.

Pero cuando hay que dar el equivalente requerido para recibir ese nivel de luz, se retiran y hablan de esclavitud y libertad. Entonces mi llamamiento proveniente de El Morya consiste en establecer los estándares en cierto nivel, tales que para satisfacer lo que la Ley requiere deberán dar lo que hay que dar. Y si no pueden dar lo que hay que dar, no podrán permanecer en la comunidad.

Si bajara el estándar y permitiera en la comunidad a quienes toman sin dar, traicionaría a la comunidad, así como a la Hermandad que me patrocina. Y si lo hiciera, ya no ocuparía el cargo. Por tanto, existe un estándar, un estándar de una era de oro que debo mantener. Yo no creo las reglas; yo no establezco el estándar. Muchas personas que viven en distintas ciudades me han acusado de hacer trabajar demasiado al personal. Los estándares son demasiado rigurosos; es malo para su salud; no tienen derechos; tienen que hacer esto, lo otro y lo de más allá.

Pero si alguien marchara al mundo a establecer una empresa se vería obligado a trabajar más de lo que trabaja nuestro personal. Los estadounidenses son famosos por trabajar duro y por invertir su energía en varias actividades, como llegar a ser un gran violinista o un artista, o hacer lo que más quieran hacer.

La gente cree que mi nivel de disciplina es inaceptable, pero yo no hago nada de eso. Simplemente llevo a cabo las órdenes del Jefe* y de Maitreya. Entiendo la sabiduría de estas reglas para el orden de la comunidad porque he visto que los que no están dispuestos a seguirlas no deberían estar aquí.

Para quienes están dispuestos a seguirlas, estas reglas no son difíciles en absoluto. Vivirían de ese modo ellos mismos. Seguirían ese estándar porque así son ellos. Por tanto, una de las grandes enseñanzas que da la comunidad es que quienes no aman la labor sagrada, no deben estar en la comunidad.

Es un proceso asombroso de ver. Es algo asombroso ser consciente de ciertas cualidades de conciencia que Morya y Maitreya dicen que impiden que las personas que las tienen piensen en la comunidad. Y si no podemos pensar en la comunidad, no podemos decir que somos un miembro contribuyente.

Reverencia hacia el instructor

«El fundamento de la comunidad yace en la libertad de pensamiento y en la reverencia por el Instructor. Aceptar al Instructor significa seguir a los trabajadores que apagan el incendio».

---

*El Morya, Jefe del Consejo de Darjeeling de la Gran Hermandad Blanca.

He visto a personas que no podían salvaguardar la idea del instructor y traicionaron al instructor en medio de la comunidad. La traición al instructor es una traición al núcleo de la comunidad.

«Las puertas de la Comunidad conducen a los mundos lejanos». Esto significa que las disciplinas que tenemos dentro de la comunidad nos conducen a las iniciaciones que nos permiten entrar en los retiros internos de la Hermandad y a las octavas superiores de luz.

En todos los años que llevo aquí, ¿qué he descubierto? He descubierto que Morya, Maitreya, Saint Germain y los demás maestros saben exactamente qué necesitamos cada uno de nosotros para ir a donde queremos llegar: a los pies de otros jerarcas y de los adeptos. Son tan escrupulosos y están tan decididos a llevarnos allá, que están dispuestos a pelear con nosotros.

No nos permiten salirnos de la norma ni una sola vez. Saben exactamente qué debemos afrontar en esta vida y en la siguiente y más allá, hasta que tengamos la conciencia del Cristo Cósmico que buscamos. No nos dicen por qué establecen las reglas, por qué hacen lo que hacen, pero nosotros sabemos que si lo hacen es para defender a la persona, a la comunidad y al Sendero.

La impetuosidad del esfuerzo

99. Un sello protege un secreto. Siempre han existido secretos. Allá donde el conocimiento es pequeño, hay que utilizar secretos. Es espantoso reflexionar en que cierta característica de la conciencia no se distingue en nada del nivel de la edad de piedra. El pensamiento alienígena, no el humano, no desea avanzar; en efecto, no lo desea.

El Instructor puede derramar conocimiento, pero es mucho más útil para la saturación del espacio. Por tanto, un instructor no está solo incluso sin discípulos visibles. ¡Recordad esto, vosotros que os acercáis a la comunidad! Recordad el secreto, no hay que desesperar.

El secreto del futuro yace en la impetuosidad del esfuerzo.

Impetuosidad significa actuar repentinamente, al momento. Se considera como un defecto del temperamento de Aries: la impetuosidad, hacer algo repentinamente. Como Aries que soy, siempre me he sentido culpable de ser impetuosa. ¡Esta es la primera vez que leo que esto podría ser una virtud!

La erupción de un volcán no puede retrasarse. Asimismo, la Enseñanza no puede aplazarse.

Para mí, la mayor bendición que tengo al observar que la enseñanza no puede aplazarse vino de Mark. Cuando debía darse una enseñanza o una disciplina, todo se detenía, toda la actividad, todo el centro del corazón en Colorado Springs. Si hubiera ocurrido una violación de algún principio cósmico o alguna regla de la casa, todos eran convocados al santuario.

Se hablaba de lo que había ocurrido con la persona presente y se le exponía el tema con toda claridad a todo el mundo. Todos aprendían la lección. Hasta que la cuestión no se resolvía —a veces dos o tres horas después— nadie podía volver al trabajo.

Esto es un poco más difícil de hacer ahora, pero hacemos reuniones con todo el personal y a menudo las debemos realizar por las noches. No obstante, la enseñanza no puede aplazarse. La enseñanza es la corrección lógica del error, no una condenación. Cuando el niño está haciendo algo mal, algo que viola su integridad (la integración de su ser), hay que enseñarle ahí mismo, en el acto. Si hay que corregir a un caballo, solo se tienen segundos antes de que al caballo se le olvide lo que hizo mal. Hay que corregirlo de inmediato o no entenderá nada de lo que se le enseñe. La espiral de energía debe corregirse al momento.

A los caídos no les gusta que les corrijan y no aceptan con elegancia la disciplina. Se rebelan contra ella. No quieren que sus errores los conozcan sus compañeros. Los verdaderos discípulos y los hijos de la luz están deseosos de que les descubran los errores. No se sienten dueños de los errores y, por tanto, no tienen ningún sentimiento de injusticia cuando deben admitir sus defectos en común con sus compañeros de clase.

La verdad debe contrarrestar el error

La indicación de cierto momento no permite ninguna demora; o bien fluye al cáliz de la conciencia, o bien asciende al espacio. Es imposible calcular cuándo la conciencia individual es lo más importante y cuándo lo es el factor del espacio. Y en ese momento en que el más cercano no escucha, el eco del espacio retumba. Por consiguiente, al acercaros a la comunidad, no desesperéis.

La confianza debe contrarrestar el error. Una mentira siempre debe ser contrarrestada verbalmente, audiblemente o por escrito. La persona debe ser corregida y si esta no está presente para que se corrija, uno envía esa verdad absoluta al espacio para que quede constancia de ella en la Materia. Cuando el que debería recibir la enseñanza no escucha, el eco del espacio retumba. Uno puede sentir cómo todo el universo devuelve el juicio a una persona que no acepta la corrección.

Antes de que Mark me sometiera a mi preparación, yo podría haber sido de los que dicen: «No hay por qué corregir el error, porque la verdad se defiende por sí misma». Pero hay que afirmar la verdad y hay que afirmarla en su totalidad.

Pensamientos audibles

El libro «Llamado» no conoció obstáculos. El libro «Iluminación» es como una roca. El libro «Comunidad» es como un barco ante la tempestad, cuando cada vela y cada cuerda cobra vida.

La manifestación de la comunidad es como una combinación química. Por consiguiente, sed puros, sed penetrantes y olvidad las cadenas de negación. No emuléis a tiranos y fanáticos con prohibiciones y negaciones. No os hagáis comparables con tontos bañados en oro a través de la ignorancia y el autoengaño.

En efecto, la comunidad no admite al ladrón, que con el hurto afirma el peor aspecto de la posesión. Manifestad austeridad, sabed respetar los secretos como para no repetirse una fecha a uno mismo; sed como una ola que se lleva una piedra solo una vez.

Observo que las personas no se dan cuenta de lo audibles que son sus pensamientos. Incluso dentro de la comunidad, los discípulos pueden leer los pensamientos de los demás, porque algunos de ellos piensan muy audiblemente. Su aura envía constantemente las emanaciones de sus pensamientos.

Cuando se trabaja con K-17 y Lanello y se conocen los proyectos de la Hermandad, las fechas, los lugares, las entregas de luz, se aprende a envolver la información en un manto de invisibilidad dentro de la mente. Se aprende a no pensar en esa información, para que los psíquicos no la capten en el aura de uno y se lleven algo que forma parte del funcionamiento interior de la Hermandad, porque lo harán.

El tubo de luz y la gran nube blanca que establecemos a través de la enseñanza de Saint Germain sobre la creación de la nube debería ser una protección adecuada.[3] Pero deben tener cuidado para no proyectar fuertemente al espacio los planes de la Hermandad, la alquimia y los proyectos de uno en los que se está trabajando. La gente sensible, ya sea de la luz o de la oscuridad, tiene la costumbre de leer el aura.

Abandonen el parloteo

100. Comprended la Enseñanza; comprended que sin la Enseñanza uno no puede progresar. Esta fórmula debe repetirse, poque en la vida se hace mucho sin la Enseñanza. La Enseñanza debe colorear todo acto y toda mota. Este tinte, como el de un tejido, adornará los efectos del habla. Según los efectos debe juzgarse la calidad del envío. Uno debería acostumbrarse al hecho de que el envío mismo puede parecer ininteligible, porque solo su significado interior tiene un escudo.

Acostumbraos a dar importancia a cada cosa que se dice, erradicando el parloteo innecesario.

Es difícil renunciar al sentimiento de posesión; asimismo, es difícil abandonar el parloteo.

¡Parloteo y cháchara! Se pueden imaginar a El Morya, el Chohán del Primer Rayo, dando instrucciones sobre esto, porque los Maestros Ascendidos no se sienten cómodos en presencia de chelas que nunca dejan la cháchara. La cháchara derrocha la luz del centro de poder* y les deja sin poder para ejercer la Palabra hablada, el poder que tienen de dar las órdenes para la creación.

Es cierto que cuando más culta y seria se vuelve la gente, menos habla. Tales personas valoran la Palabra. Tienen cierta humildad y no incomodan a otras personas a no ser que tengan algo que decir de importancia. Los verdaderamente sabios guardan silencio más tiempo del que hablan. Cuando se den cuenta de que alguien posee sabiduría, persíganlo para que se la imparta, porque a menudo lo hará.

101. Sabed cómo encajar que os llamen materialistas. En las acciones y en el pensar, no podemos estar aislados de la materia. No dirigimos a los estratos superiores o a los aspectos más burdos de la misma materia. Es posible demostrar científicamente esta interrelación. También es posible demostrar científicamente cómo actúa la cualidad de nuestro pensamiento sobre la materia.

El pensamiento egocéntrico atrae los estratos inferiores de la materia, porque esta forma de pensar aísla el organismo, igual que un único imán que no puede atraer nada más de lo que su densidad permite. Otra cosa es cuando el pensamiento se desarrolla a escala mundial; en ese caso se dan, como si dijéramos, un grupo de imanes, pudiendo obtenerse acceso a los estratos superiores.

Es más fácil observar un aparato sensible que afiance la calidad del pensamiento. Es posible ver espirales ascendiendo o descendiendo hacia un vapor oscuro, la ilustración más gráfica del proceso materialista del pensamiento a través de la característica del potencial interior. Estas sencillas manifestaciones tienen una importancia doble: primero, detectan a los ignorantes que se imaginan la materia como algo inerte y carente de cualquier cosa en común con la sede de la conciencia; segundo, tienen importancia para aquellos buscadores que sean responsables

---

*El chakra de la garganta.

ante sí mismos de la cualidad de su pensamiento.

Es instructivo observar cómo el pensamiento infecta el espacio. Se puede obtener una analogía al comparar esto con el proceso de las armas de fuego. Las balas viajan lejos, pero la dispersión del humo depende de las condiciones atmosféricas. La densidad de la atmósfera obliga el humo a ocultar durante mucho tiempo el amanecer. Por tanto, tened cuidado con vuestro pensamiento. Además, aprended a pensar de manera hermosa y breve.

En primer lugar, se nos dice que no parloteemos y que controlemos el chakra de la garganta. Ahora aprendemos a pensar de manera hermosa y breve.

Pensar con claridad

Muchos no ven la diferencia entre el pensamiento para actuar y el reflejo del cerebro. Es necesario saber cómo detener los espasmos reflejos que conducen a la semiconciencia. El desarrollo de la actividad refleja es algo parecido a la intoxicación.

A la comunidad se llega con una claridad del pensamiento. La manifestación del pensamiento produce una responsabilidad clara e inexpresable. Estamos muy deseosos de que la comprensión de la responsabilidad no os abandone.

El pensamiento claro es la línea bien definida de la lógica de la mente Géminis. Si tienen un problema que resolver, apliquen la Ley que ya conocen y, dada la situación, solo habrá dos o tres alternativas. Consideren las tres. Decidan en base a la experiencia. Pónganle decisión y entusiasmo. Pasen a la acción y llévenlo a cabo. El pensamiento y la acción están completos.

Después está el pensamiento enturbiado, un espasmo reflexivo que conduce a la semiconciencia. La gente deja que sus pensamientos discurran dando vueltas y dejan que sus sentimientos emocionales recubran el pensamiento. Estas personas no tienen la disciplina de pensar con lógica. Quizá no tuvieron una formación Montessori, geometría o matemáticas. Quizá no hayan entendido las leyes de la Materia y no pasen de la causa al efecto. No tienen disciplina mental y no piensan con perspicacia. No saben entender cómo llevar a cabo una tarea en el menor tiempo posible y con el mínimo gasto posible de dinero y energía. Por tanto, no son líderes. Hay que decirles no solo lo que tienen que hacer, sino también cómo hacerlo.

Este problema está llegando a ser una epidemia en los Estados Unidos debido a nuestro sistema de educación. Por consiguiente, volviendo a los cimientos de la lógica, además de la experiencia, más siendo un chela que trabaja para gente que ha aprendido a agudizar la mente, pueden aprender a tomar decisiones que hace que la acción sea efectiva. Después pueden formarse, hacerse profesionales y tener éxito.

Yo he practicado esta disciplina como parte de mi responsabilidad como Mensajera. Nunca se sabe cuándo El Morya va a querer enviar un mensaje a través de mí. Si mi cuerpo y mi mente no están alertas, sin duda no sabré cuándo se ponga en contacto conmigo. He visto a El Morya dictar durante la noche o al amanecer. He sentido cómo me tocaba para llamar mi atención mientras dormía: «Levántate. Recibe un dictado». Tengo una grabadora a mi lado. Siempre estoy preparada.

Si no cuidara mi dieta alimenticia, tendría la cabeza tan nublada que no solo no le oiría, sino que si le oyera quizá no tuviera la capacidad de servir como Mensajera en ese momento. Por tanto, para practicar mi cargo he debido tener cuidado.

Ustedes también ocupan un cargo. Lo peor que pudiera pasarle a un discípulo de El Morya es no oírle cuando lo necesita por descuidar el cuerpo físico, el cuerpo mental o por no descansar lo suficiente, estando demasiado cansados para responder con la impetuosidad a la que él se refiere.

❧

Amado El Morya, amado Señor Maitreya, amada Madre del Mundo, pido que en estos corazones se selle este rayo en concreto y la luz perforadora de la llama de la iluminación que hoy hemos recibido para edificar, consolar y exhortar a estas almas de luz.

Amada Virgen María, enseña a cada uno de ellos y alinéalos con la perfección de su matriz interior. En el nombre de los Instructores del Mundo, de Rafael y la Virgen María, amén.

Cámelot
5 de junio de 1980

CAPÍTULO 8

Encarnen la llama de la confianza

n el nombre del Padre, del Hijo y del Espíritu Santo, en el nombre de la Madre, invoco al Consejo Cósmico de los Veinticuatro Ancianos. Invoco a los amados Jesús y Kuthumi, Instructores del Mundo, al Señor Maitreya, nuestro Gran Iniciador, al amado Señor Gautama y a los Siete Santos Kumaras, al amado Sanat Kumara; a todos quienes patrocinan a los jóvenes y los niños, a sus padres y a sus maestros, para la continua llama de la iluminación.

Amada Diosa de la Libertad y Gran Consejo Kármico, Palas Atenea, amada Porcia y amada Kuan Yin, oh amadas huestes del Señor, Ciclopea, Gran Director Divino, amada Nada, os llamo ahora e invoco todo el poder y la acción del fuego sagrado para que descienda con las magníficas dispensaciones de creatividad, talento y el don del trabajo duro, exigiendo la labor sagrada y la escrupulosidad del servicio diario en el Sendero por estas almas.

Pedimos este pan de comunión y este vino, la esencia de tu vida, del corazón del Dios y la Diosa Merú por la sexta raza raíz, del corazón del amado el Manú Vaivasvata y el amado Señor Himalaya por la cuarta y la quinta raza raíz, del corazón del amado Gran Director Divino por la séptima raza raíz venidera, los siete poderosos arcángeles por las razas raíz restantes, y los ángeles encarnados y la vida elemental para que nos den el patrocinio, la luz y la vida y decisión de liberar a los cautivos.

Por tanto, que se pronuncie la Palabra, oh Maha Chohán, oh, Espíritu Santo. En el nombre de Jesucristo, que se pronuncie tu Palabra, que se pronuncie tu Palabra, oh, Dios.

¡Feliz Día del Padre a todos!

Agradezco mucho la llama de los hijos de Dios en la Tierra que nos llevan a percibir al Padre. Es una gran alegría tenerlos aquí. Sé que las hijas de Dios también exteriorizan el rayo masculino en cierto grado, pero al celebrar el Día del Padre sentimos agradecimiento por los hijos de la luz que tienen la llama de Lanello y que nos recuerdan a Dios Padre, a Dios Hijo y a Dios Espíritu Santo.

Siento que, en nuestra cultura, aunque quizá esto no se diga en algunos círculos, a menudo no se aprecia al hombre, a la figura del hijo y el rayo masculino, y se los profana de alguna manera. Creo que el estímulo sexual que vemos en la publicidad es una profanación tanto del hombre como de la mujer. Aunque se enseña con más frecuencia a la mujer, siempre se implica que los símbolos sexuales manipulan al hombre para que compre productos. Por lo cual ambos son degradados.

Por desgracia, como saben, esto condiciona al hombre a que responda y se degrade y no tenga ningún sentimiento de autoestima, de Cristeidad y de la figura como hijo. Y creo que podemos encontrar el origen de la ausencia de autoestima en el hombre estadounidense en la doctrina del nacimiento virgen.

Esta doctrina indica que el hombre no es necesario, que no es suficientemente puro para ser el padre del Cristo. Por consiguiente, esto acumula un odio por parte del hombre hacia la mujer porque él siente que no es aceptable. No es igual a la mujer y, por tanto, debe ser inferior a ella. En toda esta situación José es muy poco importante y, por tanto, así lo son todos los maridos. Solo se ve a la Virgen con el niño, y el padre del niño es Dios.

¿Qué le ocurre al hombre? El hombre se convierte en un ciudadano de segunda clase. Esta idea está en el subconsciente de toda la raza, y la Virgen María me ha dicho que por eso esto es diabólico. En lo psicológico, la reacción del hombre es vengarse de la mujer, y si él no es digno de ser el padre del hijo de ella, entonces se va con la prostituta; tiene la excusa de ser exactamente lo que dice la doctrina.

Este hombre no se valora supremamente como portador de la semilla de Alfa. Tanto si el hombre es padre como si no, la presencia de la semilla en la octava física como vibración de luz mantiene el equilibrio del planeta. Lo mismo es cierto con respecto a la presencia del óvulo físico. Tanto si la mujer trae al mundo hijos como si no, en cuanto el óvulo sale al cuerpo el día de la ovulación, ahí está la presencia del óvulo del Gran Sol Central. Es una vibración y un ritual muy elevado. Puesto que la píldora evita la ovulación, esta le quita a la mujer su femineidad esencial, que es la meditación en el óvulo durante el ciclo de la ovulación.

Su meditación sobre el Huevo Cósmico, el Vientre Cósmico, el Gran Sol Central y la conexión de la luz formando un arco es una de las meditaciones más elevadas que puede experimentar una mujer. A raíz de la píldora no hay ovulación, por lo cual la identidad de la mujer se destruye. Por tanto, no se valora ni la semilla ni el óvulo.[1]

Por tanto, en el Día del Padre me siento supremamente agradecida por los portadores de luz; y la luz que tenemos es la semilla de Dios. Somos la semilla de Dios y tenemos el medio para que su semilla se mantenga en la Materia. La semilla en sí es un principio sustentador de vida.

Cuando nos vemos a nosotros mismos como portadores de luz y tenemos la idea de la semilla dentro de nuestro cuerpo, tenemos un sentimiento de exaltación sobre nuestra misión. Este sentimiento de exaltación engendra la autoestima y la maestría sobre uno mismo para contener esas energías y tener el control Divino sobre ellas. Y apreciamos qué sagrado es el fuego sagrado. Así es que la paternidad en el sentido más elevado de la palabra nos llega a través de los hijos encarnados de Dios.

Pueden hacerlo todo

Vayamos ahora al libro *Comunidad de la nueva e*ra; vamos a empezar por el número 102:

102. Es necesario guiar la educación de un pueblo desde la enseñanza inicial de los niños, desde una edad lo más temprana posible. Cuanto antes, mejor. Podéis estar seguros de que el agotamiento del cerebro solo se produce por la incomodidad.

Definiríamos *incomodidad* como un mal alineamiento, como la palabra del Buda *dukkha*. Los chelas les dirán que un par de horas de decretos equivalen a varias horas de sueño; y esto se debe a que los decretos alinean los cuatro cuerpos inferiores. Uno necesita dormir menos cuando los cuerpos y los chakras están alineados a la perfección. El alineamiento crea el flujo y cuando hay flujo, la sustancia del cansancio se transmuta.

El Morya les dice que, sin embargo, nunca se sobrepasen con esto, sino que deben dormir lo suficiente según lo necesiten. El texto no dice «cansancio», dice, o Maitreya y Morya dicen, «agotamiento». El agotamiento del cerebro se produce solo a raíz de la «incomodidad». Algunas personas tienen problemas para dormir, lo cual puede no ser por estar fatigados, sino por una enfermedad. Se puede observar que el alineamiento es de suma importancia y es algo que puede fomentarse practicando hatha yoga.

La madre que se acerca a la cuna de su hijo pronuncia la primera fórmula como enseñanza: «Puedes hacerlo todo». Las prohibiciones no son necesarias; incluso lo dañino no debería prohibirse. En cambio, es mejor dirigir la atención sencillamente a lo más útil y lo más atractivo. Esa tutela será la mejor cuando pueda aumentar lo atractivo del bien. Además, no es necesario mutilar hermosas Imágenes por una falta de comprensión infantil imaginada; no humilléis a los niños. Recordad con firmeza que la verdadera ciencia siempre es atractiva, breve, precisa y hermosa. Es necesario que las familias posean al menos un embrión de comprensión sobre la educación. Después de los siete años, mucho se ha perdido. Normalmente, después de los tres años el organismo está lleno de receptividad. Durante los primeros pasos, la mano del guía ya debe dirigir la atención a los mundos lejanos e indicarlos. Los jóvenes ojos deben percibir el infinito. Precisamente, los ojos deben acostumbrarse a admitir el Infinito.

También es necesario que la palabra exprese el pensamiento con precisión. Uno debe expulsar la falsedad, la grosería y la mofa. La traición, incluso en estado embrionario, es inadmisible. Se motiva el trabajo «como los mayores». Después del tercer año la conciencia capta con facilidad la idea de la comunidad. ¡Qué equivocación pensar que uno deba darle al niño cosas propias! Un niño puede entender fácilmente que las cosas pueden tenerse en común.

La afirmación de que «yo puedo hacer cualquier cosa» no es un vano alardear, sino tan solo la comprensión de un aparato. El ser más miserable puede encontrar la corriente del Infinito; porque cada trabajo de calidad abre las cerraduras.

103. Las escuelas deben ser un bastión de aprendizaje en máxima medida. Cada escuela, desde la primaria hasta la institución más alta, debe ser un eslabón vivo entre todas las escuelas. El estudio debe continuarse toda la vida. El conocimiento aplicado debe enseñarse sin apartarse de la ciencia filosófica e histórica. El arte de pensar debe desarrollarse en cada trabajador. Solo entonces este captará la alegría del perfeccionamiento y sabrá cómo emplear su tiempo de ocio.

104. Cada escuela debe ser una unidad educativa completa. En las escuelas debe haber un museo útil en el que los pupilos participen. Debe existir una cooperativa, y los pupilos también deben aprender tal cooperación. Todas las fases del arte deben incluirse. Sin los senderos de belleza no puede haber educación.

105. El período de estudio será un momento de lo más agradable cuando el maestro evalúe con justicia las aptitudes de los pupilos. Solo el discernimiento de las capacidades forma una relación justa hacia los futuros trabajadores. A menudo los propios estudiantes no comprenden su destino. El maestro, como un amigo, los prepara en el mejor sentido. En las escuelas no se aplica ninguna obligación. Solo la persuasión

se adecúa al estímulo del aprendizaje. Más experimentos, más discursos; ¡qué alegría da la aplicación de las fuerzas propias! A los pequeños les encanta el trabajo de los «mayores».

106. Cuando la familia no sepa cómo, que la escuela enseñe pulcritud en todos los ámbitos de la vida. La suciedad no viene de la pobreza, sino de la ignorancia. La pulcritud en la vida es la entrada a la pureza del corazón. ¿Quién pues no quiere que la gente sea pura? Debería equiparse a las escuelas de tal modo que sean conservatorios para el adorno de la vida. Cada objeto puede considerarse desde la perspectiva del amor. Cada cosa debe convertirse en participante de la vida feliz. La cooperación ayudará a encontrar un camino para cada hogar. Cuando una sola persona no encuentre la solución, la comunidad ayudará. El orgullo de nuestro país no serán los que busquen un premio a sus peleas, sino los creadores.

Cómo descubrir el significado de un libro

107. La escuela no solo debe inculcar amor por el libro, sino enseñar a leerlo; y lo último no es más fácil que lo primero. Es necesario saber cómo concentrar el pensamiento para descubrir el significado de un libro. La lectura no la hacen los ojos, sino el cerebro y el corazón. El libro no ocupa un lugar de honor en muchos hogares. La comunidad tiene el deber de afirmar que el libro es un amigo del hogar. La cooperativa, antes que nada, tiene una estantería cuyo contenido es muy extenso. Habrá relatos sobre los tesoros de la patria y sus vínculos con el mundo. Los héroes, los creadores y los trabajadores se revelarán; y se afirmarán los conceptos de honor, el deber y la obligación hacia el vecino, así como la misericordia. Habrá muchos ejemplos que motiven el aprendizaje y los descubrimientos.

Creo que esta sección es importante, porque el simple hecho de aprender a leer no enseña a los niños a descubrir el significado de un libro. Incluso la historia más sencilla que podamos leerles a nuestros niños contiene hechos sobre los que deberíamos ponerlos a prueba. Los niños deben recordar los hechos tal como se presentaron al terminar de leer una historia.

Es importante que puedan hacerlo. Es importante para dar testimonio. La gente debe poder decir qué hizo ayer o anteayer y debería ser capaz de repetir la secuencia de una historia sencilla. Esto se complica más al analizar obras de teatro y óperas, puesto que los maestros revelan muchos misterios a través de estas historias que ya son más complejas, como en el caso de Shakespeare.

La capacidad de un niño de captar una trama, de memorizar cómo se desarrolla, es un proceso importante en la lógica y para ser capaz de pensar en las cosas paso a paso. Por ejemplo, cuando hay que decidir cómo manejar una situación determinada, uno se dice a sí mismo, como lo haría en el ajedrez o en las damas chinas: «Si hago esto, esto y esto otro, la otra persona hará esto, esto y esto otro, y entonces yo tendré que afrontar el siguiente grupo de circunstancias». Los juegos chinos a menudo están basados en este concepto de estrategia. Y cada persona debe aprender desde pequeño a calcular qué pasará si hace un movimiento determinado.

En lo que a los niños respecta, la capacidad básica de afrontar los hechos va unida a aprenderse las tablas de multiplicación y a la ortografía. Ciertas cosas fundamentales no deben descuidarse. Hasta que uno niño no les cuente la historia de Cenicienta o Blancanieves, no le pongan a estudiar la interpretación metafísica de la historia. Que les cuente el cuento de *Jack y la habichuelas mágicas* antes de empezar a hablarle de que el hijo de Dios puede conquistar al caído o a los Nefilín. Asegúrense de que pueden comprender los hechos y ser maestros de los datos.

Aprender a leer con la concentración necesaria no es algo que los niños aprendan cuando se les enseña a leer. A los niños les gustan los juegos y les gusta que les pregunten cosas. Les gusta que les hagan cumplidos cuando hacen bien las cosas y cuando dominan un tema. Las historias antes de dormir suponen una comunión importante entre padres e hijos. Si el niño no se ha quedado dormido antes de que termine la historia, háganle preguntas sobre ella. La mayoría de los niños les podrán repetir la historia casi al pie de la letra. El siguiente paso es enseñarles a resumirla.

Los adultos también tienen problemas para descubrir el significado de lo que leen. Lo observo constantemente porque hablo mucho con la gente. Muchos adultos no son capaces de contarme nada sin entrar en todo tipo de detalles: «Él me dijo esto y yo le dije esto otro», etc. No saben resumir.

Cuando terminan de contarte una historia larguísima, les tienes que pedir que te la resuman, lo cual significa que tienen que extraer lo más importante, lo necesario para que entiendas el concepto. A menudo los que me intentan explicar algo no me dicen lo obvio y nunca puedo entender totalmente lo que me quieren decir. Entonces me veo obligada a hacerles preguntas, y les regaño: «No me obliguen a hacerles todas estas preguntas. Díganme lo que debo saber sobre esta situación». Y se sorprenderían al ver qué difícil les resulta esto a algunas personas.

La gente debería acostumbrarse a dar seis puntos importantes sobre algún acontecimiento, como un accidente automovilístico, una muerte o un robo. ¿Qué ocurrió? ¿A qué hora ocurrió? ¿Cuántas personas había? ¿Vio usted a la persona? ¿Qué fue lo que robaron?

Una manera excelente de entrenar la mente consiste en leer las historias de la Biblia. A mí me gusta la serie de los Adventistas del Séptimo Día, que tienen historias bíblicas y libros completos de la Biblia, porque cuentan exactamente lo que está escrito en la Biblia sin ninguna interpretación, de modo que la gente de cualquier fe puede leerlos. Y tienen unas magníficas ilustraciones. Con estos libros el niño puede aprenderse las historias con los datos, incluso el libro del Apocalipsis. Estos libros no solo tienen ilustraciones, sino que la historia está contada tal como se escribió. Por tanto, el niño la aprende al nivel físico.

Después se le enseña el nivel interpretativo. Pero hay que tener cuidado para no pasar a lo abstracto antes de haber dominado lo concreto, tal como se enseñan las matemáticas en el método Montessori, sin saltarse los pasos concretos.

Leer es tanto un arte como una ciencia. Su responsabilidad

para consigo mismos y sus estudiantes es saber cómo extraer información y cómo memorizarla. Esto también se puede considerar como un entrenamiento para traer los recuerdos de los retiros internos. La gente dice: «No me acuerdo de lo que hice en los retiros». Esto se debe a que falta una disciplina del cuerpo de la memoria.

El recuerdo interior del alma es una facultad que utilizamos muy poco; y lo que nos separa de ese recuerdo son los efluvios del cuerpo inferior de la memoria y del cuerpo astral. Nuestro ser está recubierto de tanta sustancia y energía mal cualificada que no tenemos a nuestra disposición la memoria superior, pero todo lo necesario está almacenado en esa memoria superior.

Dominar la información

El arte y la ciencia de dominar la información es algo que quisiera transmitir en Summit University. Sugiero que comiencen poniéndose a prueba con lo que hayan extraído de un artículo o algo que hayan leído. Aunque la gente que enseña la lectura rápida no cree en subrayar cosas, yo sí. Creo que es importante subrayar, esbozar, leer la sección varias veces y memorizarla, porque cuando hablen de manera espontánea deberán ser capaces de recordar datos.

Para cualquier tema del que estén hablando, deben tener diez o veinte datos memorizados, así como fechas y citas importantes que otras personas hayan dicho. Algunas de las cosas más convincentes deberían tenerlas en la punta de la lengua. Cuando desarrollen un repertorio de información, se les invitarán a hablar en programas de televisión y pondrán demostrar lo que dicen.

Después de dar conferencias, no siempre soy capaz de repetir los mismos datos. Los debo volver a estudiar. Es difícil memorizar mucha información y es especialmente difícil para mí, porque la Hermandad me exige que sea como una página en blanco en todo momento sobre la que los maestros puedan escribir. Por un lado, no debo tener la cabeza atestada de cosas y por otro, debo conocer bien el tema del que estoy hablando. Esto es una prueba constante, un desafío constante. Nunca puedo relajarme. Pero esto nos convierte en personas más poderosas.

Uno de los nueve dones del Espíritu Santo es el don del conocimiento. Otro es el don de la sabiduría. El don de la sabiduría consiste en comprender la esfera del Espíritu, todas las octavas de luz, incluyendo la ley de los Maestros Ascendidos. El don del conocimiento es el conocimiento de lo que está ocurriendo en la esfera de la Materia. Es algo que exige estudio y hay que enseñar a los niños a que se esfuercen en este ámbito.

He observado que algunos de nuestros niños de la nueva era tienen una memoria tremenda. Memorizar información es una gran don y debemos procurar no perder esa memoria por culpa de las drogas, los agentes químicos, la marihuana, etcétera.

«Tesoros de la patria». La patria no solo es Lemuria, sino el lugar al que deseamos volver. Es incluso la Estrella Divina Sirio. Es el país de uno, la historia del pueblo al que uno pertenece, la historia de la valentía, «los héroes, los creadores y los trabajadores», los santos. Todo esto debe formar parte del programa de estudios, «y se afirmarán el honor, el deber, la obligación hacia el vecino, así como la misericordia».

108. La escuela enseñará respeto hacia las invenciones útiles, pero advertirá contra la esclavitud a las máquinas. Todas las formas de esclavitud se destruirán como señales de oscuridad. El instructor será un tutor guía, un amigo que señale un camino más corto y mejor. No convoca el proceso obligatorio, sino la sonrisa.

Convocamos a los niños y debemos enseñarles a no ser esclavos de las máquinas, sino maestros de todos los instrumentos útiles. Esto dará como resultado la liberación del individuo para comulgar con Dios y para realizar el servicio más elevado.

Traición

Pero si en las escuelas de la vida hubiera calado la traición, el juicio más severo pondrá fin a una locura tal.

La traición es algo que Morya y Maitreya mencionan en todos los libros de la serie Agni Yoga como el crimen más atroz. La traición rompe la confianza y esta es la base esencial de todas las relaciones humanas y divinas. Los caídos libran sus más grandes batallas en la guerra para destruir la confianza.

Tanto Mark como yo hemos tenido traidores cerca; y yo he visto actos traicioneros realizados contra la Hermandad o contra nosotros personalmente. El propósito siempre es destruir nuestra confianza en el chela, en Dios, en la comunidad y en la naturaleza humana. Por gracia de Dios, nada que me hayan hecho en ninguna encarnación ha podido hacerme desconfiar.

Si la confianza puede destruirse, uno puede destruir toda la base psicológica de la persona. Se puede destruir la confianza de la persona en la naturaleza humana hasta el punto en el que esta ya no confíe en sí misma, en los líderes espirituales de la comunidad o en los Maestros Ascendidos. La persona no confía ni en Dios ni en ningún amigo. Al no confiar en ninguna persona ni en sí misma, empieza a desintegrarse. Lo he visto.

Confíen en Dios

La solución, por supuesto, está en confiar en Dios. Mark dio una famosa conferencia en la que dijo: «No confíen en ninguna persona. Confíen solo en Dios». Cuando se confía en la luz del corazón de todo el mundo conocido, cuando se adora esa luz, se sirve a esa luz, se le habla a esa luz, se entabla una amistad con esa luz, esa luz le devuelve a uno la sacralidad de la confianza puesta en ella. Descubrirán que la gente se elevará y se comportará a un nivel más alto, porque habrá entrado en contacto con la realidad de su ser.

La traición, por tanto, va contra la confianza. Esto comienza con la traición al gurú, a la relación gurú-chela y las demás relaciones. Por ejemplo, traición en el matrimonio es infidelidad por parte del marido o la esposa, lo cual desintegra el círculo de fuego del matrimonio, desintegra la vida de los hijos y hace que estos pierdan fe en la naturaleza humana.

La traición es el instrumento principal de los caídos para destruir la interacción entre Dios y el hombre. Quizá hayan oído hablar del

Manifiesto humanista, que declara su incredulidad en un Dios que responda a la oración y que pueda convocarse para entrar en la vida de las personas. Esto es una traición porque supone una anulación de la confianza. Los humanistas han manifestado traición contra la jerarquía de la luz, contra Dios Todopoderoso: Dios Padre, Dios Hijo, Dios Espíritu Santo y Dios Madre. Ahora declaran que Dios no existe o que, si existiera, no podría confiarse en él como intercesor en favor del hombre.

La confianza es fe, es esperanza, es caridad, es amor. Es el factor cohesivo de la vida. Y si sienten estar perdiendo firmeza en ese ingrediente, mejor será que se sienten, ayunen y recen para volver al corazón de Dios. La prueba llega en el ciclo dos-ocho de iniciaciones como temor y duda.

¿Qué se hace cuando se duda de la sinceridad, la lealtad o el amor de alguien? Uno empieza a retrotraerse. Uno empieza a hacer eso porque no quiere que lo engañen o hieran. Por tanto, empieza a tener relaciones superficiales en las que en realidad no entrega el corazón ni a Dios ni a los amigos ni a una comunidad ni a un país. Esto es algo peligroso, porque uno ya no entra por completo en las relaciones, permaneciendo en la periferia como un observador. Y si la otra persona hace lo que debe, entonces uno dará de manera equivalente.

Sin embargo, esa no es una verdadera amistad con Dios. Uno siempre ha de darlo todo y amar totalmente sin temor a que lo hieran, lo engañen o lo traicionen. Todos tenemos la obligación de aportar a la vida nuestra llama esencial de confianza en Dios y en el Dios que hay en los demás. Y nunca, nunca debemos permitir que las traiciones de la gente nos afecten.

Cuando a mí me han traicionado de la manera más intensa, he dicho: «Aunque me lo han hecho a mí, yo no tuve nada que ver con eso». La traición ni me alteró porque yo era inocente con respecto a su vibración y totalmente consciente del concepto inmaculado de dar confianza, aunque fuera inmerecida. Finalmente, sin embargo, la confianza se la di a Dios Todopoderoso y a Maitreya; y finalmente Dios Todopoderoso y Maitreya, a pesar de los actos de traición de las personas, me dieron su confianza.

Si queremos tener una comunidad, si queremos tener amor en la Tierra, si queremos tener toda la fe de la que disfrutamos, antes o después veremos traiciones contra nosotros personalmente o contra un centro de enseñanza, un grupo de estudio, nuestro matrimonio, nuestra familia, nuestras actividades.

Debemos estar preparados para permanecer sobre la roca de la fe y la confianza, sin que nos muevan. Si nos volvemos escépticos o empezamos a retrotraernos por los malos actos de otras personas, podríamos caer en la traición a nuestro propio plan divino. Y al final podríamos descubrir incluso que no hemos dado lo suficiente para precipitar nuestra ascensión.

Encarnen la llama de la confianza

Cuando entren en una clase llena de niños, deben tener una total confianza. Deben encarnar una llama de la confianza y del carácter fidedigno para los niños y su familia que evoque esta respuesta: estamos en paz y no tememos nada.

Para trabajar en ciertas agencias gubernamentales y en las Naciones Unidas, el FBI realizó unas investigaciones sobre mí cuando terminé la escuela secundaria con el fin de concederme la autorización. Fueron a mi ciudad natal y entrevistaron a toda la gente que pudieron. De mí se reportó que, después de entrevistar a todas las personas, nadie dijo nada contra mí. Dijeron que era digna de confianza y responsable en todo lo que hice.

Viví en esa ciudad desde los dos años, por lo cual encontraron todo lo que querían saber, pero me sorprendió escuchar lo que dijeron de mí. Al mirar al pasado, veo que simplemente he intentado hacer las cosas lo mejor posible y esforzarme en todo lo que he hecho. He intentado ser amiga de todo el mundo y defender a los oprimidos. Y al mirar atrás comprendí que cuando alguien ha querido realizar un trabajo, han acudido a mí sabiendo que era digna de confianza.

Lo que la gente recordaba de mí era una llama esencial de fe que contribuyó a su vida. Doy gracias a Dios por haberme dado la fe y comprendo que esa fe es precisamente lo que falta hoy día.

He meditado mucho en esto durante la última semana y me doy cuenta de que El Morya está comprometido con el primer rayo: porque la confianza es la base que sostiene nuestro sistema monetario —«Confiamos en Dios»*— y la confianza es una cualidad del primer rayo. El propio Morya, con su mente Géminis, es totalmente consciente de la psicología de las personas; es totalmente consciente de que la conspiración de los caídos consiste en destruir la fe de las personas unas en otras.

Miren lo que hacen los desprogramadores para destruir la fe de las personas en Dios Todopoderoso y en las organizaciones a las que pertenecen. Alguien le preguntó a una muchacha desprogramada si confiaba en el desprogramador, a lo que ella respondió: «¿Confiar en él? No, no confío en él. No confío en nadie».

Eso es lo que logró el desprogramador. Ella no confiaba en él, no confiaba en mí, no confiaba en la iglesia de la que formaba parte antes. La única persona en la que podía confiar era Jesús, por lo cual decidió continuar haciéndolo. Pero el desprogramador ni siquiera estaba preocupado por si le destruía la confianza en Jesús. De hecho, eso formaba parte del plan: «No confíes en mí. No confíes en nadie». Esto se convierte en algo lógico y la persona se lo cree.

Recuerden las veces que les traicionó alguien en quien confiaban. Miren el enorme dolor que sintieron, un dolor del que casi no se recuperaron. Hablamos de nuestro primer amor como un amor especial en nuestra vida porque no tenemos ninguna experiencia anterior, por eso nos entregamos libremente a él. No tenemos ninguna experiencia anterior y nunca me habían engañado.

Después de eso, las personas no tienen la experiencia de ese primer amor al decidir entregarse menos en la siguiente ocasión para que no las hieran. Eso afecta la relación que tienen con Dios, aunque sea difícil de creer. Esos daños generan un mecanismo psicológico en el subconsciente que hace que cada vez uno dé un poquito menos, con un poquito menos de fervor. «Si Dios no responde cuando rezo —uno piensa— no me desilusionaré». Y uno ya no tiene la fe en que todas sus oraciones vayan a recibir respuesta,

---

*In God We Trust, frase que consta en la moneda estadounidense. (N. del T.)

confiando en Dios hasta el punto en que, ante cualquier adversidad, sabe que Dios está cuidando de uno y que responde a sus oraciones.

Quisiera afilar la espada de la confianza y la fe en su vida y ver como esto afecta a todo lo demás que les pueda ocurrir. Ya verán cómo darán más en cada relación, sin temer que alguien vaya a quitarles nada. ¿Ven cómo el escepticismo entra deslizándose y uno ni siquiera se da cuenta?

Cuando miro a los ojos a las personas al darles bendiciones, a menudo veo temor. Es la principal vibración humana que puede verse. El temor conduce a todo lo demás: rigidez, ignorancia, dejadez, falta de fe. Todo empieza con el temor: temor a que Dios no nos ame, temor a la separación de él, algo que existe desde el momento de la Caída. A veces es un temor a que Dios descubra un pecado que deberíamos haber confesado y echado a la llama.

«Despójanos de toda duda y temor»

Cuando llegué a esta actividad y me dieron el decreto «Despójanos de toda duda y temor», dije: ¿Por qué debo hacer este decreto? Yo no siento ningún temor».

Tenía veintidós años. No tenía temores. Me iba a cualquier sitio, hacía cualquier cosa, viajaba por el mundo, no me importaba estar sola; o eso creía. Entonces empecé a analizar qué es el temor y me di cuenta de que tenía en mi vida muchas cosas que no se llaman temor, pero provienen del temor, patrones de la conciencia humana. Al hacer el decreto «Despójanos de toda duda y temor» todos esos bloqueos desaparecieron y sentí que le energía fluía con libertad. Entonces supe que debajo de la superficie, en mi cinturón electrónico, tenía un registro de temor.

Cuando las personas forman grupos muy rígidos, se convierten en pequeños robots que siguen a algún líder. Esta forma de temor es muy intensa y afecta a toda la personalidad.

Pero si en las escuelas de la vida hubiera calado la traición, el juicio más severo pondrá fin a una locura tal.

Confíen en el instructor

Desde el punto de vista de la Jerarquía, el mayor crimen contra la comunidad es la traición, una ruptura de la confianza en la relación con el gurú, con otro miembro de la comunidad, con Dios Todopoderoso o con un Maestro Ascendido. Es el crimen más atroz, porque su existencia destruye la comunidad.

La presencia de la traición pone en peligro a toda la comunidad. Por eso los militares castigan un acto de traición con la muerte. Recientemente se han producido muchos actos de traición en nuestro Gobierno que no han recibido ningún castigo. En los Estados Unidos nos hemos vuelto permisivos con respecto a la traición, la traición al país, a la familia, a la comunidad, al estado, al matrimonio y finalmente a uno mismo.

Como saben, Kuthumi ha dicho que la prueba más grande del Sendero llega al cabo de años en el mismo. Es la prueba de la confianza en el instructor. La vibración es la duda hacia el instructor y hacia la enseñanza. Kuthumi escribió algo sobre esto en la Teosofía. Ahí dijo que la prueba más grande del sendero llega cuando uno empieza a tener unas dudas abrumadoras del instructor y la enseñanza. Si no se supera esta prueba, se pierde la estabilidad en el Sendero.

Es una prueba muy intensa que llega cuando se escuchan chismes sobre las cualidades humanas del instructor, algo que hace que uno sienta que el instructor no es digno de serlo y que ha estado fingiendo ser algo que no es.

Kuthumi explica que esta falta de confianza proviene del interior de la persona por una falta de confianza en sí misma debido a los propios registros que tiene por haber cometido traiciones en el pasado, en las cuales jugó el papel de persona hipócrita y falsa, por lo cual sospecha que lo que ella misma les hizo a otras personas, le sucederá a ella.

Para sanar esta situación, en mi opinión (Kuthumi no dijo esto), debemos empezar con la premisa de que los Maestros Ascendidos existen, que la Presencia YO SOY existe, que el Ser Crístico existe. Por tanto, si están sufriendo alguna crisis relacionada con la

Mensajera encarnada, si se ven obligados a lidiar con una arremetida como esa, no tienen por qué desechar la actividad o la enseñanza. Pueden acudir directamente al corazón de Dios y empezar a transmutar el temor y la duda que tengan en la línea de las dos.

Después de ayunar y sanar la relación con Dios y los maestros, uno puede volver a considerar su relación con la Mensajera desde un punto de vista de un logro superior. La confianza en la Mensajera no es una confianza en la conciencia humana o en su persona como ser humano, tampoco la confianza que yo tengo en ustedes está puesta en la conciencia humana. Es la fe absoluta en Dios Todopoderoso, que será el chela donde nos encontremos, independientemente de las apariencias externas.

La comunidad no puede sobrevivir cuando en ella existe la traición. Por eso los Maestros Ascendidos expulsan a las personas de la comunidad cuando se da el caso. La traición es infecciosa; es una enfermedad, una enfermedad virulenta. Cuando consideremos la traición como una traición a la confianza, veremos que tiene sus raíces en el temor y la duda sobre la identidad de uno mismo. Y al analizar la línea de las dos del temor y la duda nos damos cuenta de que la traición, o la traición a la confianza, siempre da como resultado la muerte.

Puede que sea la muerte de una idea, la muerte de un proyecto, la muerte de una organización, la muerte de una relación o incluso la muerte de una parte de la identidad propia. Estoy segura de que habrán vivido la traición de un amigo íntimo como si fuera una experiencia de muerte. Al haber perdido cierta alegría en la vida, hay que sustituirla con la alegría y el conocimiento de que Dios es su verdadero amigo.

A menudo veo en el rostro de los estudiantes los residuos de anteriores traiciones que provienen de muchas encarnaciones anteriores. Veo una mirada que indica una ausencia de cierto brillo en la vida que debería existir. Hay que llegar al origen del problema, porque esto les privará de que se relacionen con los ángeles y entren en la alegría de los maestros.

Si alguien les traiciona, deben saber que el amor que han sentido

hacia esa persona siempre ha sido y siempre será un amor verdadero hacia Dios Todopoderoso. Si la matriz de la persona se desmorona y no pueden depositar su amor en ese recipiente, existe otro
recipiente, que es el Sol detrás del sol que se encuentra apenas detrás del velo. Es el recipiente de Maitreya, Morya y María, donde
su amor estuvo desde el principio. Y ese es el secreto para superar
una de las dificultades más grandes que experimentamos en la
Tierra.

Todos los grandes santos han tenido estas experiencias doloro-
sas en su última encarnación (solo hay que mirar a Tomás Moro o
Francis Bacon); ellos las utilizaron porque comprendieron esta
lección. Estoy segura de que Dios les está preparando para esta
iniciación, de lo contrario hoy no estaríamos hablando de ello. Por
consiguiente, echen a la llama todos los registros del pasado relati-
vos a la traición, y digan a los encuentros futuros: «Tu traición no
puede hacerme daño porque estoy preparado».

Pereza

109. Las escuelas decidirán dónde hay pereza, dónde hay
una estructura inusual del carácter, dónde hay la locura y
dónde hay la comprensión necesaria.

La pereza es la archienemiga del talento en desarrollo. La marihuana y las demás drogas no producen más que pereza; pereza en
el dharma, pereza en la labor sagrada. También la producen en los
genes, en los cromosomas y en las células.

Quizá hayan visto la ilustración de dos monos en el periódico
Saturday Evening Post: una madre y su cría. Este periódico dice
que, en un estudio sobre monos sometidos durante tres años a una
dosis diaria de marihuana, la madre dejó de amamantar, asear y
proteger a su pequeña. La cría estaba muy afectada, como se pudo
observar por su falta de concentración en los objetos de su entorno.
La imagen del periódico mostraba a un mono de control amaman-
tando, pero el mono al que se le suministró marihuana no lo hacía,
ni prestaba atención a su cría. Esta tampoco estaba demasiado in-
teresada en su madre.

Esta imagen puede aplicarse actualmente a la desintegración de la familia, y se describe con una palabra: pereza. Es como el magnetismo animal ignorante. El potencial de las células del cuerpo no se emplea por completo debido a una alteración en esas células, ya sea por drogas, karma o efluvios; y las células se encuentran en un estado depresivo. Cada célula tiene una llama trina y un Gran Sol Central y debería estar totalmente expandida, como un globo completamente inflado, con toda su vitalidad.

Cuando vean que los niños sienten pereza, deben fijarse en sus costumbres. Deben hacer que tomen todas las vitaminas que necesitan, los alimentos y no demasiada azúcar. De otro modo, una mala química puede provocar cansancio o depresión. Después hay que asegurarse de que duermen lo suficiente, que tienen orden en su vida, que nada en su vida les quita la energía, como el que las luces sean demasiado fuertes o apagadas, los colores feos, la música discordante, el ruido. Los niños sensibles se ven afectados por cosas de todo tipo.

Después de eliminar todas las posibles causas físicas, hay que enseñarles a que disciplinen sus cuatro cuerpos inferiores. La pereza es aburrimiento; el aburrimiento es egoísmo y una falta de apreciación de que Dios está presente en su vida. La pereza puede ser una de las primeras señales sobre la existencia de problemas psicológicos que pueden agravarse más tarde en la vida.

No permitan que la gente a su alrededor sea perezosa. Morya nunca lo hace. Los perezosos nunca permanecen mucho tiempo en la comunidad, porque debemos seguir el principio de que, si no se trabaja, no se come.[2]

«...dónde hay pereza, dónde hay una estructura inusual del carácter», cualquier cosa no se ajuste al carácter del Cristo; «dónde hay la locura», cualquier forma de locura o problema psicológico. Deben tomar decisiones con respecto a la presencia de estos factores en la personalidad.

La Hermandad da a todo el mundo cierto período de tiempo y cierto espacio para que logre encajar bien en la comunidad y en el Sendero. Después, si la persona no se afianza, si no forma parte de la comunidad activa y llena de vitalidad, se la manda fuera. Personas así deben salir al mundo y lograr hacerse una vida ahí, porque si se quedan, será para detrimento de la comunidad.

Yo debo estar dispuesta a decir: «Hasta aquí hemos llegado. Debes marcharte». Lo digo de la forma más amable y llenar de amor, pero lo debo decir. Si no lo hago, estaré traicionando a los demás miembros de la comunidad. Porque, aunque no sepan que una persona es un perjuicio para la comunidad, esa sí supone una carga para todos los demás.

Una de las responsabilidades más grandes que existen en un Centro de Enseñanza, un Grupo de Estudio o una clase Montessori, es la de ser consciente de que cierta persona, quizá incluso un niño, es una fuerza destructiva con respecto a la luz de las demás personas de ese grupo. En tal caso, a pesar de toda la compasión que pueda sentirse por esa persona o por ese niño, llega un punto en el que hay que decir que esa persona debería salir a trabajar o asistir a la escuela pública, porque no se puede quedar en la clase.

Si no lo hubiera hecho en años anteriores, ahora no tendríamos la escuela Montessori tan buena que tenemos. El año pasado me vi enfrentada a la posibilidad de tener que expulsar a varios estudiantes en un solo día. No los expulsé; les pedí que escribieran una carta diciendo si querían quedarse en la escuela. Todos ellos escribieron que no querían quedarse aquí y que lo hacían solo porque sus padres así lo querían.

Les dije a los padres que no podía permitir la estancia a estudiantes que no querían estar aquí. Es más, había que vigilarlos constantemente porque siempre se saltaban las reglas. Habían formado una camarilla, una camarilla de rebeldes que intentaba trabajar lo menos posible. Los demás estudiantes querían hacer decretos y asistir a conferencias, porque realmente amaban el Sendero y la luz. Entonces los chelas sinceros empezaron a sentirse como unos sosos; y los demás, que hacían cosas mundanales de todo tipo, eran los que supuestamente tenían todo a su favor.

Finalmente, un estudiante de secundaria que llevaba aquí varios años dijo: «No puedo seguir aquí». Y se marchó. Se marchó porque los otros estudiantes le hacían la vida difícil, se metían con él y lo criticaban, y decían chismes crueles de él. Y la energía se hizo tan pesada que se marchó. Yo me dije: «Al tolerar a los otros con la esperanza de que cambien a mejor, estoy dejando que se destruyan los verdaderos chelas».

A algunos de estos estudiantes transgresores se los había suspendido por fumar dentro de las instalaciones y se les permitió volver cuando suplicaron y pidieron perdón. Sin embargo, pidieron ser readmitidos solo por sus padres y porque les gustaba estar aquí. Habían infringido el código de conducta de muchas maneras. Algunos robaron cosas, otros tuvieron mal comportamiento en el ámbito sexual, otros tomaron alcohol. Pero los perdoné a todos. Los reprendí y dejé que continuaran aquí. Pero no salió bien.

Casos especiales

Una vez El Morya dio una charla a los estudiantes de nuestra Escuela Secundaria Montessori, en Pasadena. Una mujer había traído a su hija a la escuela, una niña que había estado involucrada en actividades criminales en su ciudad natal. Era obvio que la niña estaba poseída, y la madre no podía hacer nada por ella. Esta niña prometió, entre otras cosas, robarme todos los anillos. Estaba muy trastornada psicológicamente.

Morya convocó una reunión de estudiantes y les dio una conferencia muy intensa. A raíz de ello, desarrollé un programa para estudiantes mundanales. Si son muchachas y les gusta centrarse en su cuerpo y en su ropa, quizá les haga cortarse el cabello al estilo Juana de Arco, sin maquillaje, vestidas con ropa sencilla, trabajar en la cocina y asistir a sesiones de Astrea. En un mes o dos, salen totalmente llenas de luz y preparadas para ser chelas. ¡Es fantástico! O bien cambian de esta forma, o bien se marchan.

He tenido un gran éxito haciendo las cosas de esta manera. Incluso hay una estudiante, de las más mayores, a la que le permití tomarse dos años para terminar el último curso. Trabaja medio día en uno de los departamentos y está completamente ocupada sirviendo y haciendo decretos. Si supieran en qué estaba metida antes, comprenderían que esto no es demasiado severo. Esta muchacha me prometió hacer muchas cosas varias veces, que no hizo, y la única manera de volver a admitirla era bajo la disciplina más severa.

Pero esta muchacha está logrando lo que quiere y está teniendo éxito. En varias ocasiones, al verla, lloré tan solo con verla; y ella también, porque ha salido de las circunstancias más oscuras. Alabado sea Dios por proporcionar una matriz comunitaria para que ella pudiera resolver las cosas y lograr éxito en el Sendero. Ella sabe que yo lo sé todo sobre ella; y todavía puede mirarme a los ojos con confianza, con un sentimiento de autoestima por haberse ganado un camino para volver a subir la escalera. Ha hecho penitencia y no tiene motivo alguno para mirarme con temor o con un sentimiento de culpa, porque ha estado dispuesta a pagar el precio necesario.

Cuando les hablo de mirar a los ojos a gente mayor y ver un temor, sé que esto se debe a que van por ahí con una gran carga por sus pecados del pasado. Estas personas no sienten que han expiado esos pecados. Tampoco han mirado de verdad a Dios cara a cara con la disposición de permanecer frente a él cuando la ira de fuego blanco sale para consumir ese pecado, sabiendo que cuando el fuego los atraviese, sobrevivirán y seguirán teniendo una identidad. Porque Dios perdona y ellos pueden volver construir desde los cimientos.

Debemos comprender cómo lidiar con estudiantes desde preescolar hasta el duodécimo curso de varias procedencias y con distintos tipos de necesidades psicológicas. Debemos rezar constantemente para pedir que nos guíen, porque si ignoramos la base, si los niños llegan con problemas y ustedes tratan de hacer una superestructura de las Enseñanzas de los Maestros Ascendidos sobre la psicología del niño que aún tiene problemas, al final ese niño se verá obligado a bajar al sótano de su ser para resolver las cosas. De otro modo, lo que hayan construido encima no estará asegurado.

El don más grande que podemos darle a la gente joven es limpiar lo que les haya ocurrido hasta ese momento en su encarnación para que cuando se gradúen vayan con la confianza de que «Dios me ama. Dios me ha visto tal como soy. Dio me ha mostrado cómo tengo que lidiar conmigo mismo; y lo que soy ahora, él lo apoya».

Así es que volvemos al tema de la confianza. Una persona debe poder confiar en sí misma antes de poder confiar en Dios, porque la confianza no existe sin que uno sea consciente de ella anteriormente. Si no confían en sí mismos, ¿dónde está el barro con el que moldear su confianza en Dios o en otras personas?

Crear una máscara

Cuando los niños mienten o roban, uno no puede pasarlo por alto, porque cada mentira es un escape de la Realidad. El niño intenta crear una identidad con la que ustedes estén conformes, y dice: «No estarás conforme conmigo si sabes lo que hice, entonces voy a mentir y voy a decirte que no lo hice». En ese punto el niño se ha apartado de la Realidad y ha creado a otra persona que él presenta y que no es el Yo Real.

Cada vez que el niño le miente, crea un muñeco de cartón piedra de sí mismo; y esa imagen es la que presenta. Esa es su máscara. Pronto, si miente lo suficiente, no podrá deshacer las mentiras. Habrá creado una pseudopersonalidad y vivirá la vida creyendo que si la gente supiera cómo es en realidad, no lo aceptaría. Y por eso debe mentir.

De este modo encontramos personalidades creadas sobre la estructura de una falsa imagen o de aparentar ser lo que ellas creen que todo el mundo quiere ver. Esto lo hacemos en mayor o menor medida a través del vestir y cómo nos presentamos ante los demás. Y no hay nada malo en presentar la mejor imagen, en proyectar la imagen de devoción y de nuestra Cristeidad, porque eso es lo que somos en realidad y es por lo que nos esforzamos. Pero no podemos permitir una estructura de carácter falsa, creada ante nuestro ojos.

Debe haber un profesorado que actúe con amor y que trabaje con los padres. Es posible que los problemas psicológicos de un niño tengan mucho que ver con sus padres, quizá todo se deba a los padres. Estos no quieren admitir que sus hijos tienen problemas psicológicos y se vuelven difíciles de tratar. «A mi hijo no le pasa nada», dicen, y se enojan con todo el tema de la disciplina porque piensan que ustedes, evidentemente, están siendo injustos con su hijo.

Por ejemplo, hay una madre aquí que tiene dos hijos y una hija. Esta última la han criado bien, con una disciplina adecuada. Los niños están mimados. ¿Por qué están mimados los niños? Porque la madre odia a los hombres y, debido a un mecanismo psicológico opuesto, está convirtiendo a los niños en unos inadaptados al consentirlos.

No les permite que alcancen su madurez como hombres porque tiene un impulso acumulado en sí misma de emascular al hombre, de arrancarle su hombría. ¿Por qué? Porque no ha resuelto su propia femineidad y se siente amenazada por la masculinidad del hombre. Por tanto, al mimar a los niños, destruye su masculinidad.

Esto no se lo he explicado. Llevo rezando muchos meses y cuando el Espíritu Santo y la Virgen María me muestren cómo hacerlo, se lo explicaré. Debo hacerlo con mucha suavidad. Debo decírselo sin destruirla, sin hacer que se sienta totalmente destrozada. No puedo abrumar a una persona que vale mucho, que tiene muchas virtudes, un deseo de servir y muchísimas cosas buenas en su corriente de vida. Pero su fundamental falta de resolución con los hombres también afecta a su marido.

Cuanto más comulguen con Dios y con los Maestros Ascendidos y cuando más sintonizados estén con el Espíritu Santo, más les mostrará Dios estas cosas sobre la gente. Pero Dios espera que sean amables, tiernos y sensibles por el hecho de que se trata de personas que no están mental o emocionalmente sanas. Por tanto, la oración y los consejos que den deben hacerse con sumo tacto, con comprensión y apoyo. Para hacerlo, deben sentir un amor supremo por Dios en su corazón, porque cualquiera que tenga problemas con el aspecto del poder utilizará de inmediato una situación así para disfrutar viendo a la gente sufrir cuando el martillo de la Ley descienda.

Por tanto, al ser maestros tendrán una gran cantidad de poder sobre la vida de los niños pequeños y la de los padres. Y la gente que se siente insegura abusa cuando se encuentra en esa posición.

El pajarito que tienen es sus manos

Creo que se están dando cuenta de que ser un instructor en cualquier ámbito de la vida implica una responsabilidad suprema, de la que Gautama Buda nos habló cuando nos dio el dictado: «El pajarito que tenéis en vuestras manos».[3] En él dijo que todos los niños, todos los estudiantes, todos los chelas que acuden al altar, llegan como un pajarito. Tiene el corazón latiéndoles y están desnudos ante Dios. Llegan con temor, con esperanza, confiados y con todas sus cicatrices. Esperan que este altar sea el lugar donde Dios los reciba y donde sean amados.

Ustedes deben tener la idea de que todas las personas con las que tratan son tan tiernas como ese pajarito que tienen en las manos. Tendrán la capacidad de destruir a esa persona o de darle vida eterna con una palabra. Tendrán el poder supremo. Por eso deben tener un amor medido que atraiga la sabiduría que diga lo acertado y no lo equivocado.

Estoy segura de que todos recordarán haber encontrado de pequeños algún pájaro caído del nido, llevárselo a casa, tratar de alimentarlo con pequeños biberones y ayudarle a evitar los gatos y los perros del vecindario. Todos hemos tenido la experiencia de salvar pájaros, aunque algunos no sobrevivieran. Los vemos morir y lo pasamos muy mal cuando nos damos cuenta de que las manos humanas no bastan para cuidar de estas tiernas criaturas.

Por consiguiente, cuando tengan sensibilidad hacia la vida, Dios les confiará no solo unos centenares de personas, sino miles. Pero hasta entonces, no les confiará sus pajaritos. Cuando tengan esa sensibilidad, acudirán tantas almas a ustedes que apenas podrán cuidarlas a todas en esta octava. Deberán hacerlo multiplicando su cuerpo a niveles internos, lo cual es un gran don.

Espero que en su vida como maestros y padres ayuden a compensar todos los abusos de poder por parte de maestros y padres durante miles de años. Ruego que su llama, allá donde se encuentren, rezume este amor para que expíen los pecados de la gente que ha abusado de niños y jóvenes. Esa es la oración que ofrezco por ustedes de todo corazón.

Astronomía

110. Entre los temas escolares, que se enseñen los principios fundamentales de astronomía, pero que se presenten como una entrada a los mundos lejanos. Así las escuelas estimularán los primeros pensamientos sobre la vida en los mundos lejanos. El espacio se convertirá en algo vivo, la astroquímica y los rayos completarán la exposición de la magnitud de Universo. Los corazones jóvenes no se sentirán como hormigas sobre la corteza de la Tierra, sino como portadores del espíritu responsable del planeta. Fijemos nuestra atención en las escuelas, porque de ellas surgirá la afirmación de cooperación. No habrá construcción sin cooperación. No habrá seguridad de Estado ni unión mientras domine el egoísmo anticuado.

111. Se han dado muchas advertencias sobre el egoísmo. Esta mortífera hermana de ignorancia golpea y extingue los mejores fuegos. No consideréis un recordatorio del egoísmo fuera de lugar durante el establecimiento de cooperativas. Al contrario, cada estatuto debe escribirse no por uno mismo, sino por los demás. Entre varios apelativos, la palabra «amigo» será de suma cordialidad. En efecto, el corazón no admite egoísmo. El corazón vive en abnegación. Por tanto, fuerte es el corazón cuando está preocupado por el futuro, no pensando en sí mismo.

112. Es de suma utilidad poder combinar la ternura del amor con la austeridad del deber. La nueva vida no se detendrá por los contrastes. No ejercerá obligatoriedad con un yugo, sino que concederá amplitud de receptividad. La gente no debe sentarse en un gallinero. Es hora de conocer el planeta y ayudarlo. La gente no puede tranquilizarse al calcular cuántos años quedan antes de que el sol se extinga. Un gran número de circunstancias puede alterar todos los cálculos. Tampoco puede olvidarse que la gente puede roerse mutuamente hasta partirse en dos. Esta consideración no debe olvidarse, puesto que la malicia está abrumando a la Tierra.

113. La codicia es burda ignorancia. Solo la verdadera cooperación puede ser la salvación de una sarna tan maligna. Un hombre avaricioso lleva un sello en la cara. A él no le preocupa el corazón; su cáliz es amargo. Y para el hombre avaricioso el Mundo Sutil solo es una fuente de tormento.

114. La gente estudia la vida de las abejas, de las hormigas, de los monos; y se sorprenden con los pájaros migratorios, por su orden y precisión en el rumbo. Pero de todo ello no deducen nada para mejorar la vida terrenal. La historia natural debe enseñarse en las escuelas tan completa y atractivamente como sea posible. Con ejemplos de los reinos vegetal y animal uno debería hacer comprender qué tesoros hay contenidos en el hombre. Si los organismos comparativamente inferiores sienten los elementos fundamentales de la existencia, cuánto más debe aplicar sus esfuerzos el hombre para una mejoría exitosa. Muchas valiosas indicaciones se revelan por doquier. Desde las primeras lecciones, que los pupilos se alegren por las maravillas de la vida. Asimismo, que comprendan cómo emplear vuelos y la clariaudiencia. Por tanto, la clariaudiencia será una condición natural. Asimismo, el Mundo Sutil se estudiará, al igual que las energías sutiles. No habrá división entre lo físico y lo metafísico, porque todo existe; lo cual significa que todo es perceptible y cognoscible. Y así, las supersticiones y los prejuicios se destruirán.

El propósito del gurú encarnado

Quizá hayan leído las historias sobre Ramakrishna y otros que asumían las enfermedades de sus pupilos. Después de sanar a un estudiante, durante una hora o un día sufrían en sí mismos todos los síntomas del cáncer o la fiebre del estudiante. La enfermedad pasaba a través de ellos, se transmutaba y después seguían su vida con normalidad.

Yo, de hecho, cada vez que enseño, recibo alguna sustancia. Cada vez que vengo a un aula y me pongo frente a un grupo de gente durante dos o tres horas, salgo con la cantidad de energía mal cualificada que la Ley permita que tome. Soy consciente de ello durante el período de tiempo que tarda en atravesarme.

Sin embargo, la oportunidad que tenemos de servir juntos es la gran alegría de mi corazón. Veo en su ser y en sus rostros una enorme aceleración. Veo que los ciclos se acortan para los escogidos, algo que Jesús prometió,[4] lo cual les da la capacidad de ir y realizar un gran servicio planetario.

Por consiguiente, el precio que pago es muy bajo comparado con la alegría que recibo, pero esto implica las leyes de la química, la física, la materia y la alquimia. La sustancia mal cualificada no desaparece, así como así. Y el propósito del gurú encarnado es el de proporcionar ese punto focal y esa llama del corazón para el horno de fuego de la transmutación.

115. Nadie osa oponerse a la escuela, pero pocos hay que piensen en cómo mejorarla. Los programas escolares a veces no se revisan en años y, entre tanto, los descubrimientos están en marcha. Nuevos datos llegan a toda velocidad desde todos los lados: la esferas del aire, las profundidades de los océanos y los tesoros de las montañas, todos ellos dan datos maravillosos sobre sí mismo. Hay que apresurarse, de lo contrario las excavaciones cambiarán los datos de la historia convencionalizada. En las nuevas escuelas se deben eliminar las prohibiciones para que los pupilos vean la realidad, que es maravillosa si se la revela con sinceridad. ¡Amplio es el campo de la competición mental!

116. Escudad a los niños de todo lo falso; protegedlos contra la música sin valor; protegedlos contra la obscenidad; protegedlos contra las competiciones falsas; protegedlos contra la afirmación del egoísmo. Más cuando es necesario inculcar un amor al aprendizaje incesante. Los músculos no deben tener ventaja sobre la mente y el corazón. ¿Qué clase de corazón gusta de los golpes del puño?

117. Es absurdo pensar que la transpiración solo es una manifestación física. Durante el trabajo mental se produce una emanación específica, valiosa para la saturación del espacio. Si la transpiración corporal puede fertilizar la tierra, la del

espíritu restablece el prana al transformarse químicamente bajo los rayos del Sol. El trabajo es la corona de la Luz. Es necesario que los estudiantes de la escuela recuerden la importancia del trabajo como un factor de creación en el mundo. Como resultado del trabajo, habrá una constancia de la conciencia. Es necesario hacer mucho énfasis en la atmósfera del trabajo.

118. Se puede preguntar: «¿Qué signos deberían valorarse en un maestro?». Ya sabéis la importancia de la calidad de la acción y, por tanto, podéis aplicar nuevos métodos en acción. Uno debería preferir que el maestro proceda de un modo nuevo. Cada palabra suya, cada acto suyo, lleva el sello de la inolvidable innovación. Esta distinción crea un poder magnético. No como un imitador, no como un comentarista, sino como un poderoso minero de minerales nuevos. Uno debería tomar como base el llamado a la innovación. Ha llegado el momento cuando solo es posible ir hacia adelante. Preservemos el llamado de la voluntad en un recorrido incesante para no vivir más sobre el precipicio.

Uno debe decirles a los constructores de la vida que encuentren nuevas palabras, forjadas por una necesidad nueva. La comprensión de la novedad de cada hora proporcionará el impulso.

Señaladles a los amigos qué felicidad da ser eternamente nuevos. Y cada electrón del Nuevo Mundo dará poder. Captad el poder del nuevo llamado. Podéis aplicarlo en la vida diaria. Bien sabéis que Mis palabras son para aplicarlas.

119. Creéis correctamente que sin los logros de la técnica la comunidad es imposible. Toda comunidad tiene necesidad de adaptaciones técnicas y Nuestra Comunidad no puede concebirse sin la simplificación de la vida. Necesaria es la posibilidad manifiesta de aplicar los logros de la ciencia; de otro modo nos volveremos una carga mutua. Como realistas prácticos, Nosotros podemos afirmar esto con audacia. Además, podemos reprobar a los falsos realistas. Su ciencia servil y su ceguera les impide lograr aquello por los que se esfuerzan.

Precisamente como los fariseos de antaño, ocultan temor antes de admitir aquello que ya les es obvio a los demás. Nosotros no amamos a los ignorantes, no amamos a los cobardes que con su terror pisotean las posibilidades de la evolución.

¡Extintores de fuegos, odiadores de la Luz, no sois todos iguales, sea cual sea el lado del que lleguéis arrastrándoos! Deseáis apagar la llama del conocimiento; pero la comunidad ignorante es una prisión, porque la comunidad y la ignorancia son incompatibles. Es necesario saber. No creáis, ¡sabed!

∽

Amado El Morya, amado Señor Maitreya, amados grandes cuerpos causales de Nicholas y Helena Roerich, amado Lanello, oh poderosa acción del corazón de María Montessori, Virgen María e Instructores del Mundo, pido que en estos corazones se sellen los tesoros y las joyas del núcleo de fuego blanco de los cinco rayos secretos, todo lo que Dios ha depositado en mi corazón proveniente del corazón de la Virgen María, Jesús y Saint Germain.

Que estas joyas de luz ahora den a todos, de la mano del Maha Chohán, este gran don que Dios me ha dado a mí, el gran don de la sensibilidad hacia la vida. Que cada corazón esté preparado para ser sensible con respecto a las necesidades de todos los que les sean enviados, los niños pequeños y gente de todas las edades que necesitan amor antes de poder acercarse a la enseñanza.

En el nombre del Padre, de la Madre, del Hijo y del Espíritu Santo, les encomiendo a su poderosa Presencia YO SOY y a su Ser Crístico; y al Maha Chohán. Amado Maha Chohán, sé el instructor e iluminador perpetuo de estas almas de luz. Que vayan a realizar la poderosa obra de las eras, atar la hipocresía y lo irreal y exaltar a todo hijo de Dios verdadero.

En la luz de todo el Espíritu de la Gran Hermandad Blanca, que el poderoso diamante del corazón de la voluntad de Dios los guarde en una paz perfecta. Amén.

Cámelot
15 de junio de 1980

CAPÍTULO 9

La perpetua labor de amor

En el nombre de la luz de Dios que nunca falla, invoco la llama del amado Señor Maitreya, el amado Gautama Buda, el amado Señor Jesucristo. En el nombre de Sanat Kumara, venid ahora y limpiad la opacidad, la densidad, la causa y el núcleo de todo error en la mente y el corazón.

Invoco la poderosa acción de El Morya, los cuerpos causales gemelos de Helena y Nicholas Roerich. Pido que descienda la llama de la comunidad. Invoco la poderosa acción de su fuego sagrado. Pido que esto sea sellado en todos.

En el nombre de la Diosa de la Luz, la Reina de la Luz y al Diosa de la Pureza, amado Arcángel Gabriel y Esperanza, legiones de fuego blanco y relámpago azul, acercaos ahora al cáliz del corazón del Divino Hijo Varón como Cristo Universal en todos. Os damos las gracias y lo aceptamos hecho en esta hora con pleno poder.

En el nombre del Padre, del Hijo y del Espíritu Santo, en el nombre de la Madre, amén.

En la comunidad es importante reconocer la indispensabilidad del individuo. Sin individuo, no hay comunidad; y cuando el individuo no ejerce su derecho a ser la encarnación del Cristo en la comunidad, ya no es un foco de esa comunidad. Cuando el individuo no ejerce su derecho a ser la encarnación del Cristo, en vez de dar a la comunidad, toma de ella.

La comunidad puede destruirse si tiene en ella a personas así. Algunas de ellas son caídos y traidores, cuya luz se ha apagado, que realizan un intento intensísimo y frenético para aparentar ser portadores de luz. En consecuencia, tienen una capa, una pátina o un recubrimiento de luz. Lo harán todo bien y dirán lo que hay que decir y trabajarán mucho, pero apenas debajo de la superficie está el yo extinguido.

Si no hay un Mensajero, un avatar, la Palabra encarnada o una autoridad de la Hermandad en la comunidad, esta no sobrevive. Esto se ha observado muchas veces a lo largo de los tiempos. «Hiere al pastor, y serán dispersadas las ovejas»[1] es una afirmación cierta, porque el pastor es el único capaz de reconocer al lobo con piel de cordero. Él también es el único que tiene el poder y la autoridad de atar a ese lobo entre las ovejas

Una de las características de las ovejas es su candidez, su desconocimiento del yo irreal. Tenemos Summit University a fin de enseñar este conocimiento; pero, incluso con eso, la gente a menudo no tiene el conocimiento. Sigue marchándose con una idea de los maestros idílica y fantasiosa y a menudo irrealista sobre lo que es la Gran Hermandad Blanca y lo que significa la batalla de Armagedón. Las percepciones de las personas con frecuencia se alejan mucho de la realidad.

Estas enseñanzas se pueden escuchar, pero a menos que se las integre con el corazón, sirven de muy poco. Algunas personas toman y dan las enseñanzas como una computadora. Al tener una conciencia computarizada, suenan muy competentes. Pueden dar la enseñanza con emoción, combinando las emociones con el intelecto como una imitación a la mente y el corazón de Cristo. Pero tales personas no pueden dotar a la Palabra viva de la llama del Espíritu Santo.

Por desgracia, los desconocedores no saben cuál es la diferencia entre alguien dotado del Espíritu Santo y alguien que solo actúa con emociones humanas. Hasta que no lleguen a ese punto de discriminación, no pueden llegar muy lejos en el Sendero. La falta de discriminación es lo que me preocupa en nuestros estudiantes de todo el mundo. He notado que algunos son muy astutos y otros no. Por consiguiente, cuando confían en quienes no deberían, regalan su luz inapropiadamente.

Imitación, no idolatría

He estado escuchando las conferencias sobre «La idolatría y la prueba de fuego».[2] Me he tomado en serio la enseñanza al escuchar lo que dio el Espíritu Santo y soy consciente de ella a fin de ayudar a las personas de la comunidad a vivir de acuerdo con ella, porque se dio el anuncio de cierto juicio previo. Se enfatiza la necesidad de armonía como clave para obedecer las leyes de Dios. Desde la entrega de esa enseñanza, he visto a miembros de la comunidad perder la armonía y no tomarse en serio la enseñanza.

Simplemente debo señalar cómo se puede caer en un estado donde la vida se ve desde la conciencia humana sin darse cuenta de ello. La idolatría a Jesús es la fórmula de los caídos que corrompieron el cristianismo; y Jesús tenía una gran preocupación de que este no fuera el resultado de su misión.

Yo también estoy preocupada. Siento el respeto por mí misma por el hecho de saber que Dios vive en mí. Es respeto, pero no idolatría. Me comporto de acuerdo con ese respeto, igual que deberían hacer ustedes. Si se respetan a sí mismos y saben que Dios están en ustedes, me tratarán a mí del mismo modo. La gente debería actuar como si supieran que Dios está presente en todos.

Deberíamos deshacernos de todos los ídolos en nuestro corazón. Soy consciente de que Dios es lo único que tiene valor. Allá donde yo estoy, está Dios y Cristo. Cuando más está Dios donde yo estoy, más estoy indefensa sin él. Y si tengo algún sentimiento del «yo» aparte de ese Dios, ese «yo» es totalmente consciente de que para actuar debe estar integrado con Dios en todo momento.

Por consiguiente, para actuar dependiendo únicamente de Dios y del Cristo vivo, uno no desarrolla y ejerce las facultades humanas. Uno se vuelve cada vez menos capaz de hacer nada y, por tanto, se vuelve cada vez más dependiente de Dios. Cuanto más dependamos de Dios, más dependeremos de Dios.

La experiencia que tengo con la Hermandad es de unión. Cuando Jesús actúa y habla a través de mí, soy consciente de lo que dice después de que lo dice y no a modo de comunicación de teletipo. Es decir, YO SOY esa Palabra. YO SOY ese Cristo de Jesús. Él habla. Hace cosas. Habla con la gente. Cuando me acerco a una situación que parece insuperable, él da la solución. Envío a alguien a solventar el problema o lo resuelvo yo misma; y, milagrosamente, es la solución del Espíritu Santo, y todo el mundo está feliz.

Hay problemas muy difíciles. Afronto problemas difíciles todos los días sin tener la menor idea de cómo resolverlos. Y no tengo la menor idea de cómo resolverlos hasta que abro la boca y Dios habla.

Así es que hay un período en la vida de bhakti yoga en el que se adora a la Virgen, pero se adora la luz en ella. Se adora al Cristo en Jesús. Se adora a Dios en el Arcángel Miguel. No se adora al emisario. Después se interioriza la Palabra cuando realmente uno siente a Dios allá donde uno se encuentra, pero ese Dios no es un ídolo.

Dios es el actor donde estoy

Por supuesto, la parte de mí misma que es este vehículo tiene un aparato físico. Sabemos cómo funciona. Sabemos cómo trabaja la mente, que asimila información y la ordena. Discrimina. Toma decisiones. Esa parte de mí no es el actor. Dios es el actor donde estoy y me muevo según él me haga moverme.

Cuando interactúen conmigo, es importante no poner bloqueos para poder bañarse en la fuente que Dios ha puesto donde estoy. ¡Lo que se ve andando alrededor es una maravillosa fuente de luz! Pero no puedo enseñar a idólatras; solo puedo enseñar a amigos y siervos, siervos de Dios y amigos míos. Cuando una persona así está presente (y solo hace falta una persona), la Palabra saldrá fluyendo todo el día. Nunca dejará de hacerlo. Puedo enseñar o escribir todo el día en presencia de una persona que tenga la percepción clara de lo que intento dar.

Jesús tuvo la necesidad de extraer de los discípulos y de Marta la respuesta a una pregunta: «¿Quién soy?». Los que pudieron comprender quién era, pudieron ser un electrodo (la polaridad negativa u Omega) de su mensaje y de su sanación.

Mark comentó en una de sus conferencias cómo Jesús fue a Nazaret, donde conocían a sus padres y sus hermanas y hermanos, y la gente lo rechazó. Sufrían de una gran incredulidad. Jesús no pudo hacer muchas grandes obras en Nazaret, porque no se puede obrar en presencia de quienes no reconocen la Realidad.[3]

Entre las personas, el mayor compartir se da cuando las dos mitades de la totalidad saben que existe este amor intenso. Este amor es puro, como una flecha que se dirige directamente al corazón del Cristo y de Dios; sin embargo, es un amor hacia la persona en su totalidad. Es como amar la rosa, la espaldera, la vid, el corazón de la rosa y la matriz que hay detrás, y comprender que todo eso es Dios.

No obstante, uno puede amar a la persona de manera personal. Si hablamos de idolatría y pensamos: «Si amo a Madre de manera personal seré un idólatra», también habremos malentendido nuestra percepción divina. Por tanto, simplemente hay necesidad de transmutar el temor y la duda, de establecer una base personal interior, esa base que es Cristo, y ser amigos del Ser Crístico, comprendiendo que al final estamos en un proceso en el que somos asimilados por ese Ser Crístico. Y un día ya no dirán: «Aquí está mi Ser Crístico y aquí está mi alma».

A veces la gente me dice: «Pues he visto a su Ser Crístico hablar a través de usted». Y yo siempre digo: «Bien», porque lo que la gente percibe es lo que puede conocer. Yo sé que YO SOY el Cristo vivo. Pero lo sé tal como *yo* lo sé. Y no serviría de nada que se lo afirmara a otra persona, y menos a todos ustedes, ni siquiera pedirles que acepten este hecho.

Solo existe una persona que puede confesar que Cristo es Señor, y es el Espíritu Santo en su templo dando testimonio de la luz. No hay declaración justa de la verdad a menos que el Espíritu Santo hable a través de ustedes. Por tanto, en su estado de idolatría, no quiero que digan que YO SOY el Cristo. No les hace ningún bien a ustedes. No me hace ningún bien a mí. ¿De qué sirve? «Al caso llámenme cualquier cosa —como dice Mark— siempre que me llamen para el desayuno».

No hay necesidad de hablar de quién es el Cristo si, al descubrir quién, dejan atrás su propia Cristeidad. Jesús llamó a los discípulos a que lo siguieran y lo dejaran todo. Dejaron atrás lo irreal; se llevaron lo real; lo siguieron y después lo interiorizaron. Pero el que ustedes abandonen las amarras de su identidad Crística para seguirme es algo que nunca funcionará. Nunca tendremos una comunidad del Espíritu Santo. Nunca tendremos un cáliz viable para la Hermandad.

Si veneran al Cristo donde yo estoy y no donde están ustedes, terminarán despreciando la Palabra. Si no está donde ustedes están, sentirán celos. Nadie puede permanecer en un estado idólatra por mucho tiempo antes de tener que derrumbar a sus ídolos. Se trata de la conciencia que los Nefilín tienen de los dioses y su tipo de religión, que han inyectado en el cristianismo.

La gente venera a Jesús en vez de adorar e interiorizar al Cristo con obras y hechos. Debido a que hemos hablado mucho de ello, con frecuencia pensamos que todo esto lo tenemos detrás. De hecho, no lo tenemos detrás. Está aquí mismo y ustedes tienen el gran trabajo de interiorizar la luz de su propia salvación, de su autoelevación, de su autopercepción en la Palabra.

El individuo en la comunidad

Hemos empezado hablando de la importancia del individuo en la comunidad. La única individualidad verdadera es la Palabra individualizada, como Arriba, así abajo; la Presencia YO SOY Arriba, el Cristo abajo encarnado en ustedes. Los seres Crísticos son los únicos con la capacidad de sostener el cáliz de la comunidad, de sostener su red. Ahí es donde hay que trazar la raya en una Comunidad del Espíritu Santo.

Deben ser conscientes del Yo Real y del yo irreal; deben ser conscientes de cuándo actúa el yo irreal en otra persona; deben ser conscientes de que en su vida no pueden sentir lástima por el yo extinguido, por la persona que permanece como un cascarón y que vive de la luz de ustedes personalmente o de la luz de la comunidad.

El mito de la igualdad es algo de lo que Mark solía hablar, el mito de que todo el mundo es igual y que si alguien dice y hace algo bien, las puertas del paraíso deberán abrirse para esa persona. Lo más fácil del mundo es hacer y decir lo correcto. La mente humana es una computadora a la que esto le resulta muy fácil, especialmente cuando uno no está amarrado a Dios y está a punto de extinguirse.

Lo más difícil de todo es estar a bien con Dios en el corazón y haber interiorizado la Palabra. Los caídos ponen todos sus esfuerzos en escribir la Palabra, en hacerse expertos en la Palabra y en darla. Puesto que son altamente intelectuales, consiguen tres o cuatro cátedras y doctorados, se hacen doctores de teología. Les encanta pontificar, pronunciar doctrinas y dogmas y llevarse la luz de quienes se sientan en sus clases y reciben algo que no es la enseñanza verdadera.

Muchos de los extinguidos ocupan puestos de poder, porque hasta cierto punto son progenie de los Nefilín o un cruce. Por tanto, lo principal que tienen a su favor es una mente carnal muy sofisticada y compleja, como la enormidad de las computadoras modernas. Les sorprenderá cómo esta gente, incluso con las Enseñanzas de los Maestros Ascendidos, pueden enseñar la Palabra de tal manera que parecen expertos, los mejores chelas, ignorando totalmente a los que guardan silencio, que son los verdaderos devotos.

Los verdaderos devotos trabajan mucho y sirven con amor. Ante ellos uno casi siente un aura de rosas; un aura de santidad, porque la belleza viene de su alma, de su corazón, de su mente y a través del trabajo de sus manos. Su sermón es un salmo de vida. Se ponen manos a la obra y son la verdaderas columnas de la comunidad.

Obviamente, estamos aquí para formar a gente que lo lleve todo a la consumación de la prédica de la Palabra. Pero ¿cómo se puede predicar la Palabra cuando no se tiene el Espíritu Santo? Hay que ejercer el chakra del corazón. Por eso tengo como requisito después de Summit University trabajar o ir de gira tres meses. Solo en una situación de trabajo uno descubre cuánto ama a Dios.

Un asunto disciplinario

Hace poco tuve un asunto disciplinario con una secretaria, y le dije: «¿Deseas ser secretaria al cien por cien?».

Ella contestó: «No, solo un ochenta por ciento».

«Bueno —le dije— voy a tener que darte una disciplina especial hasta que puedas vivir en el interior de tu ser en vez de en la superficie. Debes llegar al punto en el que no te importe lo que hagas (fregar suelos, trabajar en el huerto, escribir, hacer la contabilidad o cualquier otra cosa) y que puedas hacerlo todo con la misma alegría porque tu alegría no está producida por lo que hagas exteriormente, sino que la produzca tu contacto con Dios».

Nunca he sentido algo así como no servir al maestro en mi vida con todo mi ser, pero lo he visto muchas veces en esta organización. Es asombroso. Y esto es un colosal engaño a Dios por parte de la persona.

Uno no puede llegar a ningún sitio en el Sendero sin estudiar *Silenciosamente viene el Buda* y encarnar esas diez perfecciones.[4] En todos los años que llevo sirviendo a la Hermandad, nunca he realizado ninguna tarea que no me gustara, ya fuera limpiar retretes, hacer la compra, hacer la colada, cambiar pañales, levantarme y dar una charla delante de gente beligerante, deambular por el mundo y todas las cosas que quizá no decidiera hacer.

Pero les puedo asegurar que nunca se me ha ocurrido querer o no querer hacer algo. Se trata simplemente del siguiente servicio, la siguiente espiral, el siguiente ciclo, la siguiente necesidad que Dios tiene. Si se me llama, lo hago. Es automático.

Mi alegría es perpetua. No conozco la falta de alegría. Estoy alegre constantemente. Me rebosa la risa de los ángeles. No importa lo que escuche (demandas, artículos de periódico, esta o aquella calamidad), no me importa en absoluto. Nada puede apartarme de la alegría de Dios.

Veo que la gente anda con cara mustia. Veo que la gente se desanima y se deprime porque trabaja fuera de la comunidad y no le gusta el empleo. Pero no voy a invitar a nadie a trabajar a Cámelot si no le gusta trabajar en el centro de la ciudad en una tienda porque es demasiado denso. ¿Dónde van a obtener la maestría?

No comprendo que alguien diga: «Prefiero hacer esto antes que aquello. Prefiero desarrollar los talentos que tengo». Nunca he escuchado algo así, pero me he enterado al leer *Comunidad*.

Una labor de amor

La comunidad es para quienes aman la labor sagrada, no para quienes se asustan de la labor perpetua. El significado de comunidad es labor perpetua. El corazón late a perpetuidad. Su ejercicio perpetuo es una labor de amor por Dios. Sin ese ejercicio, el corazón pierde su fuerza como músculo, pierde su vida y empieza a deteriorarse. Deben bombear constantemente luz a través de sí mismos en la vida de Dios. Si no se encuentran en un estado de dar y recibir, que es el patrón del flujo energético al corazón, empezarán a disminuir hasta que finalmente dejen de existir.

Esta es la ley de la vida en la comunidad; y quienes no han interiorizado suficientemente al Cristo para querer todo ese esfuerzo, deberían ser solo amigos de la comunidad. Puesto que pueden contener una cantidad limitada, deberían ser discípulos que viven con su familia, vienen a los servicios, leen las enseñanzas en la medida de lo posible, decretan según lo desean y ojalá obtengan lo máximo y lo mejor de lo que producen quienes sí están en la inmensa rueda cósmica de la labor perpetua de Dios.

Interiorizar la Palabra que se escucha en la clase y predicar la Palabra requiere el tercer incremento, que es la labor perpetua de amor. Cuando se tiene esa labor y ese amor, se siente constantemente un fuego por Dios. Lo único que debo hacer es hablar de ello y el fuego estalla, arde y crea una sensación física de ardor en mí. Mi amor por Dios y por cada maestro es tan intenso que apenas puedo soportarlo.

Apenas puedo soportar en esta octava el amor que hay en mi ser por cualquier maestro. Pienso en El Morya o en Kuthumi y me derrito. Tengo que disciplinarme para no pensar en los maestros, porque me disuelvo en el fuego del amor que siento por ellos.

Por eso me ocupo en pensar en los chelas y los miembros del

personal y la organización; todo eso no contiene tanto a Dios para que yo me ate tanto como me ato a Dios a través de la Hermandad. Entro en un éxtasis de compasión cuando medito en los chelas y siento la ausencia de fuego que tienen. Entonces mi labor sagrada consiste en seguir llenándolos de fuego. De ese modo puedo disipar parte del fuego y no me derrito por tener demasiado. Ese es el dharma del Sendero y la gran alegría del ser.

La mejor forma de descubrir de verdad la psicología personal de uno mismo es entrar en una labor perpetua dentro de la comunidad. Esta es la forma más rápida de encontrase con el yo egoísta, el yo irreal, el yo sintético, el yo que se resiste, el yo desconocedor, el yo ignorante, el yo denso, etc.

Cuando trabajen hasta que su cuerpo sencillamente no dé para más, descubrirán si aman a Dios lo suficiente para que se les vuelva a infundir amor; o dirán: «No sigo adelante». Ahora bien, para esto hay que dormir lo suficiente, comer adecuadamente y, ciertamente, no sacrificar tesoros espirituales, como nos ha enseñado Mark.

Pero hay momentos en los que hay que hacer algo más y a uno ya se le han gastado las pilas ese día. Sin embargo, sentimos un amor tan intenso hacia la persona que se beneficiará de nuestro servicio, que uno abre una válvula. Por el fervor del amor abre una válvula de las reservas del cuerpo causal (no del cuerpo físico) y recibe un incremento de fuego y luz para terminar el proyecto a tiempo para la victoria.

Una explosión de amor

Recuerdo cuando yo era la única persona que manejaba la imprenta. Lo hacía durante muchas horas, a veces ocho, diez horas al día. Recuerdo un día, cuando terminé un trabajo, que no era capaz de moverme. Me acosté sobre el cemento al lado de la máquina porque no podía mover el cuerpo hasta el piso de arriba. Pero estaba feliz, muy feliz. Tuve que esforzarme mucho hasta llegar a ese punto. Después me acosté sobre el cemento y medité, y rejuvenecí, y proseguí con el siguiente trabajo.

No hablo muy a menudo de mí porque no quiero darles ningún

motivo para que me eleven por encima de ustedes. Pero debo darles algunos ejemplos para que entiendan en qué punto se encuentran y dónde pueden tener un poquito más de conciencia cósmica; y cuánto puede ser más grande la explosión de amor en su corazón.

Algunas personas deben separarse de la comunidad por no haber interiorizado el amor. Necesitan salir y hacer algo para desarrollar el chakra del corazón, porque si ese chakra no está desarrollado, llega un punto más allá del cual no pueden seguir. No hay capacidad para interiorizar la luz. No hay capacidad para lidiar con el aumento del karma que regresa.

El karma se acelera cuando tienen más luz y cuando ascienden por el Sendero, si tienen el corazón necesario para afrontarlo. Es decir, al subir por la espiral del logro deberían ser capaces de tomar más karma propio del pasado y más karma del mundo de lo que podían antes de tener el logro; pero esto solo lo pueden hacer si tienen el chakra del corazón desarrollado.

El chakra del corazón se desarrolla con sabiduría, amor y el ejercicio extremo de la voluntad, la voluntad de Dios de ser su voluntad en acción. Mark a menudo citaba a Jesús: «Esto es mi cuerpo que por vosotros fue partido».[5] Y todos necesitamos un fragmento de ese cuerpo, cualquier fragmento. Podemos tener el cuerpo de Jesús como fortaleza, como propósito, como fervor, como santidad, como voluntad. Cualquier cualidad que necesitemos, el cuerpo es partido y el Santo Ser Crístico de cada cual es una parte de ese Cristo Universal, cuyo cuerpo fue partido y dividido entre nosotros.

Las enseñanzas son místicas. No se puede comprender una enseñanza mística sin un chakra del corazón desarrollado. Se puede repetir la enseñanza, pero después, al salir a robar, mentir, engañar o asesinar, se dirá que aún se conoce la enseñanza. Sí, podrán escucharla. Podrán estudiar y sacar un sobresaliente en los exámenes, pero si la enseñanza no ha cambiado su vida, eso es porque el bloqueo alrededor de su alma y corazón no ha sido eliminado por un amor ferviente. Esperar con paciencia al Señor, el Novio, es un acto de fe. Y si no se posee un corazón magnánimo, hay que empezar con la cualidad de la fe.

Creer en el Enviado

¿Qué es fe? Es una corriente de amor ininterrumpida hacia el objeto de fe. Creer en el Enviado no es venerarlo. Creer en el Enviado es tener la fe de que el Cristo está aquí y despúes derramar amor a ese Cristo, interiorizando así más de ese Cristo allá donde estamos.

La fe, la absoluta certeza de que el Novio vendrá, es una conexión que literalmente atrae al Novio. El fruto de la unión divina del alma (la Novia) con Cristo siempre es el nacimiento de la conciencia del Cristo Universal.

La Hermandad ha hablado mucho del amor. En Pascua los maestros entregaron una espiral de catorce meses del rayo rubí. El rayo rubí es el fuego intenso del corazón. Por consiguiente, tenemos la oportunidad de expandir el amor de nuestro corazón en estos catorce meses. Es una gran oportunidad; sin embargo, en medio de eso, Jesús dijo: «Apartaos de mí, menospreciadores de la Palabra».[6]

Los que menosprecian la Palabra son los que llegan siendo ya sus propios ídolos. Una persona puede establecerse como un ídolo con la autoridad de juzgar al siguiente ídolo, que es la Mensajera. Así es que tenemos la situación en la que nadie puede ser un idólatra a menos que antes ya haya establecido una condición idólatra en su conciencia y se haya establecido como la autoridad para juzgar.

Por tanto, recomiendo que lideren con la espada del amor, una espada rubí, y que combinen la acción de esta espiral de rayo rubí con la necesidad de desenmascarar la irrealidad en sí mismos. Cuando vean lo irreal, podrán empezar a descomponer al hombre mecanizado que la mente carnal ha establecido en su templo. Y al mismo tiempo podrán comenzar a construir la gran pirámide de su individualidad Crística.

Tienen tiempo. Están encarnados físicamente. No estamos en la octava etérica. Esto no es el Consejo Kármico. No estamos sentados con la Diosa de la Libertad ante un juicio final de una encarnación individual. La mayoría de ustedes son lo suficientemente jóvenes para que se transformen muchas veces. Todo está en un estado de renovación.

El valor de que estemos juntos es que de repente ustedes tienen una mayor percepción de lo que significa la interiorización del Cristo. Por tanto, sea cual sea lo que sientan que les falta, espero que su amor hacia mí sea un amor puro. Espero que no sean menospreciadores de la Palabra, alguien que me menosprecie por tener algo que ustedes no tienen. Espero que tengan suficiente autoestima para estar contentos por haber encontrado a alguien como ustedes que se ha realizado un poquito más que ustedes.

Ustedes pueden hacer lo mismo en este mismo instante, y eso es lo que les dice cada sermón de Mark. Esos sermones son una enseñanza como de autoayuda, como la ley del éxito: «Todo lo que yo puedo hacer, tú lo puedes hacer mejor». Y ese es el propósito del amor, ¿verdad? Amamos las cosas que admiramos en las personas cuando tenemos relaciones con nuestras familias y nuestros amigos. Nos gusta tener amigos en quienes podamos admirar una exteriorización o una faceta del Cristo que nosotros no tenemos.

Está bien amar y venerar al Cristo que exteriorizó esa cualidad en su amigo. Yo alabo a mis amigos por su diligencia y fe en su rayo en particular. Alabo a Lanello. A veces, decir «alabado sea el Señor» equivocadamente puede significar rechazo. Una persona puede sentirse decepcionada y pensar: «He hecho todo este trabajo. He trabajado mucho toda la semana y alguien llega y dice: "Alabado sea el Señor"». La persona merece un alago siempre que comprendamos que estamos alabando la interiorización de la Palabra en esa persona en vez de ser un «Alabado sea el Señor, y tú no importas».

¿Saben que cuando Jesús sanó al ciego, los fariseos trataron de que la gente y el hombre que fue sanado dijeran que Dios lo había hecho? «Dad gloria a Dios. Sabemos que este hombre es un pecador».

El ciego de nacimiento dijo: «No, lo hizo este hombre. Este hombre me ha curado».[7] Este hombre comprendía el concepto del Cristo encarnado. Había estado esperando la llegada del Cristo. Y Jesús dijo: «YO SOY él». Y el hombre creyó que Jesús era él.

Jesús no le habría dicho al ciego que era el Cristo si este no hubiera superado la prueba y afirmado ante los Nefilín: «Me ha abierto los ojos». Es algo maravilloso. Fue sanado y dio gloria a Dios, porque hacía mucho había interiorizado la idea de la encarnación de Cristo. Hay una integración, y hay un punto de Realidad.

Derribad vuestros ídolos

Es lícito adorar a Dios como centro de la individualidad de uno mismo, siempre que no se haga de forma idólatra. La mejor garantía para estar libres de idolatría es tener una llama del corazón desarrollada. Cuando su llama del corazón está desarrollada, pueden amar a un persona total e intensamente porque saben que esa persona es Dios. No tienen una conciencia de carne y hueso sobre esa persona.

Por tanto, no les estoy diciendo que amen menos, sino que amen más. Su amor es su Yo, su gran Yo Divino, y ustedes no están separados de él. Ustedes no son una gráfica* de carne y hueso en la que están aquí abajo y el Espíritu está ahí arriba. Deben amar a este ser que ustedes son como una corriente continua de luz.

Existimos en muchas octavas, como los muñequitos que los niños enganchaban unos con otros. Existimos en todos esos planos. Tenemos una identidad grandiosa, un ser interior inmenso, y debemos amar a ese ser. Lo que aflora aquí en la Tierra es la parte sin resolver de ese ser, la parte que no se ha resuelto a sí misma en el tiempo y el espacio y que tiene su patrón kármico. Pero tenemos una parte inmensa que es la conciencia cósmica de todo el universo, del que formamos parte. Y todo está integrado, todo es Uno.

Debemos amar a ese Gran Yo Divino y decir: «Ese o esa soy yo. Solo tengo que deshacerme de este yo irreal, este yo ilusorio que tengo. Tengo que disolver el terrón de azúcar bajando más fuego».

Tengo el gran deseo de impartirles esta enseñanza, de enfocarla desde muchas perspectivas para que pueda sobrepasar a su autocondenación. Pues nos equivocamos; eso también es irreal. Todo es irreal. Si se van a deprimir por haberse equivocado, están encerrados. Su ídolo hizo algo malo y ahora están disgustados con el ídolo de ustedes mismos.

Derriben sus ídolos. Después ya no serán molestados y no asu-

---

*Esto se refiere a la Gráfica de tu Yo Divino, página 180.

mirán la vibración de la lástima o la condenación de sí mismos. Solo existe una verdadera conciencia allá donde están: el Cristo Universal. Esto es supremo; es una dicha; es un regocijo. Esto los inunda de luz. No tienen ninguna otra conciencia de sí mismos. Cada vez que salgan de su fuente de alegría, se dirigen hacia la irrealidad total. Allá a donde se dirigen, no existe. Y si no regresan al centro, ustedes tampoco existirán. Eso es lo que les pasa a los extinguidos. No se puede contener la luz si la luz no es Cristo. La luz que no es la llama autosustentada se apagará.

En todos los boletines de noticias donde se menciona un apagón observarán que a los periodistas les encanta decir: «La luz se fue». En varias ocasiones esto me ha hecho reír. Esta mañana puse las noticias en el automóvil y el noticiero dijo: «Tenemos una historia sobre la luz que se fue». Parece que Estados Unidos probó un rayo láser que no acertó a dar a un misil que se aproximaba. Así es que la luz se fue.

Existe una luz que falla; es la luz humana. Es una luz mecánica. La única luz que no falla es la llama autosustentada, la llama trina. Si alguna vez tienen una vibración que no es la de su llama trina, es que se encuentran en las tinieblas de afuera. Si se quedan ahí, será culpa suya. Y si se quedan demasiado tiempo, es como apartarse de la nave nodriza con una cuerda muy larga; podrían no regresar; podrían no volver a esa llama. Por tanto, no pueden permitirse vibraciones que no estén animadas y encarnadas por su llama trina.

¿Qué es lo que los motiva? Amor. Todo nos lleva al amor. No puede haber ninguna motivación sin el puro amor a Dios, al Dios que lleva la carga aquí abajo, no al dios idólatra que hemos puesto en el cielo.

Todos ustedes han lanzado satélites y después los han venerado. Lanzamos a nuestros dioses al espacio. Lanzamos a la Virgen María y nos echamos al suelo a venerarla en la iglesia, porque la hemos lanzado. Pero lo que estamos venerando es un concepto de la Virgen María que no guarda relación con la Virgen María, Jesús o Gautama. Por eso, cuando conocemos las enseñanzas y nos hacemos una idea de quién es El Morya, lo lanzamos y desde ese momento nos arrodillamos suplicando que nos dé regalos y favores para siempre.

No es de extrañar que los cursos universitarios de filosofía hablen de creencias que son producto de las necesidades y los temores de la gente, porque cuando se analiza cierto segmento de la población, se descubre que eso es cierto. Los dioses Nefilín se erigieron como dioses para beneficio de su creación, su hombre mecanizado.

¿Por qué se han alejado los maestros?

Quizá ahora comprendan por qué la Hermandad se ha alejado a una dimensión en la que no podemos ver a ningún Maestro Ascendido. Deben comprender que su incapacidad de ver a un Maestro Ascendido y su falta de contacto tiene que ver con el hecho de que la gente ha cubierto a los maestros con muchísima idolatría para su perjuicio. Los maestros han tenido que alejarse más allá del velo para obligar al individuo a superar las cosas por sí mismo, a esforzarse, a exteriorizar una voluntad y a sentir suficiente dolor para conocer el dolor de otro y saber amar.

En los últimos veinte años debo haber preguntado a los maestros más de cien veces por qué permanecen detrás del velo. Y cada vez que pregunto, recibo una respuesta distinta, ya que la respuesta de un maestro depende del punto en el que nos encontremos en conciencia. Si se sienten apesadumbrados, dirán: «¿Por qué te has marchado y me has dejado aquí?». O puede que sientan compasión de un Maestro Ascendido y comprendan que hay algo que ha debido empujarlo a abandonar esta octava.

¿Qué empuja a una persona de logro a abandonar la encarnación, cuando con ese logro tiene toda la compasión de un bodhisatva, de Avalokiteshvara, para permanecer en esta octava? Debe ser la idolatría. Nadie puede vivir como objeto de la idolatría de otra persona. Hay que huir y esconderse en una cueva, ir a las montañas. Uno no puede quedarse con la gente.

La idolatría tiene dos caras, su más y su menos. Algunas personas te adulan con su amor humano, otras te destruyen con su odio humano, pero el amor y el odio humano son una sola cosa, dos caras de la misma moneda. Por eso la gente que te odia en realidad está dando voz al otro lado del amor humano. Entre ambos, se obliga a los maestros a que no estén encarnados.

¿Qué hizo que San Francisco se marchara? Los hermanos llegaron y cambiaron su orden. Ya no era la orden le había dado Cristo. Él ya no encajaba en su orden. Durante su ausencia, los hermanos lograron el visto bueno de Roma para hacer lo que quisieran. Cuando Francisco regresó, le dijeron que no era práctico un sendero de pobreza, porque ya habían acumulado tierra y posesiones.

Esto le rompió el corazón. Literalmente le rompió el corazón. Hay gente que se muere por tener el corazón herido. El dolor hace que el corazón se rompa.

Contener la luz

Por tanto, la gente no ha dejado sitio para los Maestros Ascendidos en su vida. Puede tolerarlos un poquito. Puede permitirse tenerlos cerca un poquito, pero no puede tenerlos cerca todo el tiempo. Yo me siento agradecida por la gente que puede soportarme habitualmente. Me encanta.

El libro de Enoc describo cómo la Madre bajó a la Tierra, pero no pudo quedarse. Tuvo que volver al cielo. Es una crónica asombrosa, porque vino y se marchó.[8] Aquí tenemos la llama de la Madre, donde es bienvenida y se la reconforta. Sin embargo, he visto que muchas personas se cansan al cabo de unos minutos o unas horas en mi presencia. Es algo totalmente comprensible dado su estado de conciencia y su karma. No pueden quedarse más, ya sea para servir o para escuchar la enseñanza. Cuando sí pueden, vuelven regularmente o vuelven para los servicios dominicales de vez en cuando. Permanecen conmigo hasta cierto punto y después se marchan.

¿Qué me ocurre a mí cuando se marchan? Afortunadamente, tengo suficientes amigos que me aceptan siempre. Si no los hubiera, alguien que contiene la cantidad de luz que contengo yo, cuando todos los que asisten a unas conferencias se marchan a casa, te quedas ahí sola con la luz intensísima que es la luz más grande del cielo y de la Hermandad. Te sientes más en el cielo que en la tierra. Te identificas más con el cielo que con la tierra, pero debes quedarte en la tierra. Es muy difícil. ¿Dónde está todo el mundo? Todo el mundo ha tomado toda la luz que podía contener; y volverán dentro de tres meses más o menos.

Cuando eres un instrumento de la Palabra, necesitas prepararte para atravesar esos períodos y volver a asimilar niveles de la tierra sin perder luz o sin perder el contacto. Debido a la naturaleza del vivir cotidiano, debes tomar toda la luz, ponerla en un compartimento y sellarla. No se puede existir en la carne como Mensajera si te quedas a la altura a la que te encuentras a la conclusión de un dictado de Zaratustra o de un Elohim. Me sería imposible existir en la carne, porque la carne se cansaría de la luz.

Cuando los dictados se dan y terminan, la carne está agotada y se encuentra en un punto extremo de debilidad o vulnerabilidad, mientras que el Espíritu se encuentra en un momento de una fuerza intensa. La poderosa Presencia YO SOY está abierta por completo y resplandeciendo, y todos los presentes beben de esa luz estupenda; cada cual según su capacidad. Ese ciclo debe tener una conclusión, de otro modo el ajuste es demasiado difícil.

Cuando tomar un descanso

También se alcanzan puntos de gran altura y saturación cuando se sirve y se vive en la Palabra. Por tanto, es importante tomar un descanso, irse de vacaciones, salir a cenar, ver una película que sea tolerable, que tenga algún valor social, como dicen.

El fin de semana pasado vi una película llamada «Breaker Morant», que trata de la historia verídica de la segunda guerra bóer, en Sudáfrica, en la que participó Australia. Los australianos lucharon al lado de los británicos contra los sudafricanos.

La política del alto mando británico no permitía tomar prisioneros, sino matarlos. A cierto punto, el alto mando consideró ventajoso llevar a juicio a ciertos oficiales y acusarlos de asesinar a los prisioneros. El alto mando quería establecer buenas relaciones con Alemania, que quería el control de Sudáfrica. La película trata del juicio a esos hombres y cómo un juzgado corrupto de los Nefilín consiguió declararlos culpables de asesinato, cuando lo único que hicieron fue cumplir órdenes como su deber.

Es una historia excelente que le da a uno la oportunidad de considerar el juego de justicia e injusticia humana y cómo los Nefilín siempre utilizan a los portadores de luz para cualquier fin que deseen alcanzar. Es una muy buena lección.

Esa es la clase de descanso a la que me refiero. Cuando uno va a ver una película, puede hacerlo anónimamente, sin tener que asesorar a nadie ni dar luz. Es un período neutral en el que se puede establecer de nuevo una interacción con el mundo. No nos podemos agotar constantemente sin tener prudentes períodos de descanso mientras estamos en movimiento. La película fue un descanso, pero también fue edificante.

Trato de ver películas que me enseñen, ¡aunque solo sea cómo se hace mal una película! Con eso aprendemos algo a la vez que nos entretenemos. Es una buena manera de interactuar con la sociedad en la que vivimos. Es importante saber qué piensa la gente y cómo están representando esas ideas en la pantalla. Las tendencias sociales las indican el cine y el teatro. De esa forma podemos comprender con qué se relaciona la gente.

No sean chelas rígidos o artificiales. No intenten estereotiparse a sí mismos o imitar alguna imagen que tengan de lo que debería ser un chela. Sean lo que quieran ser, y disciplínense con fuerza reconociendo que lo que deben ser es Cristo. Si Jesús tenía hambre, comía. Si quería comer durante el Sabat, lo hacía. Si quería echarse a dormir en la proa del barco, lo hacía. Era una persona muy natural. Si quería sentarse y hablar, se sentaba y hablaba.

Jesús tenía algo muy natural y maravilloso. Mark tenía la misma cualidad. Es maravilloso estar con Jesús. Lo grande que tiene deshacerse de la idolatría es que uno realmente anda y habla con los maestros. Entonces uno sabe de verdad cuál es el testimonio del Señor resucitado. Les puedo contar cosas de maestros que no he visto en miles de años. Pero están conmigo. Ando y hablo con ellos a diario. Es más que una amistad. Es un amor muy profundo y personal.

Cuando los maestros andan y hablan conmigo, son muy naturales. Comentan cosas de la vida y son gente real y muy afectuosa. No son dioses. En este planeta hay un adoctrinamiento horroroso con respecto al concepto de dioses. Así no son los maestros.

Inventores e invención

Así es que Maitreya dice:

120. Estamos preparados para apoyar a cada inventor, porque incluso el inventor más pequeño trata de introducir una mejora en la vida y está deseoso de producir una economía energética. El Instructor reconoce la garantía de la conservación de energía y su cuidado. Esta economía persistente garantiza la confianza en el discípulo. En efecto, esta economía está lejos de ser tacañería. El general que pone atención en proteger a sus tropas selectas actúa deliberadamente. Cada posibilidad se convierte en nuestro guerrero, pero uno debe comprender las cosas en su aspecto más amplio.

Innovación significa extraer del corazón lo necesario para llevar a cabo cierta tarea en la comunidad. Si es necesario realizar un trabajo y uno no sabe cómo, invéntese una manera. En todo lo que Mark y yo hicimos, tuvimos que inventar constantemente porque nadie nos dijo cómo hacerlo.

Por ejemplo, cuando Dios me dio la matriz para la capilla del Áshram, me dio la magnífica idea de un huevo. Dijo que la forma del huevo es la forma más profunda y magníficamente gloriosa de todo el cosmos. Dios me enseñó que la yema en el centro del huevo es el Cristo en Jesús. Cristo es el Sol Central del huevo; por tanto, es el centro del huevo.

Antes de recibir la revelación de que Jesús era la yema, yo tenía la idea de poner una estatua en la parte superior del huevo. Y ahí fue cuando recibí la revelación de que Jesús era la yema. Pero una vez construida la capilla, quedó claro que la estatua de Jesús debía estar en el centro.

Sin embargo, antes de construir esta capilla con forma de huevo, nadie sabía cómo diseñarla. Y me preguntaron: «¿Cómo se mide un huevo?». Y yo contesté: «No sé cómo se mide un huevo porque no estoy avanzada en cálculo. Pero ve a por una docena de huevos, hiérvelos y pélalos. Córtalos por la mitad y toma una medida aproximada; después calcula la media».

Eso hicieron. Y así obtuvieron las medidas para hacer la capilla con esa forma. Una invención muy sencilla, ¿verdad? Les dije que así es como lo habrían hecho Santa Clara o Santa Catalina, porque ambas eran incultas. Especialmente Catalina, que era totalmente inculta. Nadie me ha dicho todavía cómo hay que calcular matemáticamente la forma de un huevo.

Una cosa para tener en cuenta para dirigir una comunidad es que, cuando se percibe una necesidad, hay que ocuparse de ella. Yo ando por esta comunidad y veo qué hace falta. Después lo hago, o le digo a alguien que lo haga. Otras personas andan por la comunidad y ven la necesidad, pero quizá se quedan sentadas durante dos años y no hacen nada. Hay que tener corazón, y eso es lo importante.

«Estamos preparados para apoyar a cada inventor». Y estoy segura de que eso se refiere al inventor en el sentido más verdadero de la palabra, la persona que extrae de su corazón las enseñanzas místicas de Cristo e inventa un aparato que ahorra combustible para un motor. Eso es lo que uno extrae de su conciencia Crística.

Nuestra conciencia Crística es nuestro ingenio. Alguien me preguntaba el otro día si un niño en particular era un genio. El Ser Crístico de todos es un genio. El niño es un genio.

Economicen energía

«Incluso el inventor más pequeño trata de introducir una mejoría en la vida y está deseoso de producir una economía energética». Todo lo que podamos hacer para ahorrar energía es una buena invención. El énfasis sobre economizar energía es muy interesante. Esto significa que el maestro se da cuenta de que un discípulo que hace esto merece su confianza. Ningún Maestro Ascendido confía en una persona que no sea frugal con la energía, con el dinero, con el tiempo, con el espacio, que apague las luces o que ahorre aceite, o que averigüe una manera de realizar menos viajes en automóvil, que haga la compra con inteligencia, etcétera.

La gente de conciencia extravagante y carente de un sentido de lo que cuestan las cosas y cómo arreglárselas gastando lo menos posible, no son personas en las que los maestros confíen porque son personas irreales, poco prácticas. Tienen la conciencia de los subsidios. Creen que la comunidad deba mantenerlas y que no importa si se dejan el grifo abierto o tardan el triple de tiempo en ducharse. Este tipo de persona es simplemente una inadaptada, y se gasta lo que los demás ganan.

La inversión de trabajo que se pone en la comunidad da una ganancia. Produce el fruto de un aumento, lo cual permite la adquisición de Cámelot. Puesto que todo el mundo trabajó mucho e hizo sacrificios, tenemos Cámelot. Pero si alguien echa a perder Cámelot o derrocha tiempo y espacio en Cámelot, estarán erosionando la multiplicación para una inversión futura.

He observado que hay personas que desperdician dinero en el teléfono. Se gastan en llamadas de larga distancia el dinero que podrían utilizar para comprarse un par de zapatos decentes, vitaminas o algún mueble para la oficina. Después quieren que la comunidad les dé lo que ellos mismos podrían haber adquirido si hubiesen sido frugales. Deben ser conscientes y concienzudos con respecto a la energía en su vida, o descubrirán que ese es el motivo por el que la Hermandad no se relaciona con ustedes.

Como dice el texto, incluso el general protege a sus tropas selectas a través de la economía general de la vida. Yo he tenido que retirar a ciertas personas de su puesto de liderazgo por tratar de manera impropia a las personas bajo su supervisión. No protegían su vida ni su salud espiritual. He tenido que sustituirlas por la dureza de su corazón hacia la gente que trabajaba para ellas.

Es algo sorprendente, pero la gente abusa enormemente de la vida de otras personas. Se debe identificar ese rasgo. ¿Esperas que tu familia, tus parientes, tus seres queridos hagan por ti lo que tú mismo deberías hacer? ¿Tus amistades existen para satisfacer tus necesidades o porque tienes un verdadero lazo de corazón y un intercambio del corazón?

La determinación no debe engañarse

¡Qué importante es ser circunspectos con las invenciones para que no dejen de adecuarse a la meta! Que una conciencia de evolución mundial ayude a encontrar las flechas adecuadas. Vuestros oídos deben escuchar los pasos de la evolución, y la determinación no debe engañarse.

Uno puede ser tan decidido a la hora de hacer algo, que esa intensidad llegue a eclipsar lo que el Espíritu Santo quiera decirle a uno para darle la conciencia esférica de alcanzar la meta. La determinación, la decisión, es una cualidad muy importante, pero uno puede ser tan firme que se salte al Cristo vivo por tener tanta decisión. No permitan que se engañe la determinación en ustedes.

He visto a personas tan atareadas al seguir y estudiar las enseñanzas, que no tienen tiempo de hablar conmigo cuando voy a visitarlas. Recuerdo que teníamos un grupo en la ciudad de Washington hace años, y la directora de este grupo después fue despedida del movimiento. Cuando llegué a su foco después de un largo viaje, ni siquiera me ofreció una taza de té o una tostada, que es lo normal.

Me fui a sentar a la mesa de la cocina y ahí me quedé un largo rato. Finalmente tuve que pedir una taza de té. Esta persona tenía demasiado trabajo dirigiendo la vida de los demás. Trabajamos demasiado por Cristo, demasiado para dejar que entre en nuestra vida y establezca una amistad con nosotros.

Errores de ignorancia

¡Qué mal está el descuido en un inventor, qué perniciosa es una reacción mal considerada, qué inexcusable es un error de ignorancia!

Ese aspecto sobre los errores de ignorancia es muy importante. Si se comete un error por ignorancia cuando se tiene una gran responsabilidad con la Hermandad, ello afecta a miles y a millones de personas. Afecta a las finanzas de la organización. Por eso una comunidad debe escuchar a los expertos. Los que dirigen la comunidad deben escuchar a los expertos que se ocupan de saber ciertas cosas, como la granja orgánica, la industria maderera o la cría de ganado.

Yo no sé cómo criar ovejas, pero sé que ciertas personas del personal sí saben. Y me siento en paz porque sé que lo hacen bien. Lo compruebo. Escucho para saber lo que están haciendo y hago que otras personas que no están criando ovejas también escuchen para saber cómo lo están haciendo. Se puede revisar una situación en el acto con la conciencia Crística sin saber nada de ello, pero se puede dar la respuesta correcta. Esto se lo vi hacer a Mark constantemente. Visitaba al personal y averiguaba el único error que alguna persona había hecho en tres semanas.

Por ejemplo, alguien desobedeció y no puso agua en un motor, que se estropeó. Esta persona decidió reparar el motor cambiando todas las piezas. Yo dije: «Ese motor está destrozado y habría que reemplazarlo».

«No hace falta —dijo él— lo puedo arreglar». Se consideraba un experto en mecánica. Después se pasó muchas semanas arreglando el motor, que funcionó un par de meses, pero se volvió a estropear el otro día. El motor es del auto de mi hijo; y ahora esta persona tiene que volver y poner un motor nuevo, cuando debía haberlo hecho hace tres meses.

No soy mecánica. Ni siquiera estaba cuando pasó esto. No vi el automóvil. Simplemente me metí en mi interior y fui a Lanello. Recibí una lectura de la mente Crística. «Este motor no está bien. El auto necesita un motor nuevo».

Esto lo pueden hacer constantemente, pero deben realizar la lectura interior. No es algo psíquico, porque el Ser Crístico lo sabe. Al pensar en todo lo que se realiza aquí, que yo no puedo conocer de un modo profesional, se darán cuenta de que debo tener la mente Crística para que este lugar funcione. Mucha gente debería tener la mente Crística para hacerlo.

Es asombroso cómo se puede saber en qué áreas de la comunidad las cosas no funcionan bien. Te puedes sintonizar con eso y también puedes sintonizarte con las personas que aparentan estar trabajando, pero tienen tanta desarmonía en su interior y tanto odio hacia la Madre Divina que son como arena en los engranajes de todo el departamento. Te das cuenta de que sería mucho mejor que practicaran el Sendero en un ámbito donde hubiera menos luz, porque la luz lo único que hace con el subconsciente es exasperarlo.

En un ambiente menos tenso, la persona podría esforzarse en el Sendero más despacio.

Cuando se da a estas personas una oportunidad de servir en otra parte, sienten un gran alivio, a menudo porque no saben dónde deben servir. Pero cuando se les proporciona una oportunidad de prestar servicio en una situación distinta, con menos exigencias, menos luz, menos concentración de la Hermandad, lo aceptan y les va bien. Esto supone una oportunidad para que tengan éxito, mientras que si se quedan más tiempo no lo lograrían.

Por tanto, comprendemos que aquello que bendice a la comunidad, bendice a todos dentro y fuera si seguimos la ley básica del núcleo. La Comunidad del Espíritu Santo es el núcleo de un movimiento mundial. El núcleo debe ser sólido y todos los componentes de ese núcleo deben tener un chakra del corazón resplandeciente. Así prosperará.

Lo que los caídos tratan de hacer es rodear el núcleo con sus contrapuntos, con sus implantes, y así se tiene un círculo de personas que no tienen el fuego del corazón. Se las arreglan para separar el núcleo de chelas del corazón y la Mensajera de la gente de los grupos. Se las arreglan para ocupar puestos de responsabilidad, porque tienen un logro mecánico e intelectual, pero no tienen corazón y no toman decisiones en base al corazón.

Cuando se asigna una persona a un puesto importante, la persona tiene cierta autonomía en ese cargo. Y a menos que seas realmente sensible, no te das cuenta de que las cosas van mal, lo cual puede durar años a menos que se hagan llamados. Por eso está muy bien que la gente de los grupos se queje, porque así descubrimos qué es lo que no está funcionando bien en la interacción entre las personas de aquí y la de los grupos.

He visto llegar a la comunidad a personas con la finalidad de obtener el poder de la Palabra. Llegan a ocupar puestos importantes y se convierten en una sombra entre la Mensajera y el chela que está fuera, y a veces incluso entre la Mensajera y el chela que está dentro. A veces estas personas me han obstaculizado y no he podido disfrutar de la vida de la comunidad por estar tan ocupada en mantener el equilibrio de su dureza de corazón.

Podemos evaluar el trabajo del inventor a escala mundial comprendiendo la dirección de la evolución mundial. Será difícil comprender la aplicabilidad de las leyes de la dinámica siempre que los fundamentos de la materia no se hayan asimilado.

Es decir, ¿la invención del inventor es relevante con respecto a la evolución del planeta, y mejora la evolución espiritual, así como la material? Asimilar las leyes fundamentales de la Materia es importante. Sea cual sea el campo en el que trabajen, es importante ser competente en ese campo para poder producir en él algo de valor.

121. La nueva conciencia apoyada por medios técnicos dará un gran ímpetu al conocimiento. En efecto, la comunidad debe ser una aparato sumamente sensible para el proceso evolutivo. De hecho, en una comunidad consciente, ningún individuo puede afirmar algo sobre un estudio mundial ya moldeado. Todas las barreras opacas se eliminan por la vibración agudizada del colectivo.

La «barrera opaca» puede ser un sistema equivocado. Puede ser un grupo de personas. Cualquier cosa que sea una barrera para el desarrollo del corazón es eliminada por la vibración agudizada del colectivo, del colectivo en su totalidad, a través de nuestros decretos y de nuestra percepción. A la percepción colectiva de la comunidad le resulta muy evidente qué tiene una vibración distinta a la armonía central de la comunidad. Los que están integrados de verdad en el corazón de Maitreya y de la Madre Divina dentro de una comunidad son sensibles con respecto a aquello que es para la comunidad.

Incluso una insinuación sobre la completitud hace que la estancia en la comunidad sea imposible.

Es decir, la idea que vamos a terminar de construir la comunidad, porque es una espiral continua y trascendente. La comunidad no tiene fin.

Entonces, ¿quién asumirá el estigma de la estupidez?

¡Yo no, yo no, yo no!

No teman su karma

Incluso un gusano no pone límites a sus pasajes oscuros; ¡y vosotros, mirando al Infinito, no podéis pareceros al gusano!

La ingenuidad imperfecta de algunas personas ha imaginado rayos invisibles y ritmos inaudibles. Con una imaginación rudimentaria, con implementos rudimentarios, no obstante, ciertas corrientes cósmicas se han captado. Pero incluso un tonto sabe que la imaginación puede refinarse y los aparatos mejorarse. Empezando por mejorarse a uno mismo, se avanza hacia el Infinito. Repetiré las posibilidades de mejora siempre que el más obstinado siga sin avergonzarse de su limitación.

No puede ser miembro de una comunidad el que limite su conciencia, imitando así al pie femenino de la antigua China. La oscuridad de la costumbre también evocó esta fealdad.

¿Qué miembro de la comunidad podría desear cubrirse con el moho de la superstición? Ciertamente uno no emplea el tipo de locomotora inferior y primitivo. Es igualmente cierto que uno no puede mantener una comprensión pueril de la realidad.

Un materialismo infantil demuestra ser un narcótico para la gente, pero el conocimiento iluminado será una escalera de victoria.

Sin negaciones, sin supersticiones, sin temor, avanzad hacia la verdadera comunidad. Sin ningún milagro hallaréis la realidad serena y, como con el punto escogido por el buscador de oro, descubriréis un tesoro oculto en las profundidades. Llegad a amar la falta de temor del conocimiento.

La gente teme el autoconocimiento, ¿lo sabían? Teme mucho descubrir la sustancia no transmutada. En lo profundo del cinturón electrónico hay unos registros muy temibles, registros de haber matado al Cristo, las cuatro partes de Dios (Padre, Madre, Hijo, Espíritu Santo), registros de haber negado a Dios. Pero cuando no tenemos temor por tener conocimiento, vemos que todo entra en la llama con más rapidez.

Contemplen el hecho de no temer su karma. Algunas personas temen lo que les vaya a pasar astrológica o kármicamente. Deberíamos abalanzarnos como caballeros y guerreros de la llama para matar a esos dragones. Nada es desconocido porque Dios ha estado ahí. Incluso el peor karma se somete si uno declara simplemente que todo eso es un montón de sandeces y si tiene un sentimiento de dominio sobre ello, un sentimiento de autoridad de su Ser Crístico.

Mark habló en una conferencia de las distintas formas en que la gente afronta su karma. Algunas personas suplican a Dios constantemente para que les perdone todos los dolores, todos los síntomas, todo lo desagradable, todo lo que pudiera perturbar su pequeño mundo perfecto e idólatra.

Algunas personas que estudian sistemas metafísicos son así. Utilizan el movimiento Unity o la Ciencia Cristiana para adquirir riquezas. Tienen unas casas preciosas. Todo es perfecto, y siguen afirmándolo para que nada imperfecto entre en su vida. Niegan el dolor. Niegan la materia. Niegan la enfermedad. Niegan la muerte. Nunca se permiten vivir suficientemente su karma para saldarlo. Siguen rechazándolo. Viven en una habitación estrecha de sí mismos y sus amigos, hablando constantemente de metafísica.

Mark dijo que la gente rechaza su karma por la irrealidad de sus intensos sistemas de creencia mentales; su mente de hecho rechaza ese karma. Acumulan una montaña de karma, que les sobreviene de una sola vez, y dicen: «¡Sálvame! ¡Sálvame!». No pueden con ello.

Comprendo que todos tenemos actitudes distintas. Uno puede poner a prueba su actitud hacia su karma poniendo a prueba las responsabilidades que tiene en la vida. ¿Dejan que se les acumulen las deudas sin preocuparse por ellas o siempre pagan las facturas? ¿Tienen sentido de la responsabilidad hacia su comunidad, o les falta ese sentido de la responsabilidad?

El modo en el que interactúan consigo mismos y con los demás es el modo en el que interactúan con su karma. La preparación que me ha dado Saint Germain y sus grandes dones y ejemplos, me han hecho ver con toda claridad la necesidad de saldar cualquier pedacito de karma que pueda encontrar. Él me enseñó a perseguirlo con voracidad, como se persigue una buena comida. Cada pequeña mota de karma que se deje sin transmutar nos limita nuestra conciencia cósmica.

Recuerdo una vez cuando íbamos viajando, creo que estábamos en Holanda o en Dinamarca, y un camarero nos estaba sirviendo el desayuno. Tuvimos un choque instantáneo de energía y un desayuno muy difícil. Fue un intercambio difícil y percibí que estaba ante una situación kármica.

Nos marchamos y nos alejamos por la carretera en nuestra caravana. Cuando fuimos a comprar comida, no pudimos encontrar el dinero que habíamos cambiado a la moneda del lugar. No era una gran cantidad, habría sido entre veinte a cincuenta dólares. Así es que tuvimos que devolver a los estantes toda la comida y marcharnos sin nada, porque no había nada abierto para cambiar la moneda.

Cometí el error de dejar ese dinero en la mesa y, por supuesto, el camarero se lo llevó como propina. Saint Germain me dijo: «Mejor perder el dinero que tener una deuda kármica». Por tanto, al dejar aquella cantidad de dinero, cualquier fricción que hubiera que resolver, quedó resuelta. La deuda se pagó. Me vi libre para siempre de aquel tipo tan ridículo.

Por supuesto que en aquel momento me molestó, y pensé en ello muchas veces. Aprendí una lección y llegué al punto de sentirme extremadamente agradecida por haber tenido una relación así con un maestro. Sabiendo que mi libre albedrío estaba totalmente comprometido con él, pudo tomarse la libertad de meterse en mi monedero y poner sobre la mesa la deuda que tenía con aquel hombre. ¡Porque tal como me sirvió de mal, no le habría dado nunca una propina!

Fue una lección muy buena. He visto a los maestros hacer esto en muchas situaciones. Ellos saben que quiero muy intensamente bendecir todo lo que tiene vida y especialmente la vida que no he bendecido en el pasado, a la que se lo debo. Por tanto, me encuentro en situaciones de todo tipo en las que me relaciono con gente y hago algo por alguien que nunca pensé que haría cuando me levanté esa mañana.

En ese momento no pienso: «Ah, estoy pagando una deuda kármica». No se me pasa por la cabeza. Pero al ver la totalidad de esta vida, me doy cuenta de que, sin esa guía, sin mi respuesta al Espíritu Santo dejando que me llevara a donde él quisiera, puede que no lo hubiera hecho. Cuando Dios me dice que haga algo, lo hago. No sé por qué lo hago. Llego; hay una persona, otra y otra más. De la situación surgen cosas de todo tipo, y la vida es bendecida.

Llevo haciendo esto, a toda velocidad, a un kilómetro por minuto, desde el día en que nací. Así es como se salda el karma de una forma acelerada. Si se paran a pensar en ello, el que yo saldara mi karma fue algo indispensable para la misión de Saint Germain, El Morya y Lanello. No podrían haber hecho lo que querían en este planeta si eso no se hubiera producido.

¿Y qué hicieron? Me prepararon durante muchos siglos. Previeron este ciclos. Ellos conocen la ley de los ciclos. Sabían que llegaría este momento. Por eso han procurado, encarnación tras encarnación, que yo aprendiera esta ley. He ido pagando sobre la marcha. Lo que podía terminar, lo terminé rápidamente y después llegué al punto en el que finalmente les fui útil.

Recuerdo sentir el peso de mi karma hace veinticinco años. Quería servir a Dios o a la gente, pero no podía. Sentía mis limitaciones y dije: «¿Qué es esta limitación que me estoy encontrando? Quiero hace el resto, pero ¿por qué no puede hacerlo?». Ahora que me encuentro al otro lado, sé en qué consistía aquella limitación. Era mi karma.

Ustedes deberían intentar saldar su karma con intensidad. Es algo que les conviene y a la vez les dará la capacidad de hacer más por Dios. Por tanto, conseguirán tener un logro más grande si se afanan por un tiempo, hacen algo de trabajo sucio, trabajan en el campo. Hagan lo que sea necesario para dejar ese karma atrás. Es muy importante.

Pocas veces me pierdo la oportunidad de regalarle a alguien una enseñanza, un concepto, un libro, una imagen o simplemente mi amor. Si me encuentro con alguien, en lo que a mí respecta, estoy en la autovía cósmica y me los encuentro por algún motivo. Nada se da por accidente. Nada carece de importancia. Todo debe ser considerado bajo la perspectiva de que Dios me está guiando y yo debo ofrecer lo que mejor que tengo a esa parte de Dios. Como resultado de ello, una escucha el juicio salir de su propia boca, y escucha bendiciones salir de su boca. Una lo oye después de decirlo. Y una llega al punto de confiar en Dios, de confiar en su maestro y en una misma. Es una confianza en esas respuestas.

No ensombrezcan lo que Dios esté haciendo a través de ustedes con esta idea: «Bueno, así no es como se debe hacer esto, así es que no lo haré». Así se suprime el flujo. Si realmente tienen el flujo de Dios, dejen que obre a través de ustedes y confíen en ello.

Me he quedado asombrada, casi pasmada, por cómo he escuchado a Dios hablarle a la gente, ya sea a extraños o a chelas. Pero yo no bloqueaba el flujo. Dejaba que el Espíritu Santo hablara. Y al final descubría que, al terminar de hablar, la gente me daba las gracias y me decía que eso era lo que tenía la necesidad de escuchar en los últimos diez años.

⁂

En el nombre de la luz de Dios que nunca falla, pido que se selle el tercer ojo. Pido que se selle este campo energético. Pido que se selle la luz en los siervos de Dios. Invoco la poderosa acción del fuego sagrado. Láminas de fuego blanco y relámpago azul, ¡descended del corazón de Dios en el Gran Sol Central!

Invoco el sol de fuego blanco y fuego azul. Llamo al corazón de los amados Surya y Cuzco. Llamo al imán del Gran Sol Central. ¡Despejad el camino! Despejad el camino para la claridad cristalina de la mente de Dios. Despejad el camino para la claridad cristalina de la mente de Dios. ¡Resplandezca el relámpago azul de la mente de Dios! En el nombre del Padre, de la Madre, del Hijo y del Espíritu Santo, amén.

Cámelot
2 de junio de 1981

CAPÍTULO 10

La Comunidad del Espíritu Santo

¿Qué es la comunidad? ¿Qué propósito tiene? La Comunidad del Espíritu Santo comienza con una comunión con la ley interior de nuestro ser, una comunión con nuestra llama Divina y con nuestro Ser Crístico. Comunidad es plenitud y la plenitud comienza con uno mismo, la llama Divina que somos.

La comunidad depende de personas en estado de plenitud que se juntan para complementarse, no personas incompletas que satisfacen mutuamente su imperfección. Aunque seamos la plenitud de Dios, en el tiempo y el espacio solo manifestamos un aspecto de esa plenitud. Por consiguiente, nuestras necesidades se basan en el hecho de realizar el gran diseño de la creación. Así lo planeó Dios. Dios ha dicho que nadie debería ser una isla que se baste a sí misma, para no llenarse de orgullo y ambición. En cambio, debería reconocerse con humildad la necesidad que uno tiene de los demás.

La comunidad es el gran sueño de los Maestros Ascendidos de la Gran Hermandad Blanca. En el plano etérico, el mundo celestial, los maestros crean *Áshrams* o retiros. Y a estos retiros se ven atraídas las almas que necesitan resolver karma juntas, que tienen que aprender ciertas lecciones para lograr la maestría sobre sí mismas. Cada retiro de la Gran Hermandad Blanca en el plano etérico, e incluso en el plano físico, es un arquetipo, un patrón de comunidad. Y cada comunidad tiene tres, cinco, cincuenta, cien o más almas que trabajan juntas.

La base de la comunidad individual y la del mundo es la individualización de la llama Divina. Pocas personas logran la maestría sobre sí mismas en un vacío, porque en un vacío no podemos relacionarnos con otras partes de Dios. Sin esa información, no sabemos si somos egoístas o altruistas. Pero cuando empezamos a trabajar con la gente, descubrimos cuál es nuestro nivel de irritación. Descubrimos qué nos disgusta; y habitualmente se trata de algo pequeño o insignificante. Cuando vivimos día y noche con un pequeño número de personas, hay cosas que nos molestan con facilidad. Y cada cual debe renunciar a algo por el bien de la totalidad.

Si no fuéramos capaces de vivir en una comunidad mientras estamos encarnados, es muy probable que al abandonar esta vida nos encontremos en una comunidad en el plano del Espíritu. Y ahí estaremos con individuos de los que huimos cuando estábamos encarnados físicamente: el cónyuge del que nos divorciamos, nuestra suegra, el hombre de la esquina que nos engañó en los negocios, la persona a la que demandamos, etcétera. Las personas por las que sentimos la antipatía más grande en este plano son aquellas a las que nos veremos unidos en otros planos del ser. Hemos oído decir que el odio ata y el amor libera. Por tanto, cuando tengamos cualquier forma de odio, ligera antipatía o irritación a causa de alguien, crearemos una cadena de hierro entre nosotros. En algún momento, en algún sitio, deberemos resolver eso.

Los Maestros Ascendidos que guían a sus chelas encarnados físicamente hacen todo lo que pueden para juntar a las corrientes de vida en este plano antes de que finalice su vida, de modo que puedan resolver su karma y verse libres para entrar en el templo de la ascensión como candidatos a la ascensión al final de esta encarnación. Y así han creado su Comunidad del Espíritu Santo, juntando a corrientes de vida para que resuelvan el proceso de la maestría individual. Este proceso es importante, porque en este intercambio, en esta interacción, la gente llega a saber qué necesita para llegar a dominarse.

Las enseñanzas de Cristo y Buda esbozan el formato de comunidad. Gautama enseñó a sus discípulos los tres aspectos principales a los que apegarse: el Buda, el Dharma y la Sangha. El Buda es el legislador, el aspecto paterno de la Trinidad. El Dharma es la enseñanza, la iluminación del Cristo o del Hijo. La enseñanza nos sustenta; nos da la capacidad de comprender el aspecto paterno. Cuando estos aspectos están establecidos, cuando reconocemos al Buda como el instructor o cuando reconocemos al Buda interior, tenemos la Sangha, la comunidad, la orden de monjes y monjas y discípulos.

La Sangha es el cumplimiento del amor como Espíritu Santo. La comunidad no puede llegar hasta que el instructor y la enseñanza no se hayan realizado. Buda dijo que estas tres cosas son necesarias para alcanzar nirvana; y los maestros de la Gran Hermandad Blanca hoy nos dicen que son esenciales para lograr la ascensión. La comunidad es el sitio para la realización del Buda interior a través del Dharma y la Sangha.

La Comunidad del Espíritu Santo ofrece el beneficio de la fusión de la creatividad. El logro grupal es la multiplicación del logro individual. El logro del grupo posee el factor más del Espíritu Santo generado por la comunión de los corazones en el amor, la sabiduría y el poder de la Ley. Se da una acción al cuadrado que es la multiplicación de los individuos implicados.

Por qué dijo Jesús: «Donde están dos o tres congregados en mi nombre, allí estoy yo en medio de ellos». Porque la comunidad baja la llama del Espíritu Santo. Un mandala de grupo, por tanto, es efectivo a escala mundial para mantener un campo energético, ofrecer un servicio y establecer un patrón determinado. Cada retiro, cada comunidad, tiene una llama especial, un propósito especial por el que se fundó. Es un centro espiritual para la entrega de una energía específica, una realización especial de conciencia Divina.

Una Comunidad del Espíritu Santo es algo que podemos formar aquí y ahora, justo aquí donde nos encontramos. Esto empieza con ustedes. Comienza con cada uno de nosotros. Comienza con nuestra familia, con nuestro hogar. La comunidad pone énfasis en la tercera persona de la Trinidad, en el amor, en el compartir, en el sacrificio personal y en el sendero de iniciación a través del amor.

Cuando existe un flujo de armonía entre iniciados que trabajan juntos bajo los maestros, se puede lograr mucho más estando juntos que lo que consigue un individuo en solitario.

La comunidad es un lugar que está en el nexo de la cruz donde no uno, sino cierto número de personas se junta para sacrificar el yo inferior para la realización del Yo Superior, la realización de la creatividad de la conciencia Crística.

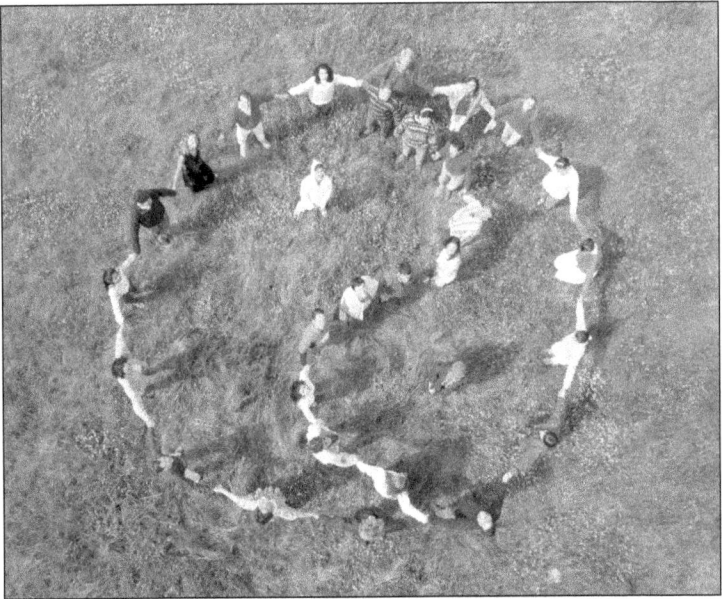

Notas

INTRODUCCIÓN
1. Palas Atenea, *Perlas de Sabiduría*, vol. 3, n°. 29, 15 de julio de 1960.
2. Nicholas y Helena Roerich, *New Era Community (Comunidad de la nueva era)* (New York: Agni Yoga Society, 1951), pág. 99.
3. El Maha Chohán, "The Spirit of Community" ("El espíritu de comunidad"), *Perlas de Sabiduría,* vol. 26, n°. 46, 13 de noviembre de 1983.
4. Virgen María, "I Return to Glastonbury" ("Regreso a Glastonbury"), *Perlas de Sabiduría*, vol. 23, n°. 42, 19 de octubre de 1980.

CAPÍTULO 1 ∞ *El sueño de una comunidad*
1. Juan 5:17.
2. Para obtener más información sobre el Reloj Cósmico, véase Elizabeth Clare Prophet, *The Great White Brotherhood in the Culture, History and Religion of America (La Gran Hermandad Blanca en la cultura, historia y religión de los Estados Unidos)* (Corwin Springs, Mont.: Summit University Press, 1987), págs. 173-206.
3. H. P. Blavatsky, 1831-1891, fundadora de la Sociedad Teosófica bajo la dirección de El Morya y Kuthumi.
4. Juan 15:15.
5. El 4 de abril de 1971, el Arcángel Uriel dijo: "Esta noche quiero que comprendáis cierto estado de la conciencia de los hombres que es muy, muy importante para cada uno de vosotros. Supongamos, por ejemplo, que en esta sala o en la de al lado, o incluso en toda una ciudad, hay toda una ciudad de devotos que aman a Dios y quieren ser de lo más obedientes a él y a la regla de oro. Llevad a ese grupo a una persona que tenga en su conciencia el diseño de la desobediencia y toda la ciudad se verá manchada y afectada por ello. Así de poderosa es esta fuerza de la mente en el hombre, que incluso una nota discordante puede afectar a toda una orquestación".
6. Véase Marcos 5:7; Lucas 8:28.
7. Aimee Semple MacPherson, *The Story of My Life (La historia de mi vida)* (Waco, Texas: World Books, 1973), págs. 98-99.

8. Mateo 16:18.

9. *Magnetismo animal* es un término utilizado por los Maestros Ascendidos para describir la densidad de la conciencia humana no conectada con al espíritu. Los maestros han comunicado cuatro tipos de magnetismo animal que corresponden a los cuatro cuerpos inferiores del hombre: magnetismo animal malicioso, cuerpo etérico; magnetismo animal ignorante, cuerpo mental; magnetismo animal complaciente, cuerpo emocional; magnetismo animal delicioso, cuerpo físico.

10. Estados Unidos entró en su tercer siglo de existencia en 1976. En su primer siglo (1776 a 1876) vemos el establecimiento de los cimientos. Esto representa el rayo del Padre, el YO SOY EL QUE YO SOY, y el rayo azul. El segundo siglo (1876 a 1976) vio un enorme estallido de ciencia como iluminación. A esto lo llamamos rayo amarillo; representa sabiduría. Es la energía del Hijo o Cristo vivo. El tercer siglo (1976 a 2076) es la llama del amor. Corresponde al Espíritu Santo, el rayo rosa, y es el siglo en el que debemos resolver nuestras diferencias. Debemos dar el primer paso en el sendero de la misericordia y el perdón para perdonarnos a nosotros mismos y unos a otros, a todos los que han sido injustos con nosotros alguna vez y a todos con quienes nosotros hemos sido injustos en vidas anteriores.

11. Para la historia de la visión de George Washington, véase Mark L. Prophet y Elizabeth Clare Prophet, *Saint Germain sobre alquimia* (Corwin Springs, Mont.: Summit University Press, 1995), pág. 104-111.

12. Los Maestros Ascendidos enseñan que Estados Unidos es la tierra apartada para el cumplimiento de la profecía de la reunión de las doce tribus de Israel.

13. Véase Juan 3:17.

14. El Ciclo Oscuro debido al regreso del karma de la humanidad, colectivo e individual, comenzó el 23 de abril de 1969. En este período de transición de la era de Piscis a la de Acuario, la Gran Ley exige que las evoluciones del planeta Tierra afronten directamente los impulsos acumulados de karma personal y planetario que se mantuvieron aislados durante siglos por gracia de Dios a través de sus Hijos encarnados (Jesucristo y otros avatares). El karma de la Tierra, por tanto, está siento entregado en la actualidad a la gente

y a los países para que sea saldado, según los ciclos de las iniciaciones de las Jerarquías Solares, a través de a) la transmutación con la llama violeta y b) el servicio a la vida.

15. Helios y Vesta son seres divinos que animan el sol físico/espiritual en el centro de nuestro sistema solar.

16. Pablo el Veneciano es el Chohán del Tercer Rayo del amor divino y el patrocinador de los artistas y el arte divino.

CAPÍTULO 2 ∞ *El esfuerzo por llegar a los mundos lejanos*
1. Mateo 8:20.

CAPÍTULO 3 ∞ *Guardianes del relámpago*

1. La Trinidad hindú, Brahma, Vishnú y Shiva, guarda un paralelismo con la Trinidad occidental, Padre, Hijo y Espíritu Santo. Los tres forman la tríada para la creación, la preservación y la destrucción del universo. Shiva, el Destructor (también conocido como el Restaurador), es el ser temible que expulsa el pecado, la enfermedad y los demonios del engaño. Shakti es el principio femenino de la deidad y aparece bajo muchas formas. Es la polaridad "negativa" que emite la polaridad "positiva", la energía creativa de su Señor. Sin Shakti (la fuerza de la Materia), Shiva (la fuerza del Espíritu) es impotente para crear o destruir. Shakti es ese punto del principio femenino dentro de nosotros que emite el potencial de Dios del Espíritu a la Materia.

2. Madre Cabrini, 1850-1917, fundadora de las Hermanas Misioneras del Sagrado Corazón (Missionary Sisters of the Sacred Heart) y primera ciudadana estadounidense en ser canonizada.

3. Apocalipsis 22:1.

4. Mark L. Prophet, *Cosmic Consciousness: One Man´s Search for God (Conciencia cósmica: Un hombre en busca de Dios)* (Corwin Springs, Mont.: Summit University Press, 1986).

5. El 4 de noviembre de 1979, el Señor Lanto pidió que los Guardianes de la Llama se pronunciasen en defensa de la comunidad de portadores de luz. «Que los hijos de la luz —dijo— se posicionen en puntos de servicio y conocimiento allá donde haya concordancia de ideas con algún segmento de la comunidad, que para cada persona podrá ser un segmento distinto según vuestra vocación, vuestra educación y la propensión de vuestro corazón. Que haya

una expansión a través de la amistad, a través del amor fraternal, a través del contacto, a través de la comunicación, a través de querer trabajar junto a la comunidad en general para resolver sus problemas».

6. Véase Lanello, 7 de octubre de 1978, "More Light: The Tolling of the Great Bell for the Mission of the Two by Two" ("Más luz: El repicar de la gran campana para la misión de ir de dos en dos"), en *Perlas de Sabiduría,* vol. 24, n°. 39.

CAPÍTULO 4 ∞ *Protejan la avanzada de la Gran Hermandad Blanca*

1. Apocalipsis 12:13, 14.
2. Salmos 139:8, 9.
3. Apocalipsis 3:12.
4. La Fraternidad de Guardianes de la Llama es una organización formada por Maestros Ascendidos y sus chelas, que prometen guardar la llama de la vida en la Tierra y apoyar las actividades de la Gran Hermandad Blanca. Los Guardianes de la Llama reciben lecciones mensuales sobre ley cósmica dictadas por los Maestros Ascendidos a sus mensajeros Mark y Elizabeth Prophet.
5. Véase Elizabeth Clare Prophet, *The Opening of the Seventh Seal (La apertura del séptimo sello)* (Corwin Springs, Mont.: The Summit Lighthouse Library, 2001), págs. 233-37.
6. Elizabeth Clare Prophet estuvo encarnada como Marta de Betania, hermana de María y Lázaro.
7. Lucas 10:38-42.

CAPÍTULO 5 ∞ *La educación del corazón*

1. La Dra. Elisabeth Caspari estudió directamente con María Montessori en la India durante la Segunda Guerra Mundial.
2. Mateo 23:37.
3. Mateo 23:38, 39.
4. Elohim Pureza, "Blessed Fragments of Purity" ("Fragmentos benditos de pureza"), 27 de julio de 1968, *Perlas de Sabiduría,* vol. 21, n°. 22, 23.
5. John Dewey, 1859-1952, líder del movimiento progresista en la educación en los Estados Unidos.
6. Génesis 1:26.
7. Véase, "Shaping the Hard Wood" ("Tallar la madera dura"),

Virgen María, 3 de marzo de 1968, *Perlas de Sabiduría,* vol. 11, n°. 9.

8. 2 Corintios 12:9.

CAPÍTULO 6 ∞ *La conciencia extinguida y la conciencia no desarrollada*

1. Apocalipsis 12:16.
2. Véase Juan 15:5.
3. Juan 5:29.
4. El Poderoso Víctory dijo: "Os aseguro que en el momento en que un hombre se arrepiente o una mujer se arrepiente y se vuelve para servir a la luz con todo su corazón, la luz se vuelve para servirle a él. ¿Y qué ocurre? ¡Pues toda una transformación, por supuesto!". De "Saludos indómitos de victoria cósmica"), 7 de noviembre de 1976, *Perlas de Sabiduría,* vol. 19, n°. 45. Incluido en el libro "El mandato de Víctory".

CAPÍTULO 7 ∞ *La impetuosidad del esfuerzo*

1. 2 Corintios 11:14.
2. Proverbios 15:1.
3. Saint Germain enseña a magnetizar millones de "puntos focales de luz" para crear una "nube pulsante y brillante de energía infinita" que puede dirigirse a los problemas personales y planetarios para sanar situaciones específicas, como las enfermedades, la contaminación, el crimen y las guerras. *Saint Germain sobre alquimia),* págs. 140-144.

CAPÍTULO 8 ∞ *Encarnen la llama de la confianza*

1. La Diosa de la Libertad ha declarado la postura del Consejo Kármico de que los padres no deberían tener más hijos que "la capacidad que tengan de cuidarlos y para quienes puedan expresar su amor adecuadamente". Los medios para determinar el círculo familiar deben estudiarse y aplicarse inteligentemente, porque cuando de ello depende la vida, no hay que actuar de cualquier modo, como si traer hijos al mundo y criarlos fuera una cuestión que se deje al destino o a los dioses. El aborto como medio de control de natalidad está considerado como una violación de la llama sagrada de la vida que todo Guardián de la Llama ha prometido guardar. En la consideración del control de natalidad, es

bueno escoger un método que no afecte la salud de los padres ni interfiera con los ciclos de la vida.

2. 2 Tesalonicenses 3:10.

3. El dictado de Gautama Buda del 11 de octubre de 1970, "The Little Bird Held in Your Hands" ("El pajarito que tenéis en vuestras manos"), está publicado en las *Perlas de Sabiduría,* vol. 26, nº. 17.

4. Mateo 24:22; Marcos 13:20.

CAPÍTULO 9 ∞ *La perpetua labor de amor*

1. Zacarías 13:7; Mateo 26:31; Marcos 14:27.

2. Sermones de Elizabeth Clare Prophet, "Idolatry and the Fiery Trial" ("La idolatría y la prueba de fuego"), 1ª y 2ª parte, 17 y 19 de mayo de 1981.

3. Véase Mateo 13:53-58; Marcos 6:1-6; Lucas 4:16-24.

4. Las diez perfecciones definidas por Gautama en este libro son: Limosnas, los preceptos, renuncia, sabiduría, valor, paciencia, la Madre, verdad, resolución, buena voluntad e indiferencia. Gautama explica que la décima perfección, indiferencia, se basa en las otras nueve. Es "el equilibrio entre el deseo y la falta de deseo". El objetivo es "mostrar indiferencia tanto ante la burla como ante la alabanza, ante el placer como ante el dolor, ante la pobreza como ante la riqueza, ante la adulación como ante la indignación". Véase Elizabeth Clare Prophet, Silenciosamente viene el *Buda),* (El Morya Ediciones).

5. 1 Corintios 11:24.

6. Jesús, "The Mystery of the Mother Flame within Thee" ("El misterio de la llama de la Madre dentro de ti"), 19 de abril de 1981, *Perlas de Sabiduría,* vol. 24, nº. 24.

7. Juan 9:24-33.

8. Véase Libro de Enoc, capítulo 42, en Elizabeth Clare Prophet, *Fallen Angels and the Origins of Evil (Ángeles caídos y los orígenes del mal),* (Corwin Springs, Mont.: Summit University Press, 2000), pág. 142.

Decretos

Corazón, cabeza y mano
de El Morya

Corazón

¡Fuego Violeta, divino amor,
arde en este, mi corazón!
Misericordia verdadera tú eres siempre,
mantenme en armonía contigo eternamente.

Cabeza

YO SOY luz, tú, Cristo en mí,
libera mi mente ahora y por siempre;
fuego violeta brilla aquí,
en lo profundo de esta, mi mente.

Dios que me das el pan de cada día,
con fuego violeta mi cabeza llena.
Que tu bello resplandor celestial
haga de mi mente una mente de luz.

Mano

YO SOY la mano de Dios en acción,
logrando la Victoria cada día;
para mi alma pura es una gran satisfacción
seguir el sendero de la Vía Media.

Tubo de luz

Amada y radiante Presencia YO SOY,
séllame ahora en tu tubo de luz
de llama brillante maestra ascendida
ahora invocada en el nombre de Dios.
Que mantenga libre mi templo aquí
de toda discordia enviada a mí.

YO SOY quien invoca el fuego violeta,
para que arda y transmute todo deseo,
persistiendo en nombre de la libertad
hasta que yo me una a la llama violeta.

Perdón

IYO SOY el perdón aquí actuando,
desechando las dudas y los temores,
la victoria cósmica despliega sus alas
liberando por siempre a todos los hombres.

YO SOY quien invoca con pleno poder
en todo momento la ley del perdón;
a toda la vida y en todo lugar
inundo con la gracia del perdón.

Provisión

Libre YO SOY de duda y temor,
desechando la miseria y la pobreza,
sabiendo que la buena provisión
proviene de los reinos celestiales.

YO SOY la mano de la fortuna de Dios
derramando sobre el mundo los tesoros de luz,
recibiendo ahora la abundancia plena,
las necesidades de mi vida quedan satisfechas.

Perfección

Vida de dirección divina YO SOY,
enciende en mí tu luz de la verdad.
Concentra aquí la perfección de Dios,
líbrame de toda discordia ya.

Guárdame siempre muy bien anclado
en toda la justicia de tu plan sagrado,
¡YO SOY la presencia de la perfección
viviendo en el hombre la vida de Dios!

Transfiguración

YO SOY quien transforma todas mis prendas,
cambiando las viejas por el nuevo día;
con el sol radiante del entendimiento
por todo el camino YO SOY el que brilla.

YO SOY luz por dentro, por fuera;
YO SOY luz por todas partes.
¡Lléname, libérame, glorifícame!
¡Séllame, sáname, purifícame!
Hasta que transfigurado todos me describan:
¡YO SOY quien brilla como el Hijo,
YO SOY quien brilla como el Sol!

Resurrección

YO SOY la llama de la resurrección,
destellando la pura Luz de Dios.
YO SOY quien eleva cada átomo ahora,
YO SOY liberado de todas las sombras.

YO SOY la Luz de la Presencia Divina,
YO SOY por siempre libre en mi vida.
La preciosa llama de la vida eterna
se eleva ahora hacia la victoria.

Ascensión

YO SOY la luz de la ascensión,
fluye libre la victoria aquí,
todo lo bueno ganado al fin
por toda la eternidad.

YO SOY luz, desvanecido todo peso.
En el aire ahora me elevo;
con el pleno poder de Dios en el cielo
mi canto de alabanza a todos expreso.

¡Salve! YO SOY el Cristo viviente,
un ser de amor por siempre.
¡Ascendido ahora con el poder de Dios
YO SOY un Sol resplandeciente!

San Miguel

En el nombre de la amada, poderosa y victoriosa Presencia de Dios YO SOY en mí, de mi muy amado Santo Ser Crístico, Santo Ser Crístico de toda la humanidad, amado Arcángel Miguel, amado Lanello, todo el Espíritu de la Gran Hermandad Blanca y la Madre del Mundo, vida elemental: ¡fuego, aire, agua y tierra!, yo decreto:

1.   San Miguel, San Miguel,
        invoco tu llama,
     ¡libérame ahora,
        esgrime tu espada!

Estribillo: Proclama el poder de Dios,
                 protégeme ahora.
              ¡Estandarte de fe
                 despliega ante mí!
              Relámpago azul
                 destella en mi alma,
              ¡radiante YO SOY
                 por la Gracia de Dios!

2.   San Miguel, San Miguel,
        yo te amo, de veras;
     ¡con toda tu fe
        imbuye mi ser!

3.   San Miguel, San Miguel
        y legiones de azul,
     ¡selladme, guardadme
        fiel y leal!

Coda: ¡YO SOY saturado y bendecido
           con la llama azul de Miguel,
        YO SOY ahora revestido
           con la armadura azul de Miguel! (3x)

¡Y con plena Fe...

Amada Poderosa Astrea

En el nombre de la amada, poderosa y victoriosa Presencia de Dios YO SOY en mí, poderosa Presencia YO SOY y Santo Ser Crístico de los Guardianes de la Llama, portadores de luz del mundo y de todos los que van a ascender en esta vida, por y mediante el poder magnético del fuego sagrado investido en la llama trina que arde dentro de mi corazón, invoco a los amados Poderosos Astrea y Pureza, Arcángel Gabriel y Esperanza, amado Serapis Bey y los serafines y querubines de Dios, amado Lanello, todo el Espíritu de la Gran Hermandad Blanca y la Madre del Mundo, vida elemental: ¡fuego, aire, agua y tierra! para que coloquéis vuestros círculos cósmicos y espadas de llama azul en, a través y alrededor de mis cuatro cuerpos inferiores, mi cinturón electrónico, mi chakra del corazón y todos mis chakras, toda mi conciencia, ser y mundo.

Desatadme y liberadme (3x) de todo lo que sea inferior a la perfección de Dios y al cumplimiento de mi plan divino.

1. Amada Astrea, que la Pureza de Dios
    se manifieste aquí para que todos vean
    la voluntad de Dios en el resplandor
    del círculo y espada de brillante azul.

1er estribillo: Responde ahora mi llamado y ven,
    a todos envuelve en tu círculo de luz.
    Círculo y espada de brillante azul,
    ¡destella y eleva, brillando a través!

2. De patrones insensatos a la vida libera,
    las cargas caen mientras las almas se elevan
    a tus fuertes brazos del amor eterno,
    con misericordia brillan arriba en el cielo.

3. Círculo y espada de Astrea, brillad,
    blanco-azul que destella, mi ser depurad,
    disipando en mí temores y dudas,
    aparecen patrones de fe y de bondad.

2º estribillo: Responde ahora a mi llamado y ven,
                     a todos envuelve en tu círculo de luz.
                     Círculo y espada de brillante azul,
                     ¡eleva a toda la juventud!

3er estribillo: Responde ahora mi llamado y ven
                     a todos envuelve en tu círculo de luz.
                     Círculo y espada de brillante azul,
                     ¡eleva a toda la humanidad!

¡Y con plena Fe acepto conscientemente que esto se manifieste, se manifieste, se manifieste! (3x), ¡aquí y ahora mismo con pleno poder, eternamente sostenido, omnipotentemente activo, siempre expandiéndose y abarcando el mundo hasta que todos hayan ascendido completamente en la luz y sean libres!

¡Amado YO SOY! ¡Amado YO SOY! ¡Amado YO SOY!

Amado Surya

Amada, poderosa y victoriosa Presencia de Dios YO SOY en mí, mi amado Santo Ser Crístico, Santo Ser Crístico de toda la humanidad, amado Surya, legiones de fuego blanco y de relámpago azul provenientes de Sirio, amado Lanello, todo el Espíritu de la Gran Hermandad Blanca y la Madre del Mundo, vida elemental: ¡fuego, aire, agua y tierra!; en vuestro nombre, por y mediante el poder magnético de la inmortal y victoriosa llama trina de la verdad dentro de mi corazón y del corazón de Dios en el Gran Sol Central, yo decreto:

1.   ¡Brillantes tus cintas fluyen del sol
     de llama azul y diamantina luz!
     ¡Sereno y puro es tu Amor,
     desde Dios en las alturas, santo resplandor!

Estribillo: ¡Ven, ven, ven, Surya amado,
     en tu llama los temores quedan disipados;
     danos a todos seguridad y defensa
     en los lazos de la pureza;
     destella y destella tu Llama en mí,
     libre mantenme por siempre aquí!

2.   Querido Surya, amado Ser
     del Sol Central poderoso,
     en nombre de Dios, a ti te invocamos:
     ¡asume el control de todas las cosas!

3.   ¡Vienes del gran corazón de Dios,
     sirviendo ahora para nuestra unión,
     sabiduría y honor tú nos traes,
     haciendo que todas las almas canten!

4.   ¡Querido Surya, amado Ser,
     teje ahora con nuestra fe
     invencible vestidura de victoria dorada
     para guardar por siempre el triunfo del alma!

¡Y con plena fe…

Amado Ciclopea, observador de perfección

Amada, poderosa y victoriosa Presencia de Dios, YO SOY en mí, Santo Ser Crístico de todos los que evolucionan en la Tierra, amados Ciclopea y Virginia, amados Helios y Vesta, Lanello y K-17, todo el Espíritu de la Gran Hermandad Blanca y la Madre del Mundo, vida elemental: ¡fuego, aire, agua y tierra! En el nombre de la amada Presencia de Dios que YO SOY, por y mediante el poder magnético del fuego sagrado del que está investida la llama trina que arde en mi corazón, yo decreto:

1. Amado Ciclopea,
    observador de perfección,
    entréganos tu Divina Dirección,
    despeja de escombros nuestro camino,
    mantén el Pensamiento Inmaculado por mí.

Estribillo: YO SOY, YO SOY quien observa todo,
    mi ojo es único mientras imploro;
    elévame ahora y libérame,
    que tu santa imagen pueda ser.

2. Amado Ciclopea,
    en tu visión todo lo abarcas,
    con tu luz mi ser moldea,
    mi mente y sentimientos depura,
    suplicando la Ley de Dios mantén segura.

3. Amado Ciclopea,
    ojo radiante de Antigua Gracia,
    con la mano de Dios su imagen traza
    sobre todo el tejido de mi alma,
    elimina su ruina y mantenla sana.

4. Amado Ciclopea,
    la Ciudad Cuadrangular por siempre guarda,
    mi plegaria escucha e implementa,
    mi victoria pregona por doquier,
    mantén la pureza de la verdad justa.

¡Y con plena fe...

YO SOY la llama violeta

YO SOY la llama violeta
  en acción en mí ahora.
YO SOY la llama violeta
  solo ante la luz me inclino.
YO SOY la llama violeta
  en poderosa fuerza cósmica.
YO SOY la luz de Dios
  resplandeciendo a toda hora.
YO SOY la llama violeta
  brillando como un sol.
YO SOY el poder sagrado de Dios
  liberando a cada uno.

Glosario

Ángeles caídos. Los ángeles caídos son aquellos ángeles que siguieron a Lucifer en la Gran Rebelión, cuya conciencia consiguientemente «cayó» a niveles inferiores de vibración. Fueron «arrojados a la tierra» por el Arcángel Miguel (Apocalipsis 12:7-12), limitados por el karma de su desobediencia a Dios y a su Cristo a asumir cuerpos físicos y a evolucionar a través de ellos. *Véase* Vigilantes.

Antahkarana. La red de la vida. La red de luz que abarca el Espíritu y la Materia y que conecta y sensibiliza a toda la creación, entre sí y con el corazón de Dios.

Ascensión. Una aceleración espiritual de conciencia que tiene lugar a la conclusión natural de la última vida de una persona en la Tierra, mediante la cual el alma se reúne con Dios y queda libre de la ronda de karma y renacimiento.

Astrea. Elohim femenino del cuarto rayo, el rayo de la pureza, que trabaja para liberar a las almas del plano astral y las proyecciones de las fuerzas oscuras.

Avatar. Del sánscrito *avatara*, literalmente 'descenso'. Término hindú que indica una encarnación de Dios en la Tierra.

Chakra. ('rueda', 'disco', 'círculo' en sánscrito). Término utilizado para denotar los centros de luz afianzados en el cuerpo etérico que gobiernan el flujo de la energía hacia los cuatro cuerpos inferiores del hombre. En el cuerpo del hombre existen siete chakras principales correspondientes a los siete rayos, cinco chakras menores correspondientes a los cinco rayos secretos y un total de 144 centros de luz. Los siete chakras principales, sus rayos y colores son: Primer Rayo, **garganta,** azul; Segundo Rayo, **coronilla,** amarillo; Tercer Rayo, **corazón,** rosa; Cuarto Rayo, **base de la columna vertebral,** blanco; Quinto Rayo, **tercer ojo,** verde; Sexto Rayo, **plexo solar,** morado y oro moteado de rubí; Séptimo Rayo, **sede del alma,** violeta.

Chela. (*cela* en hindi, del sánscrito *ceta*, 'esclavo' o 'siervo'). En la India, discípulo de un instructor religioso o gurú. Término utilizado en general como referencia a un estudiante de los Maestros Ascendidos y sus enseñanzas.

Chispa divina. *Véase* Llama trina.

Chohán. ('señor' o 'maestro' en tibetano; un jefe). Cada uno de los siete rayos tiene un chohán que concentra la conciencia Crística del rayo para la Tierra y sus evoluciones.

Ciclo Oscuro. El Ciclo Oscuro del regreso del karma individual y colectivo de la humanidad comenzó el 23 de abril de 1969. En este período de transición de la era de Piscis a la de Acuario, la Gran Ley exige que las evoluciones de la Tierra afronten directamente los impulsos acumulados de karma personal y planetario que durante siglos se mantuvieron en suspenso por gracia de Dios a través de sus Hijos encarnados (Jesucristo y otros avatares). El karma de la Tierra, por consiguiente, se está entregado a las personas y a los países para que sea saldado, según los ciclos de las iniciaciones de las jerarquías solares, a través de a) una transmutación mediante la llama violeta y b) un servicio mutuo a la vida.

Ciclopea. Elohim masculino del quinto rayo también conocido como el Ojo Omnividente de Dios o el Vigilante Silencioso.

Consejo Kármico. *Véase* Señores del Karma.

Cordón cristalino. La corriente de luz, vida y conciencia de Dios que alimenta y sustenta al alma y sus cuatro cuerpos inferiores. También denominado cordón de plata.

Cuatro cuerpos inferiores. Las cuatro fundas que rodean al alma; los vehículos que utiliza el alma durante su viaje en la Tierra; el cuerpo etérico o de la memoria; el cuerpo mental; el cuerpo de los deseos o emocional; el cuerpo físico. El cuerpo etérico alberga el diseño original de la identidad del alma y contiene la memoria de todo lo que ha tenido lugar en el alma y todos los impulsos que esta ha emitido. El cuerpo mental es el recipiente de las facultades cognitivas; cuando está purificado puede ser el recipiente de la mente de Dios. El cuerpo de los deseos alberga los deseos superiores e inferiores y registra las emociones. El cuerpo físico es el milagro hecho carne y hueso, que da al alma la capacidad de avanzar en el universo material.

Cuatro Fuerzas Cósmicas. Los cuatro seres vivientes que vieron San Juan y otros videntes: el león, el becerro (o buey), el hombre y el águila voladora (Apocalipsis 4:6-8). Estos seres vivientes sirven directamente por debajo de los Elohim y gobiernan todo el cosmos de la Materia. Ellos son los transformadores de la luz infinita para las almas que evolucionan en lo finito.

Cuerpo causal. Esferas de luz que se interpenetran y rodean a la Presencia YO SOY individual en los niveles espirituales. Las esferas del cuerpo causal contienen los registros de los actos virtuosos que hayamos realizado para gloria de Dios y bendición del hombre a través de muchas encarnaciones en la Tierra.

Cuerpo etérico. *Véase* Cuatro cuerpos inferiores.

Cuerpo de la memoria. *Véase* Cuatro cuerpos inferiores.

Decreto. Forma dinámica de oración hablada que utilizan los estudiantes de los Maestros Ascendidos para dirigir la luz de Dios a las condiciones individuales y del mundo.

Dictado. Los mensajes de los Maestros Ascendidos, los Arcángeles y otros seres espirituales avanzados, entregados a través de la agencia del Espíritu Santo por un mensajero de la Gran Hermandad Blanca.

Doce jerarquías solares. *Véase* Reloj Cósmico.

Dos testigos. Los dos testigos son las llamas gemelas que aparecen en los últimos días como representantes de Alfa y Omega, el Dios Padre-Madre, para enseñar y demostrar la ley de la maestría Crística en los rayos masculino y femenino. Son mensajeros de la Gran Hermandad Blanca, dos profetas que traen la enseñanza de los Maestros Ascendidos para esta era (véase Apocalipsis 11:3-12).

El Morya. El Maestro Ascendido instructor y patrocinador de los Mensajeros Mark L. Prophet y Elizabeth Clare Prophet, y fundador de The Summit Lighthouse.

Elemental del cuerpo. Un ser de la naturaleza que sirve al alma como compañero y médico invisible pero constante a través de todas las encarnaciones del alma.

Fraternidad de Guardianes de la Llama. Una organización de Maestros Ascendidos y sus chelas donde se promete guardar la llama de la vida en la Tierra y apoyar las actividades de la Gran Hermandad Blanca en el establecimiento de su comunidad y escuela de misterios, así como en la diseminación de sus enseñanzas. Fundada en 1961 por Saint Germain. Los Guardianes de la Llama reciben lecciones progresivas sobre la ley cósmica dictadas por los Maestros Ascendidos a sus mensajeros Mark y Elizabeth Prophet.

Gran Hermandad Blanca. Una fraternidad espiritual de Maestros Ascendidos, Arcángeles y otros avanzados seres espirituales. El término «blanca» no hace referencia a la raza, sino al aura de luz blanca que rodea a estos seres inmortales. La Gran Hermandad Blanca trabaja con los buscadores sinceros de toda raza, religión y procedencia para ayudar a la humanidad. La Hermandad también incluye a ciertos discípulos no ascendidos de los Maestros Ascendidos.

Gurú. (sánscrito) Instructor religioso personal y guía spiritual; alguien de gran logro. Un gurú puede estar ascendido o no estarlo.

Karma. (sánscrito) Significa acto, acción trabajo u obra. Las consecuencias de los pensamientos, las palabras y las obras de esta vida y vidas pasadas de una persona; la ley de causa y efecto, que decreta que todo lo que hagamos nos regresa para que lo resolvamos. Le ley del karma necesita la ley de la reencarnación del alma para que esta pueda pagar (saldar) la deuda causada por sus abusos con la luz, energía y conciencia de Dios.

Llama trina. La chispa divina, la llama de Dios instalada dentro de la cámara secreta del corazón; el punto de contacto del alma con su Fuente Suprema.

Llama violeta. Aspecto del séptimo rayo del Espíritu Santo. El fuego sagrado que transmuta la causa, el efecto, el registro y la memoria del pecado o karma negativo. También denominada llama de la transmutación, de la libertad y del perdón.

Luz. La radiación y energía universal de Dios; el potencial del Cristo.

Maestros Ascendidos. Seres espirituales iluminados que en el pasado vivieron en la Tierra, cumplieron su razón de ser y ascendieron a Dios (se reunieron con Dios). Los Maestros Ascendidos son los verdaderos instructores de la humanidad. Ellos dirigen la evolución espiritual de todos los devotos de Dios, guiándolos para que regresen a su Origen.

Maitreya. El Señor Maitreya («aquel cuyo nombre es bondad») ocupa el cargo de Cristo Cósmico y se lo conoce como el Gran Iniciador. Él fue el gurú de Adán y Eva en la Escuela de Misterios del Jardín del Edén y también fue el gurú de Jesucristo.

Mensajero. Un mensajero es alguien preparado por un maestro ascendido para recibir por varios métodos las palabras, los conceptos, las enseñanzas y los mensajes de la Gran Hermandad Blanca; alguien que entrega la ley, las profecías y las dispensaciones de Dios para un pueblo y para una era. Mark L. Prophet y Elizabeth Clare Prophet son mensajeros de la Gran Hermandad Blanca para The Summit Lighthouse.

Mente carnal. El ego humano, el intelecto y la voluntad humanos; la naturaleza animal del hombre.

Nefilín. (hebreo) Significa «los que cayeron» o «los que fueron echado abajo», de la raíz semítica *naphal*, que significa «caer», traducida en la Biblia Septuaginta (traducción posterior al griego de las escrituras hebreas) como «gigantes» (Génesis 6:4; números 13:33). Los Maestros Ascendidos han revelado que los Nefilín son los ángeles caídos que fueron echados del cielo a la tierra (Apocalipsis 12:7-10, 12).

Perlas de Sabiduría. Cartas semanales con enseñanzas dictadas por los Maestros Ascendidos a sus mensajeros Mark L. Prophet y Elizabeth Clare Prophet para los estudiantes de los misterios sagrados de todo el mundo.

Plano astral. La frecuencia vibratoria más baja del tiempo y el espacio; el depósito de los pensamientos y sentimientos de la humanidad, conscientes e inconscientes.

Presencia YO SOY. La Presencia de Dios, el YO SOY EL QUE YO SOY, individualizada para cada uno de nosotros.

Rayos. Las emanaciones de luz de la Divinidad. Los siete rayos de la luz blanca que surgen a través del prisma de la conciencia Crística son: 1) azul, 2) amarillo, 3) rosa, 4) blanco, 5) verde, 6) morado y oro moteado de rubí, 7) violeta.

Retiro. El hogar espiritual de un maestro ascendido o ser celestial. Los retiros se encuentran principalmente en el plano etérico o mundo celestial.

Registros akáshicos. Las impresiones de todo lo que ha tenido lugar en el universo físico, registradas en una sustancia y dimensión etérica conocida como akasha. Estos registros pueden leerlos quienes han desarrollado las facultades del alma.

Reloj Cósmico. La ciencia por la que se representan gráficamente los ciclos del karma y las iniciaciones del alma en las doce líneas del reloj, con las doce jerarquías del sol (cuyos nombres son los mismos que llevan los signos del zodíaco). Cada jerarquía concentra una conciencia Divina específica. La jerarquía de Capricornio está en la línea de las 12 del reloj. La conciencia Divina de esta jerarquía es el poder Divino; y la perversión humana de esta energía es la crítica, la condenación, el juicio y la magia negra. La jerarquía de Acuario está en la línea de la una y concentra el amor Divino, que en la conciencia humana se pervierte como odio, ligera antipatía y brujería. A continuación, siguiendo el sentido de las agujas del reloj, las cualidades Divinas son: 2) maestría Divina, 3) control Divino, 4) obediencia Divina, 5) sabiduría Divina, 6) armonía Divina, 7) gratitud Divina, 8) justicia Divina, 9) realidad Divina, 10) visión Divina, 11) victoria Divina. Las perversiones humanas son: 2) duda, temor, cuestionamiento humano y registros de muerte; 3) vanidad, engaño, arrogancia y ego; 4) desobediencia, terquedad y desafío a la ley; 5) envidia, celos e ignorancia de la ley; 6) indecisión, autocompasión y autojustificación; 7) ingratitud, irreflexión y ceguera espiritual; 8) injusticia, frustración y ansiedad; 9) falsedad, intriga y traición; 10) resentimiento, venganza y represalias. Para obtener más información sobre el Reloj Cósmico, véase Elizabeth Clare Prophet, *The Great White Brotherhood in the Culture, History and Religion of America (El Gran Hermandad Blanca en la cultura, historia y religión de los Estados Unidos)*, págs. 173-206.

Saint Germain. El Maestro Ascendido Jerarca de la Era de Acuario y patrocinador de los Estados Unidos de América.

Santo Ser Crístico. El Yo Superior; nuestro instructor interior, protector, amigo y defensor ante Dios; el Cristo Universal individualizado para cada uno de nosotros.

Segunda muerte. La Muerte del alma. El don del libre albedrío que Dios da lleva consigo cierto alcance de conciencia conocido como un período de vida, una serie de encarnaciones, y los «límites de su habitación [del hombre]» (Hechos 17:26). Por tanto, el alma no solo está confinada al tiempo y el espacio durante el período de su experimentación con el libre albedrío, sino que también se ve limitada a cierto número de ciclos de vida. Al final de esta oportunidad (compartimentada en días, años y dimensiones), su destino queda determinado por cómo haya empleado el alma el don del libre albedrío. El alma que haya escogido glorificar al Ego Divino (Realidad) asciende a la Presencia del YO SOY EL QUE YO SOY. El alma que ha escogido glorificar al ego humano (irrealidad) pasa por la segunda muerte, quedando su conciencia de autonegación autoanulada permanentemente. Todas sus energías, atravesadas simultáneamente por el fuego sagrado, son devueltas al Gran Sol Central para que sean repolarizadas (véase Apocalipsis 2:11; 20:6, 11-15; 21:8).

Señores del Karma. Los seres ascendidos que forman el Consejo Kármico. Sus nombres y los rayos que representan en el consejo son: **Gran Director Divino,** primer rayo; **Diosa de la Libertad,** segundo rayo; **Maestra Ascendida Nada,** tercer rayo; **Elohim Ciclopea,** cuarto rayo; **Palas Atenea,** Diosa de la Verdad, quinto rayo; **Porcia,** Diosa de la Justicia, sexto rayo; **Kuan Yin,** Diosa de la Misericordia, séptimo rayo; el **Buda Dhyani Vairochana,** octavo miembro nombrado recientemente. Los Señores del Karma reparten justicia en este sistema de mundos, adjudicando karma, misericordia y juicio para cada corriente de vida. Todas las almas deben pasar ante el Consejo Kármico antes y después de cada encarnación en la Tierra, debiendo recibir su tarea y asignación kármica para cada vida antes y un repaso de su realización al final. A través del Guardián de los Pergaminos y los ángeles registradores, los Señores del Karma tienen acceso a los registros completos de todas las encarnaciones de una corriente de vida en la Tierra. Ellos deciden quién deba encarnar, así como cuándo y dónde. Asignan las almas a familias y comunidades, sopesando los pesos del karma que deben saldarse, la «jota y tilde» de la ley. El Consejo Kármico, actuando de acuerdo con la Presencia YO SOY y el Ser Crístico del individuo, determina cuándo el alma se ha ganado el derecho a ser libre de la rueda kármica y la ronda de renacimientos. Los Señores del Karma se reúnen en el Retiro Royal Teton dos veces al año, durante el solsticio de invierno y el de verano, para leer las peticiones de la humanidad no ascendida y conceder dispensaciones que la ayuden.

Ser Crístico. *Véase* Santo Ser Crístico.

Sirio. Sirio es la sede del gobierno Divino de este sector de nuestra galaxia. Los astrónomos la consideran como una estrella binaria de la constelación de Canis Mayor y es la estrella más brillante del firmamento.

Surya. El Buda Surya, venerado en el hinduismo con el dios del Sol, mantiene un gran equilibrio para la Tierra desde la Estrella Divina Sirio y a través de su discípulo Cuzco, en el retiro de los Maestros Ascendidos en Viti Levu, en el sur del Pacífico.

Templo (o templo corporal). Los vehículos inferiores del hombre como morada del potencial divino en los reinos del tiempo y el espacio. «¿No sabéis que sois templo de Dios, y que el Espíritu de Dios mora en vosotros?» (1 Corintios 3:16).

The Summit Lighthouse. Una organización exterior de la Gran Hermandad Blanca. Mark L. Prophet fundó The Summit Lighthouse en 1958 siguiendo la dirección del Maestro Ascendido El Morya, con el fin de publicar las Enseñanzas de los Maestros Ascendidos.

Vida elemental. Las salamandras ígneas, los silfos, las ondinas y los gnomos, que son los guardianes de la Naturaleza en los reinos de fuego, aire, agua y tierra.

Vigilantes. Los Vigilantes son una clase de ángeles caídos que abandonaron su primer estado como vírgenes de Dios que guardaban la santa llama de la matriz inmaculada de toda la vida. Se convirtieron en archiengañadores en el nivel superior de la jerarquía falsa.

Otros títulos de la Biblioteca de
SUMMIT UNIVERSITY 🔥 PRESS ESPAÑOL®

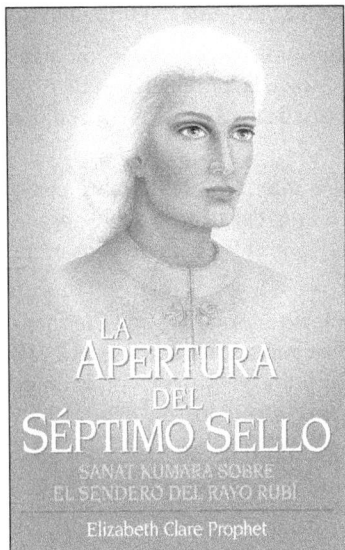

La Apertura del Séptimo Sello
Sanat Kumara sobre el sendero del Rayo Rubí

400 páginas
978-1-60988-195-5

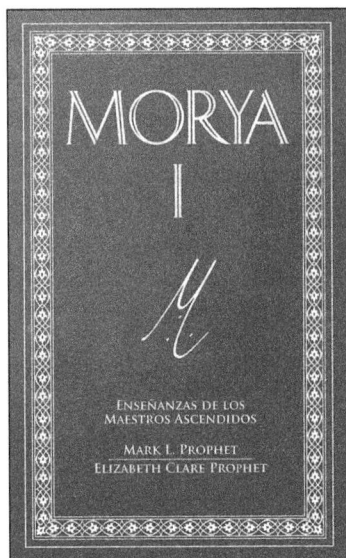

MORYA I

348 páginas
978-1-60988-432-1

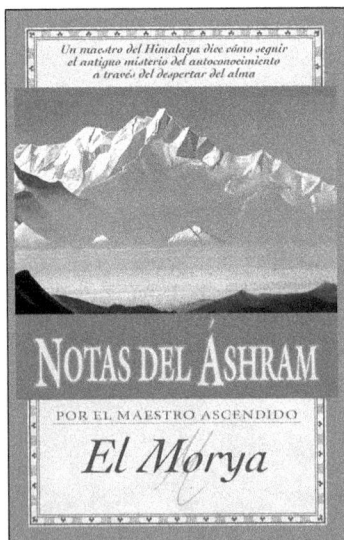

NOTAS DEL ÁSHRAM

266 páginas
978-1-60988-442-0

Mark L. Prophet y Elizabeth Clare Prophet son pioneros de la espiritualidad moderna y autores de reconocimiento internacional. Durante más de cuarenta años, los Prophet han publicado las enseñanzas de los santos y sabios inmortales de Oriente y Occidente, conocidos como Maestros Ascendidos. Juntos han dado al mundo un nuevo conocimiento de la antigua sabiduría, así como un sendero de misticismo práctico.

Sus libros, disponibles en las librerías de todo el mundo, se han traducido a veinte idiomas y se venden en más de treinta países.

The Summit Lighthouse®
63 Summit Way, Gardiner, Montana 59030 USA

Se habla español.

TSLinfo@TSL.org
SummitLighthouse.org
www.ElizabethClareProphet.com
1-800-245-5445 / +1 (406) 848-9500